**图书在版编目（CIP）数据**

奥林匹克之梦：中国与体育，1895—2008/徐国琦著；崔肇钰译.—广州：广东人民出版社，2019.6
ISBN 978-7-218-13551-9

Ⅰ.①奥… Ⅱ.①徐… ②崔… Ⅲ.①体育运动史—研究—中国—1895—2008 Ⅳ.①G812.95

中国版本图书馆 CIP 数据核字（2019）第 089101 号

OLYMPIC DREAMS：China and Sports，1895－2008
by Xu Guoqi
Copyright © 2008 by the President and Fellows of Harvard College
Published by arrangement with Harvard University Press
through Bardon-Chinese Media Agency
Simplified Chinese translation copyright © (2019)
by Guangdong People's Publishing House
ALL RIGHTS RESERVED

著作权合同登记号：图字 19-2016-009 号

AOLINPIKE ZHI MENG：ZHONGGUO YU TIYU，1895—2008
**奥林匹克之梦：中国与体育，1895—2008**
徐国琦 著 崔肇玉 译 　　　　　　版权所有　翻印必究
出 版 人：肖风华

选题策划：倪腊松
责任编辑：钱　丰　钱飞遥
责任技编：周　杰　吴彦斌

出版发行：广东人民出版社
地　　址：广东省广州市海珠区新港西路 204 号 2 号楼（邮政编码：510300）
电　　话：（020）85716809（总编室）
传　　真：（020）85716872
网　　址：http://www.gdpph.com
印　　刷：广东鹏腾宇文化创新有限公司
开　　本：890mm×1240mm　1/32
印　　张：12　字　数：300 千
版　　次：2019 年 6 月第 1 版　2019 年 6 月第 1 次印刷
定　　价：78.00 元

如发现印装质量问题，影响阅读，请与出版社（020-85716849）联系调换。
售书热线：售书热线：（020）85716826

# 英文版序

体育为什么重要？为什么整个波士顿的情绪随着红袜队的命运而起起落落，落落起起？NBA球星姚明和扬基队的棒球投手王建民，尽管远在大洋彼岸从事（截然不同）的运动，是如何成为海峡两岸中国人各自的英雄的？奥林匹克运动会是为了促进国际体育精神而创立的，又是如何成为张扬民族自豪感的引雷针的？

这些问题并没有简单的答案。但在北京2008年奥运会即将举行之际，讲述现代中国体育的政治历程正当其时，这是本书的目的，也是本书的成就所在。组织化的体育运动的历史与现代中国的历史是紧密相连的，中国作为现代国家在过去一个世纪的发展和变革都依照了一定的国际模式。

中国是一个伟大而古老文明的所在地，但"中国"作为一个政治实体却要新得多，它是在清朝的灰烬上建立起来的。20世纪中国领导人所作的伟大（总体上是成功的）探索在于如何将中国从一个具有多民族与不同文化特质的王朝帝国变成一个由中国人自己领导的民族国家。因此，中国作为一个受尊重的国家为跻身国际外交舞台所做的努力，与现代奥林匹克运动的兴起和作为国际文化现象的观赏性体育的发展，在时间上几乎是吻合的。

在建立和建设新中国的过程中，体育扮演着一个越来越重要的角色。现代奥林匹克运动会也许志在减少民族间的争斗，但同时也有助于建立和强化新的国家认同感。1904 年的奥运会与在圣路易斯举行的路易斯安那世界博览会联袂，让清政府有机会弄个展览，宣示这个王朝维护中华文化的功绩（虽然当时没有运动员参赛）。相比之下，在 1927 年南京国民政府成立以后，在为新首都南京所做的规划中，就包括一个符合举办奥运会要求的体育馆。国民政府还首次派运动员参加 1932 年和 1936 年的奥运会。

正如徐国琦所指出的，中国的政治和体育从最开始就密切相关：国民政府第一次派出运动员（在 1932 年也是唯一一个）参加奥运会，部分是因为担心这位运动员会由作为日本傀儡的伪满洲国派出。1936 年，中国派出运动员参加奥运会，相当程度上既标志着中国日益增强的自信心，也标志着与主办国德国的亲密关系。在共产党执政时期，参加奥运会受到了政治制约——因为台湾的国民党政权最初保住了国际奥林匹克运动的认可——而体育赛事从属于政治联盟。徐先生在这里引用最近才公开的资料，披露了一段第 31 届世乒赛中的"让球"历史，此事足以令"1919 年黑袜事件"化辱为荣，尽管这只是一个外交赛场上的赌局。

时至今日，体育纯净了很多，而政治依然故我。有关台湾的争论始终存在于像联合国这样的国际场合，并由于台湾参与国际奥林匹克运动的特殊历史，而在奥运会背景下反复激化，这也是

2008 北京奥运会的几个较为紧迫的问题之一。海峡两岸的政治关系到底为何，各方没有共识，因此奥林匹克火炬接力将不会经过台湾（台湾以"中华台北"的名义重返奥运赛场），"两个中国"问题所引起的紧张可见一斑。

历史学家、新闻记者和其他对现代中国组织化体育的兴起感兴趣的人士将从本书获益良多，下一代也会通过本书有所认知。徐先生认为，本书总体上阐述的是现代中国精英阶层对体育看法的历史进程。然而，我们已经进入了一个体育竞技的大众参与和大众消费时代，其他地方如此，中国也不例外。"新北京"立基于清朝旧都而规模远过之，现在，值其迎接"新奥运"之际，回顾中国始于晚近而全情参与西方组织化体育运动的历程，可谓恰逢其时。

柯伟林（William C. Kirby）
哈佛大学历史系盖辛格讲席教授
哈佛大学费正清中国研究中心主任

# 目　录

# 引 言

> 国力荼弱，武风不振，民族之体质日趋轻细。……长是不改，弱且加甚。

毛泽东，1917 年[1]

中国是什么？中国人是谁？中国在世界各国中的角色是什么？多个世纪以来，中国内外都在追问，并且试图从不同角度寻找答案。最近几十年，随着中国积极融入国际社会，对国家认同、爱国主义和国际化的关切已愈发迫切。

与其他许多现代文化活动相比，体育或许能提供一种更有效的视角去理解——甚至影响——国家认同的变迁和国际化的实现。正如艾瑞克·霍布斯鲍姆（Eric Hobsbawm）所指出的，体育对塑造国家认同和归属感，具有"独一无二的作用"。[2] 阿德里安·史密斯（Adrian Smith）和迪尔温·波特（Dilwyn Porter）

---

〔1〕 毛泽东，《体育之研究》，《新青年》，1917 年 4 月 1 日。

〔2〕 Eric Hobsbawm, *Nations and Nationalism since* 1780: *Programme*, *Myth*, *Reality*, Cambridge, Eng.: Cambridge University Press, 1990, 143.

也认为，"体育赋予人们一面握在手里观照自己的镜子"。[1] 雅克·巴赞（Jacques Barzun）甚至有个著名的观点："谁想了解美国的心灵和头脑，最好学打棒球。"[2] 这些学者从不同的背景出发表述了一个观点，即体育定义了一个国家的国家认同和国际化，因为它激发了团结精神和自我反省。外国人要想理解中国现代社会，或许可以从中国的体育史中获取有价值的见识。

我所说的国际化，是指中国人通过各种方式，积极吸纳国际性理念，接受国际性影响，融入国际性潮流，并为其所吸引——这是一个迫使中国与外部世界和国际体系联系在一起的过程。正如我在别处曾经说过的，驱动国际化的，是中国与世界其他地区间社会、智力、经济、意识形态和文化资源流动的变化，以及中国人对外交事务及其国际地位的新生兴趣。[3] 由于全球化使中国在经济上进一步融入世界体系，而中国渴望在国际舞台上扮演一个更活跃的角色，在对新国家认同的寻求中，漫长的国际化过程已变得越来越清晰，也越来越重要。

在整个 20 世纪，有五个词在中国的公共话语中占据显要地位：爱国主义、国际化、社会主义、革命和帝国主义。"国际化"虽然在 20 世纪上半叶极少被直接提及，实质上却是中国外交政策和社会变革背后的驱动力。20 世纪 80 年代起，这个术语成为中国大众词汇中最流行的一个。刚刚受到国际化意识吸引的个人、企业和政府机构曾自问或者被问及是否与国际化潮流或者

---

〔1〕 Adrian Smith and Dilwyn Porter, eds. , *Sport and National Identity in the Post-war World*, London：Routledge, 2004, 2.

〔2〕 Jacques Barzun, *God's Country and Mine*, Boston：Little, Brown, 1954, 159.

〔3〕 徐国琦，《中国和大战》，19。

标准同步。与此同时，诸如"革命""帝国主义"等词汇的使用逐渐减少；而曾在 20 世纪上半叶被经常提及的"爱国主义"一词似乎也慢慢在大众语汇中消失。

但是，低估爱国主义在中国持续的重要性可能会产生误导，它其实和 20 世纪早期的国际化一样，在近年来开始进入以幕后为主的阶段。换句话说，国际化和爱国主义仅仅在中国的社会和政治话语的变化中交换了角色。本书将会探讨中国的国际化和爱国主义之间的重要关系，并研究那些着迷于国际化的中国人是如何在实际上引发了爱国主义。因为爱国主义和国家认同只有在国际语境下，才有意义，这是国家发挥着身份区分和认证的作用，所以爱国主义和国际主义实质上是一枚硬币的两面。

体育，尤其是奥运会，充分显示了爱国主义和国际主义如何在中国融为一体：中国参与和关注现代体育运动主要是受爱国主义的驱动，而在引进西方体育项目和参与世界竞技的过程中，中国也融入了世界社会。1994 年《卫报》（*Guardian*）有一期社评注意到："体育或许在许多场合是表现爱国主义的典型，然而它也是实现地球村团结的最有效的方式之一。"[1] 在中国，体育同样是一种国际主义的表达，在某种程度上甚至超越爱国主义倾向。本书将研究中国体育和体育人物走向世界时，如何影响了这个国家与外部世界的关系。它将讲述中国如何在 20 世纪之交受到曾感染美国人的"尚武精神"推动，拥抱体育，以及为什么中国对奥运和西方体育运动的热情与日本明治维新后的"文

---

[1] 引自 Joseph Maguire, *Global Sport*：*Identities*，*Societies*，*Civilizations*（Cambridge, Eng.：Polity Press, 2001），2。

3

化借用"有可比之处。

＊

　　在很大程度上，每个社会都是"想象"出来的。[1] 历史学家通常更为关注一个社会的精英成员，让他们在表述国家认同中是扮演不相称的重要角色。但从体育来考虑的话，占比大得多的那部分人口——富人和穷人，受教育程度或高或低者——都应在被讲述之列。从这个角度出发，体育代表了广大中国人实现民族独立和振兴的决心，也在关键时刻表达了中国人不畏困难的精神，包括中国在20世纪之交所经受的危机中，在长期的抗日战争中，以及在20世纪90年代开始迈向世界强国的时候。体育作为一种集体性经历跨越了日常生活中社会和政治的分割，研究体育可以为观察更大的历史进程打开一扇窗户。这是研究社会与社会之间、人与人之间和文化与文化之间的互动的有效载体。它让我们可以细察中国人如何与外界联系，以及他们在国家认同演化的过程中，如何处理好有关自我形象和在他人心目中的形象的棘手问题。

　　很多书都从政治、外交和政府行为的角度来讲述中国人的爱国主义和中国的国际化，却极少虑及"大众化的"活动，例如体育运动。至今没有一项研究将此处所提及的问题系统地结合起来。当前关于中国体育的文章要么只聚焦于体育本身，要么只聚

---

　　[1] 详见 Benedict Anderson, *Imagined Communities: Reflections on the Origin and Spread of Nationalism*, London: Verso, 1991。

焦于某一时期或某一主题。[1]　没有人就体育如何与中国在国际
社会中不断发展的自我表述密不可分而做过广泛的解释，也没有
人运用国际史的方法去讨论这一课题。

　　体育一直作为中国社会转型和合法性的媒介，也作为国际认
可、国家声誉的源头，并且是国家构建的引擎。通过观察体育和
体育机构如何及为什么能反映并加强中国社会与世界共同体的联
系，就可以进一步强化这样一个观点：体育如何成为一个联通国
家内部实际与外部世界的桥梁。我在此书中所使用的材料来自中
国大陆、中国台湾、中国香港、加拿大、美国、瑞士及其他地方
的图书馆和档案馆，相当一部分还是最近才对外发布。本书是第
一部利用这些最新资料去考察许多重要却少被研究的事件的著
作，例如北京与 1952 年赫尔辛基奥运会的纠葛、"谁能代表中
国"的问题、毛泽东通过"乒乓外交"影响世界政治的决定，
以及 1976 年蒙特利尔奥运会的重要性等。换句话说，我着眼于
利用这些新材料和新观点来提供一种新方法，以便理解中国的现
代国家认同及其有时颇为矛盾的国际化进程。鉴于世界因 2008
年北京奥运会而对中国的关注，本项研究也着力于让记者、体育
学人和决策者对这一举世瞩目的盛事有更深的了解。

---

　　〔1〕　到目前为止，只有两本书详细讲述中国的体育发展，分别为：Susan Brownell,
*Training the Body for China*：*Sports in the Moral Order of the People's Republic*，Chicago：University
of Chicago Press, 1995 和 Andrew D. Morris, *Marrow of the Nation*：*A History of Sport and Physical
Culture in the Republican China*，Berkeley：University of California Press, 2004。两书在研究范围、
关注点甚至研究方法上都与本书有很大不同。Brownell 是一位人类学家，主要集中论述 20 世
纪 80 年代中国的伦理和体格文化。Morris 的书关注 20 世纪二三十年代中国人的体育文化的
观点和实践，以及国家、现代和现代公民观念。

*

　　当人们从世界各地齐聚一处参与体育竞技时，运动会和比赛就实际上成为了一场跨文化交流。国际奥林匹克委员会和其他跨国组织可以说既在管理体育比赛，也在促进跨文化交流。像奥运会、世界杯足球赛这样的大型项目必然同时是国际和国家的活动，不但是社会和政治事件，而且也是多国的聚会和文化交流。有时事评论员指出，体育在国际背景下作为大众文化活动与重大事务相关联。他们还认为通过将体育与全球化联系起来，我们可以更好地对体育进行分析，体育是新兴的全球文化的组成部分，促进了新身份认同的界定和世界经济的发展。[1] 某种程度上，体育作为一种文化现象远远超越了它的传统界限，它提供了一种新的文化理解。[2]

　　文化路径可丰富我们对爱国主义和国际化微妙意涵的理解，而传统上二者被认为是政治性的。体育作为大众文化通过多个渠道塑造了现代中国的历史面貌，包括它的外交政策及其与广阔世界的关系。现代体育、尤其是奥运会实际上对世界历史的更广泛意义上的发展起着关键性的深远影响。2008 年北京奥运会对中国及其国际形象的影响自然令人瞩目。奥运会是否会激发中国人的爱国主义？积极参与世界运动项目是否有助于中国在世界强国

---

〔1〕 详见 Maguire, *Global Sport*, 35。

〔2〕 Ommo Grupe, "The Sport Culture and the Sportization of Culture: Identity, Legitimacy, Sense, and Nonsense of Modern Sport as a Cultural Phenomenon", in Fernand Landry, et al., eds., *Sport . . . the Third Millennium*, *Proceedings of the International Symposium*, *Quebec City*, *Canada*, *May 1990*, Sainte-Foy, Quebec City: Les Presses de L'Université Laval, 1991, 141.

中和平崛起？越来越多的国际关注将对中国的政治体系和社会稳定产生怎样的影响？奥运会是否将改变中国人对自己和世界对中国人的看法？尽管很少有学者提及，这些问题对研究中国及其与外部世界的关系至关重要。

中国过去的经验为帮助我们理解像 2008 年奥运会这样的事件的潜在重要性提供了必要的框架。即使我们不能预测未来，我们也可以根据体育在过去对大众观念产生的影响去估计可能的后果。本书将聚焦 20 世纪的历史，彼时中国人着迷于寻求其国家的国际地位以及身为中国人的自我身份认同感。正如我在别处所提及的，中国如何以平等成员的身份融入国际社会的问题在 20 世纪之交就是一个重要的关注点。要想写现代中国历史，可以有不同的角度和方法，而这一定位却对理解今日中国至为关键。[1]

中国人对现代体育的态度似乎正好反映了他们在民族自豪感方面的渴望。运动会对中国人来说有着深远而根本的意义——是对他们的国家为获得国际社会接纳所做的长期努力的肯定，也是中国战胜"百年屈辱"，成为国际社会正式成员的象征。中国人倾力举办奥运会既体现了中国人对赢得国际声望的热情之深、之烈，也体现了体育对中国拥抱国际主义的重要性。2008 年北京奥运会的官方口号"同一个世界，同一个梦想"清晰地反映了这一驱动力。

最后，本书将运用国际史方法。正如著名历史学家入江昭所精彩论证的，这个角度超越了分析的国家民族层面，将整个世界

---

[1]　本论详见徐国琦，《中国和大战》，1－77。

作为参照点。它探讨大众文化和政治以及社会与个人之间的关联。它强调国家梦想和国际现实之间的互动,以及不同文化与政治模式之间的交流。将国际史方法用于这项研究,将便于我探讨国际政治体系和中国文化前景之间的关系,解释爱国主义和国际主义的互动,并且突显中国国内政治和国际事务之间的联系。这种方法或许能对中国通过体育与外部世界的接触做出可靠的定位。通过将文化和体育与爱国主义和国际关系研究相结合,我希望能突破前人所设立的界限,既展现中国政权更迭中的延续性,也表明中国与其他国家的相似之处。

*

本书不是中国体育的通史,而是对相互勾连重叠之广泛议题的阐述。然而,为了表述更清晰些,书中每一章只着重于一个议题,并有必要搁置部分相关内容。例如,我很少论及女性在中国体育中的角色,尽管女运动员在当代中国撑起了超过"半边天"。[1] 20 世纪 80 年代,中国女排在世界赛场上的出色表现同时在国内外引起轰动。在下一个十年,中国女足被许多球迷称为

---

〔1〕 从 1959—1990 年,383 位中国运动员成为了世界冠军,当中有 194 名女性。在同一时期,中国共赢得了 490 个世界冠军,其中女子赢得了 258.5 个。1998 年,中国运动员打破了 68 次世界纪录,当中只有 4 次是由男子创造的。这一年保持世界纪录的 30 位中国运动员中,26 位是女性。2004 年雅典奥运会上,中国运动员赢得 32 面金牌、17 面银牌和 14 面铜牌,女运动员再次领先,领取了其中 60%的奖牌,包括 19.5 面金牌、11 面银牌和 9 面铜牌。详情请见中国体委编的《中国体育年鉴,1949—1991》,第二卷,1959—1990,北京:人民体育出版社,1993,414 - 415;中国体委编《中国体育年鉴,1999》,北京:中国体育年鉴出版社,1999,347,352 - 354;和中国体委编《中国体育年鉴,2005》,北京:中国体育年鉴出版社,2006,456。

"铿锵玫瑰"，以其精湛技艺和获胜的决心令世界为之眩目。即使在今天，中国女运动员在许多世界体育项目上的表现都要比男子出色。[1]

出于需要，本书对中国本土民间运动，例如武术和其他健身项目也不做详细论述，虽然这些民间体育活动同样对阐释中华民族认同感和促进中国的国际化起着一定的作用。另外，本书也不是一本关于群众性体育的书，而是一项关于中国人在国家层面上参与体育竞赛的研究。相应地，本书将注意力主要集中在中国的精英阶层。因为中国社会讲究的是精英治国，精英阶层在有关现代中国国家身份认同感和国际化的讨论和表述中处于关键地位。在国家层面发展起来的体育运动，特别是在 1949 年后，由国家来掌握和管理，并且经常带有政治影响的印迹。

第一和第二章讲述现代体育运动在中国属于被"杜撰"的传统，其在国家建设、国际化和爱国主义中地位之显要有甚于其他很多国家。当中国人接纳西方体育运动时，与其说是出于个人兴趣，不如说更多是受到建立强盛国家形象的目标的驱使，晚清如此，民国初年、国民党统治时期如此，毛泽东时代也如此，即使中国进入 21 世纪时仍然如此。第三章集中论述体育在中国爱国主义中的角色。它将详细论述：中国精英阶层的成员如何将锻炼身体、强化竞赛和救国联系起来；竞争的热望如何激发中国人去接纳西方体育运动；以及在世界体育比赛中赢取金牌如何、为什么让中国人魂牵梦绕。

---

〔1〕　本论详见 James Riordan and Dong Jinxia, "Chinese Women and Sport: Success, Sexuality, and Suspicion", *China Quarterly* 145, 1996, 3 月。

第四章探讨中国作为国家参与体育比赛,尤其是奥林匹克运动。其中将展示在 20 世纪 50 年代初期到 80 年代初期间的奥林匹克运动中,海峡两岸如何争取各自的国际合法地位。北京为国家代表权所做的最初的重大政治与外交斗争,是争取参加 1952 年奥运会的权利。本章同时指出,中国的最高领导人邓小平在针对台北和北京参与 70 年代后期的奥林匹克运动的问题,首次表述、或者起码是实践了他的"一国两制"理论。本章阐明海峡两岸和国际奥委会在处理"谁能代表中国参加奥运会"的问题上都犯了重大失误。而且我坚信,尽管在 50 年代初到 80 年代海峡两岸之间存在众多分歧,但他们在"谁代表中国"问题上拥有共同立场。

很多西方人难以理解北京为什么这么介意台湾在奥林匹克大家庭中的成员地位。在北京获取国际合法地位的愿望之外,是"一个中国"的原则。中华人民共和国对"一个中国"原则的坚守可以解释为什么直到今天台湾问题仍然是围绕 2008 年奥运会所潜藏的最危险的问题。

长期以来,中国大陆和台湾地区的关系一直非常复杂。根据中华人民共和国对中国近代史的官方表述,中国革命的历史始于 19 世纪 40 年代,一直延续到 1949 年,这是一个对中国人来说屈辱的世纪,因为他们在这个时期受到了西方和日本帝国主义多个不平等条约的压制。所以,台湾统一于中华人民共和国的希望与中国人长期抵制外国帝国主义压迫的抗争直接相关。中央帝国症结——即中国是本地区的文化和政治中心的理念——也促使北京决心将台湾拥入祖国母亲的怀抱。很多中国人坚信中央帝国的理想，认为台湾现时之所以与大陆分割，日本帝国主义是始作俑者，然后归咎于美国介入中国内战。这些根深蒂固并且广为接受的观念使中国政府感到有责任与台湾进一步走向"独立"的行径作斗争，即使可能要取消奥运会也在所不惜。举办奥运会对于中国共产党来说会带来荣耀和认可，但若失去台湾的话就一切都黯然失色。

第五章讲述"乒乓外交"的故事，解释为什么毛泽东和尼克松辛辛苦苦寻找的共同点竟是白色的小小乒乓球。本章也通过对1972年中国乒乓球队访美的细致研究，考察了美国版的乒乓外交。没有其他哪项研究关注过乒乓外交的这第二步行动，尽管从学术的角度看，鉴于个人与非政府组织其间以崭新而有重大意义的方式进行了互动，它要更加重要。如果我们说毛泽东的乒乓外交行动为与美国建立更好的外交关系奠定了基础，则1972年中国乒乓球队访美就为两国更广泛的文化交流开启了健康而快速发展的路径。

第六章运用最近才公开的材料，以至今最全面的方式，研究"谁能代表中国"问题对1976年蒙特利尔奥运会和当时国际政治所产生的影响。这场争论不仅导致国际奥委会威胁取消奥运会、美国威胁抵制奥运会，而且也让加拿大政府受到几乎来自所有方面的谴责。

第七章研究体育如何在20世纪80年代后再次成为中国全方位出击赢得国际声誉、地位和认可的主要工具，解释体育和国家荣誉感、爱国主义和国际化的紧密联系是怎样在中国再次出现的。本章也讲述了在中国人心目中，赢得运动会金牌和获得国家荣誉是息息相关的。这种"要赢"的热望使中国人感到难以承受在重大国际性体育竞技中失败。

为什么中国人花了一百年的时间才实现他们举办北京奥运会的梦想？为什么中国共产党会不惜一切全力申办奥运会？为什么北京第一次申奥失败？2008年奥运会将对中国人的民族认同感和国际化产生什么样的影响？第八章从历史比较的角度对北京2008年奥运会进行考量，阐释奥运会为中华民族和中国共产党同时带来了危险和机遇。对于这个国家，它可能是一个迈向自信和民主发展的美好旅程的开始。

*

无论2008年奥运会为中国带来什么，这场运动会将是一个里程碑——选择北京作为主办方对很多人来说，是世界对中国已经成为强国的肯定。对曾为中国获得新的国家认同和国际地位而团结奋斗的一代又一代中国人来说，主办举世尊崇的奥运会的世纪之梦最终实现了，而实现获得国际尊重的更远大目标似乎也指日可待。

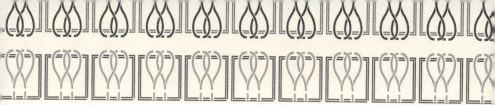

第一章

# 用尚武精神强国

> 奥运会的重要之处不在于取胜，而在于参与。
>
> 皮埃尔·德·顾拜旦（Pierre de Coubertin），1936 年[1]

　　直到 19 世纪 90 年代后期，现代汉语中还没有"体育"一词。[2] 而且，这个词经过了很长一段时间才有了今天的意思。当这个词刚从日本引入时，它更多是指个人卫生和总体健康状况，而非身体运动。当梁启超和其他人在 1902 年使用"体育"这个词时，他们的讨论主要集中在通过军事体质训练来在精神和

---

〔1〕　顾拜旦引文见 Young, *Modern Olympics*, 112。

〔2〕　例如，中国最近出版的一本书断言，中国直到 19 世纪才从外国引进"体育"一词。见刘秉国，《中国体育史》，1–3。从技术上说，"体育"一词在中国近代之前就已出现，台湾"中央研究院"所藏的《文渊阁四库全书》是收集了中国近代之前的文字资料的庞大丛书，其研究数据库中最少有 9 次"体育"出现。当然，它们几乎与体格教育或锻炼无关，某些部分的"体"与"育"甚至不在同一个语句出现。因此有理由认为，传统中对"体育"的使用与现代引进的意义有着本质不同。

身体上为战斗作准备，即"尚武"。[1] "体育"一词包括两个汉字："体"指身体，"育"指培育。然而，当中国人开始接纳现代西方体育运动时，"体育"被赋予了新的含义，担负起救国图强的职能。它的出现正与中国人打造新的国家认同的雄心和其在20世纪之交国际舞台角色的设定相吻合。

在本书中，我对中国人所说的"体育"交替使用"身体文化"（physical culture）和"体育运动"（sports），主要出于以下几个原因：第一，两者都较为切合这一中文用语的译意。第二，在使用"身体文化"或者"体育运动"时，我希望能传达出比"身体训练（physical training）"更多的意思。在中文语境下，"体育"包含文化，尤其是公共文化的内容，就如托马斯·本德（Thomas Bender）所指的，这是一个"将不同表现形式的力量详尽表述出来和显示其权威的"场合。[2] 对许多在20世纪之交接纳"体育"的中国人来说，这个向"身体文化"的转变反映或者回应了一个民族对革新的呼唤以及以一个受尊重的强国的身份屹立于世界民族之林的渴望。

## 1895年之前的中国体育

北京在申办2000年奥运会的时候，强调体育在中国历史上的发展。[3] 虽然中国的传统运动项目与现代中国人对体育和奥

---

〔1〕 许义雄，《中国近代民族主义体育思想之特质》，摘自许义雄的《中国近代体育思想》，12。

〔2〕 Bender, *Wholes and Parts*, 126.

〔3〕 见 *Beijing 2000 Bulletin*, No. 7。所有来自北京的相关资料可从洛杉矶体育图书馆找到。

运会的热爱关系不大，但话说回来，体格健康的文化在中国有悠长的历史。例如，孔子教导的一个重要内容就是体格教育。孔子和许多先贤强调同时培养个人的智力和体格，孔子认为，要做一个有教养和有用的人，强健体格要与道德和智慧并驾齐驱。体格上的造诣在孔子教导的礼、乐、射、御、书、数"六艺"中，显然作为核心的一部分加以强调。[1] 生活于公元前4世纪的孟子和其他儒家的追随者也主张"劳其筋骨"对成就伟业意义重大。在孔孟时代，中国人似乎就有脑力和体格技能并重的意识，一幅出自两千多年前马王堆汉墓的帛画上画着一群人在锻炼身体。[2]早在公元前5世纪至3世纪的战国时代，围棋（日本后来引进这个项目，称为"碁"）非常流行。战国至汉朝（公元前206年至公元220年，原文如此）时期，许多人乐于玩蹴鞠。

古代还有其他流行的运动项目。根据一份历史资料记载，汉高祖刘邦为自己的父亲在国都建了一座豪华的宫殿，而他的父亲却不怎么高兴，原来他想念在家乡和朋友玩蹴鞠的时光。[3] 蹴鞠类似于今天的足球运动，在宋朝（960—1279年）受到各个阶层的欢迎。还有一种运动可算是古式的马球，称为击鞠、击毬或打毬，也是在这个较早的时期兴起的。体育在当时之兴盛引起了汉朝历史学家班固的注意，他在所著《汉书》中专门有一章记录在某项体育运动或武术上有专长的人物，同时也展示其他特殊

---

〔1〕 见苏雄飞，《孔子的体育思想》。

〔2〕 许多中国古代运动的精彩图片可见于中国奥林匹克委员会编的《中国体育文化五千年》，277。

〔3〕 谷世权，《中国体育史》，52；并见崔乐泉，《图说中国古代友谊》，142。

的技巧。[1] 事实上，中国人在唐宋时期非常重视蹴鞠和马球。[2]

从这些早期运动比赛的起源中，可以部分窥见中国当时处于国际交会点的盛况。在唐朝（618—907 年），人们从许多国家来到这个强大帝国的都城长安工作、旅游或者学习。一些学者认为唐朝的马球可能是由波斯人引入的。宋朝有一种游戏叫"捶丸"，与现代高尔夫球相似，在当时的上流社会流行开来。[3] 中国人还练习武术（例如太极）和其他健身运动，这也是在许多国家广为人知的。

从古代向现代进程的初期，中国社会处于开放状态，中国人因此可以从事多种多样的体育运动，蒙古族的摔跤和赛马、藏族的赛跑、满族的滑雪等也在不同时期成为其中的一部分。退一步说，在1895 年之前的中国人对身体和体格训练的态度实际上是有矛盾的，中国的主流文化无论男女，相对来说较为重视道德培养而轻视个人体质。这种观念在宋代以后随着理学、科举考试和缠足的兴起而愈演愈烈。宋代以后，马球、捶丸和蹴鞠之类的运动比赛逐渐消失，而中国的主流文化进一步重文轻武，并贬低在许多中国精英阶层成员眼中与"劳力者"联系在一起的体力活动。"和为贵"和"君子动口不动手"的观念在社会规范中被越来越多人接受。虽然孟子说过伟人要"劳其筋骨"，但他提出的

---

[1] 详见周林仪，《汉代体育现象考》。

[2] 有关中国古代马球的研究见苏竞存，《中国古代马球运动的研究》3：17–47；并见唐豪，《试考我国隋唐以前的马球》2：1–9。

[3] 有关中国古代"捶丸"的研究见唐豪，《我国古代某些球类运动的国际影响》3：48–52；范生，《我国古代捶丸运动》2：10–20；及 Gunsun Hoh（郝更生），*Physical Education in China*，27–28。

"劳心者治人，劳力者治于人"的观点鼓励了众多儒家学者引导社会和政府看不起体格教育。以至于18—19世纪期间，中国精英阶层认为体育低贱——强壮的身体与人的教养不相称。

从唐宋时期起，以儒家道德观念为基础的科举考试逐渐制度化，这对男性精英阶层体质的总体衰退起到明显的作用。这套考试制度一直延续到20世纪早期，使中国男性全神贯注于儒家文本并准备考试，鼓励他们舍弃"非绅士"的体格教育。[1]在科举制度和理学思想影响下的中国男性将足不出户的精美雅致生活视为理想，而鄙视体格强健观念和战斗精神。

如果说科举文化打磨掉了中国精英阶层男性的阳刚之气，那么对中国女性最大的加害体现在缠足。[2]或许这不是巧合，在10世纪科举制度及理学思想达到高潮的同时，缠足也普遍起来，直到20世纪早期科举考试废除时才被禁止。在这一千年的时间里，尤其在清朝（1644—1912年），几乎所有汉族妇女缠了足并因此残疾。我们仍然无法完全理解为什么缠足可以延续这么久而且这么普及，无法完全理解其对中国人来说所包含的社会、文化、经济甚至体格上的意义。也许10世纪后的中国男性精英由于缺少身体锻炼而逐渐女性化，于是他们就直接胁逼或至少乐于见到中国妇女通过缠足来变得"超女性化"。

宋之后的朝代，虽然在种族和文化起源上不同，虽然都是马背上打下的江山，但都倾向于通过强调主流文化和道德价值而不

〔1〕 科举制度只允许男子参加，一直实施到1905年才被废止。此外还有一些不定期的、不同形式的武官考试，被称为"武举"。但这种武官考试很少进行，影响也不大。详见徐宝银，《唐代体育活动之研究》。
〔2〕 有关缠足的新近研究见 Ko, *Cinderella's Sisters*。

是通过高压来统治。这在总体上造成中国社会在将近一千年里以体质文弱甚至可以说虚弱为特征。中国的汉族人很少受到鼓励去进行肢体锻炼，现代早期的旧式小说常有描写白面书生和女子"弱如柳"的文字。"万般皆下品，唯有读书高"或者"好男不当兵，好铁不打钉"这样的流行语很大程度上反映了传统中国社会贬低强健体格的观念。

　　义和团运动（1898—1900 年）是个罕见的例外。在这期间，一种在更广泛阶层强调男子气概的亚文化通过肢体技能，以某种方式对中华民族的身份认同和国际化产生了强烈的影响。这个群体被外国人称为"拳匪"（Boxer），而他们自称"义和拳"，大部分是来自北方农村的贫穷男青年，受尽外来入侵之苦（后来其女性成员自称"红灯照"）。义和团值得关注的地方在于他们习武，相信可以借此使神灵附体、获得生机，并旗帜鲜明地排外，尤其表现在对基督教徒和传教士（不管是外国还是中国的）的袭击行动中。当清朝决定招安义和团并纳入官属民团之后，就唆使他们对抗外国人，于是引发了外国的军事干涉，最终被镇压。义和团运动对中国的政治和外交关系有着深远的影响，加深了欧洲人对中国人的负面看法，即认为中国人对基督教带有针对性的恶意，对抗现代科技并且仇外。而八国联军给清朝所带来的挫败和耻辱很快就导致了它在 1912 年的最终覆灭。[1]

　　作为清朝衰亡的一个因素，义和团运动催生了可能导致后来

---

　　〔1〕　有关义和团起义新近的研究见 Preston, *Boxer Rebellion*；Esherick, *Origins of the Boxer Uprising*；Cohen, *History in Three Keys*；Elliott, *Some Did It for Civilization*；and Xiang, *Origins of the Boxer War*。

更广泛变革的新发展，即使这不是他们的本意。义和团运动是通过旧式武装起义所发出的最后的有力呐喊，号召发扬传统武术和宗教，以实现政治变革。虽然他们的斗争以悲剧收场，但仍可以说义和团运动标志着新趋势的形成，即体格教育逐渐与中国民族认同感相关联。在 1895 年前，认为锻炼身体有益的中国人主要是为了个人强身健体。只有在 1895 年之后，中国才开始将体格训练和公共卫生与国民命运联系起来。为了理解这个转变，我们要考察 19 世纪 20 世纪之交中国与世界的关系。

### "病夫"与新世界

　　1895 年对中国和世界历史来说都是个转折点。此时，欧洲大国正逐步走向第一场世界性战争，而被称作"天朝"或"中央帝国"的中国，虽然在 19 世纪 40 年代在鸦片战争的影响下被边缘化，但仍沉浸在"中央帝国之梦"中。中国在中日甲午战争（1894—1895 年）中的惨败，使中国人震惊，这是对中国必须接受新现实的一个警钟。这次惨败使中国的大部分精英相信，只有放弃传统的帝国身份，建立民族国家，才能生存——更加重要的是，中国只有加入由西方列强为主导的世界新秩序，中国才有希望重拾昔日的荣耀。[1] 换句话说，中国终于准备向西方学习，并向以西方理念和实践为基础的新国家形式转变。诸如社会达尔文主义和"适者生存"等在这个交接点引入的理念，在思想上为中国人接受西方体育运动做好准备。

----

　　〔1〕　有关 1894—1895 中日甲午战争对中国人思维方式的影响详见徐国琦，《中国与大战》，19－49。

中国人对西方体育的兴趣与他们对中国国家命运的反思直接相关。对中日甲午战争后的许多中国人来说，他们的国家已经成为一个需要下重药的"病夫"。第一个使用"病夫"一词的人是严复，他是一位在 20 世纪之交颇有影响的学者，翻译过多部西方著作。严复在中国传统文化和西方事务方面都接受过很好的教育，曾在英国学习了几年军事。1895 年 3 月，严复在天津《直报》上发表文章《原强》，当中写道："盖一国之事，同于人身。今夫人身，逸则弱，劳则强者，固常理也。然使病夫焉，日从事于超距赢越之间，以是求强，则有速其死而已矣。今之中国，非犹是病夫也耶？"在严复看来，中国的确病弱，要使它再度强盛，中国人要提升其体质、智识和道德价值，并且把强身健体放在首位。他强烈批评中国人吸食鸦片和缠足，指出只有健康的母亲才能生育出强壮的孩子。[1]

严复还谴责文官科举制度造成了中国今天的虚弱。[2] 他认为，中国人要再次强壮和富裕起来，身体一定要好，要精力充沛，由弱者组成的国家只能是弱国。[3] 在严复看来，正如本杰明·史华慈（Benjamin Schwartz）所言，体格强健"在他的心目当中，是和一个人体格上的勇武和耐受，紧密联系在一起的。从某种意义上来讲，人们体格力量以及所谓的'意志品质'的状况，最能够体现新的价值观的转化"[4]。

在严复将中国称为"病夫"之后不久，外国人也开始使用

---

〔1〕 王栻，《严复集》1：13 - 18。

〔2〕 同上，40 - 54。

〔3〕 徐元民，《严复的体育思想》，13 - 24。

〔4〕 Schwartz, *In Search of Wealth and Power*, 86.

这个表述,例如上海刊物《时务报》在 1896 年刊登了一篇从英国报纸翻译过来的文章,就给中国贴上了这个标签。[1] 从此以后,中国人就饱受这个标签的纠缠和屈辱。陈天华在其 1903 年发表的名作《警世钟》中写道:"耻!耻!耻!你看堂堂中国,岂不是自古到于今,四夷小国所称为天朝大国吗?为什么到于今,由头等国降为第四等国呀?外洋人不骂为东方病夫,就骂为野蛮贱种……"[2] 1904 年作家曾朴以笔名"东亚病夫"发表其小说《孽海花》,意在促使中国人反省自己的境况,努力自新。"东亚病夫"一词虽然对西方人的思维方式影响甚微,但是却成为中国人在 19 世纪 20 世纪之交文化背景的一个组成部分。

中国的这个"病夫"形象驱使很多中国人认真思考如何去"治愈"他们的国家,最终使现代体育运动引进中国,作为拯救中华民族危机的一剂药方。从这个角度看,1895 年是关键的一年。精英们从此开始质疑甚至否定他们旧的身份和文化,传统的体格活动也包括其中。对社会中的许多精英成员来说,体育就是西方体育运动,是从外国引入的活动。正如成就卓著的台湾体育学专家许义雄所指出的,中华帝国晚期之所以能接受现代体育运动是因为被救亡和自强的思潮的推动。[3] 即使是保守的改革家张之洞也在其影响深远的文章《劝学篇》中作了这样的总结:锻炼身体和中国的国家存亡息息相关。他指出,中国人必须依靠

---

〔1〕《天下四病人》,译自 *North-China Daily News*(上海),1896 年 11 月 30 日,于《时务报》1896 年 12 月 15 日;又见高翠,《从"东亚病夫"到体育强国》,9。

〔2〕刘晴波、彭国兴编,《陈天华集》,长沙:湖南人民出版社,1958,69。

〔3〕许义雄,《晚清体育思想之形成》,1-17;又见许义雄,《近代中国民族主义体育思想之形成》,1-8。

"武功"，即西式军训，来实现国家强盛。地位显要的改革家和作家梁启超在其1902年的文章《新民说》写道："然则尚武者国民之元气，国家所恃以成立，而文明所赖以维持者也。"梁启超认为，这种观念是西方列强和日本国力强盛背后的主因。[1]他指出中国在很久之前就已经失去了这种精神，以致"其人皆为病夫，其国安得不为病国也"。[2]显然，中国人将"东亚病夫"的标签视为国耻，许多人因此而鼓吹西方体育运动。从日本归国的学生徐一冰在1908年成立了中国第一所体育学校，提出"增强中华民族体质，洗刷东亚病夫耻辱"的口号。他坚称，只有人民注重体育，中国才有可能与西方比拼。[3]连孙中山也表示"今以提倡体魄之修养，此与强种保国有莫大关系"。他还指出"夫欲图国家之坚强，必先求国民体力之发达"[4]。

因此，在19世纪和20世纪之交，许多中国人开始为实现中国的富强而极力提倡禁止缠足和废除科举考试制度。中国的妇女解放实际上是从"救亡"观念开始的：一位拥有天然双足的健康母亲对生育健康强壮的后代这个国家目标至关重要。在20世纪初期，中国妇女开始解开缠脚布或者不再为其女儿缠足，让传统上足不出户的女孩儿接受教育甚至进行体育锻炼。秋瑾就是新女性的一个典范。她不仅去日本留学，而且喜欢剑术、骑马和其他体育运动。[5]1905年，缠足和科举考试制度都被废止了。

---

〔1〕 梁启超，《新民说》，收于梁启超，《梁启超全集》2：709。
〔2〕 同上，2：713。
〔3〕 张鲁雅和周庆，《世纪情》，11。
〔4〕 谷世权，《中国体育史》，204。
〔5〕 本论题的优秀研究成果见程瑞福，《清末女子体育思想的形成》。

"军国民主义"和"尚武"也是这个时期很受欢迎的观点，旨在以体育救中国。梁启超、蔡锷这样的人物和许多人一起，主张中国人要培养尚武精神。在某种程度上，"军国民主义"和"尚武"是一个硬币的两面。正如张謇所言："提倡军国民教育即尚武。"[1] 新成立的中华民国的第一任教育部部长蔡元培曾留学德国，更明确地提出"军国民"训诫不仅是体质培养的一个组成部分，而且还与"尚武"密切相关，并可被看作一种世界观。[2] 他说："国何以强？强于民。民何以强？强于民之身。民之身何以强？强于尚武。"[3] 现代"尚武"的拥护者认为，虽然在儒家思想盛行中国之前，"国之大事，唯祀与戎"，中国早已在实践上远离了它。[4] 有趣的是，1952 年至 1972 年担任国际奥委会主席的艾弗里·布伦戴奇（Avery Brundage）尽管并不以睿智观察知名，却曾在 20 世纪 30 年代写过一段话：

　　我逐渐坚信，体育腐败与古老文明的毁灭是紧密相关……中国则为我根据地中海文明的衰落所做出的结论提供了一个显要的现代例子。在这个真正最古老也最文明的中国人社会中，体格锻炼及其全国性组织被忽略了。中国受过良好教育的民众甘愿一代一代地任凭国内的强盗的劫掠。其他在艰苦条件和无尽的冲突中练就强健身体并具有相应制度的民族，则可以一代一代地在中

---

[1] 引自陈世恩，《清末民初军国民教育之体育思想》，27。
[2] 蔡元培，《体育教育方针之意见》。
[3] 陈世恩，《清末民初军国民教育之体育思想》，28。
[4] 谷世权，《中国体育史》，23。

国为所欲为。[1]

在不平等而且耻辱的条约的压迫下，中国人感到中国是时候重新唤醒其尚武精神了。有些人甚至认为体质培养是救国的唯一方法。[2] 中国要举行运动会，不仅是推广体育运动，还有助于民族精神的重生。[3] 事实上，在 1910 年南京第一次全国运动会举行之后，政府发表了声明：“（中国）处兹外患交迫，非大多数国民具有尚武精神，决不足争存而国强也。”[4] 1914 年，当中国在北京举办第二届全国运动会时，组织者欢迎观众到场，以让他们看到国家在体育运动上的进步，并且“借表我国民均欢迎崇拜尚武之精神乎！”[5]

“尚武”思想在中国精英阶层广为流传，其来源则可追究到19 世纪晚期的德国和日本的迅速崛起。正如一篇 1904 年发表的文章所写的，去过日本的中国人得出结论，日本获得了中国所没有的成就，是因为它有“尚武精神”。[6] 至于德国，按民国早期的学者刘叔雅的说法，中德的最大区别在于德国推行尚武教育，而中国没这么做。[7]

即使是当时年轻的毛泽东也非常推崇“尚武”思想。1917

---

〔1〕 艾弗里·布伦戴奇收藏了大量中国工艺品，自认为是中国文化专家。引文来自 “Civilization May Be Saved by Athletes”，日期不详，可能写于 1938 年前后。ABC，box 249，reel 144。

〔2〕 全国运动大会宣传组，《全国运动大会要览》，1930，1。

〔3〕 同上，6。

〔4〕 王振亚，《旧中国体育见闻》，20。

〔5〕 同上，140。

〔6〕 陈世恩，《清末民初军国民教育之体育思想》，32。

〔7〕 同上。

年他在极有影响的杂志《新青年》4 月第一期上第一次公开发表
文章，名为《体育之研究》，文章开始时指出，"现今文明诸国，
德为最盛，其斗剑之风，播于全国；日本则有武士道……体育
者，人类自其养生之道，使身体平均发达，而有规则次序之可言
者也"。他认为，"体育……实占第一之位置"。许多中国人也像
毛泽东一样，清楚认识到体育的国家和国际含义。一位《申报》
的作者描述 1921 年远东运动会时写道："运动员中的斗争精神和
战争中的一样。国家如果战败，就会失去土地；运动员如果在竞
赛中落败，就会失去声誉。在土地和声誉之间，没人能说清楚哪
一样更重要……我们在谈及战争之前，必须能上场比赛。一个国
家必须能打仗才有资格谈和平。世界和平从运动比赛开始。"[1]

这里提到的体育显然是指西方体育运动。郝更生 1926 年出
版了《中国体育概论》一书，"献给中国的智与强"，书中写到
20 世纪之交所追求的体格教育的模范是从西方引入的。[2] 而中
国传统体育运动的命运又如何呢？像其他主张建立现代体育体制
的拥护者一样，梁启超干脆把传统运动放在一边，将之视为与建
立团结、道德力量和尚武精神这些终极目标完全无关。[3] 与之
相对照，现代体育被认为在于建立身体、思想和精神的和谐上，
而且可以起到宗教的作用。这种想法并不新鲜，在奥林匹克运动
会的记录中就可见一斑。对于希腊人来说，"奥运会背后的宗旨
在于人的完整发展，即思想蕴藏于活跃而警觉的身体的古老观

---

〔1〕 Morris, *Marrow of the Nation*, 96.

〔2〕 Gunsun Hoh（郝更生），*Physical Education in China*, v。

〔3〕 陈世恩，《清末民初军国民教育之体育思想》，40。

念"。当皮埃尔·德·顾拜旦（Pierre de Coubertin）决定重启奥运会的时候，体育从主流文化和体格文化中所引申出来的理念，以及体育对一个人体质、道德和智力发展的贡献，也在他的思想中得到明显的体现。在他看来，奥林匹克运动的目的在于建立人与人之间的理解，并且培育"完整的人"。[1] 顾拜旦和中国人一样，观察到德意志帝国建立在"军事化体育"的基础上，[2] 他注意到"一个民族的思维模式、抱负及性情与他们理解和组织体育锻炼之间的密切关系"。[3]

由此看来，20 世纪早期中国精英分子的想法远远背离和超出中国旧式哲学和说法，与古希腊和顾拜旦的更接近。西方体育在中国的倡议者与外国思维方式的接轨，是全新国际思想体系自然产生的结果。

在 19 世纪 90 年代前期，正当中国精英分子意识到他们可以通过西方体育运动来迈出救国之路的第一步时，世界体育也进入了一个新时期——重新启动奥林匹克运动。1896 年雅典主办第一届现代奥运会，与中国对世界新现状的觉醒同时发生。而现代奥运会的举行显然也是更广泛国际化趋势的结果。正是发掘古代奥林匹克遗址的德国学者和法国人顾拜旦使奥运会获得重生。按顾拜旦的观点来看，重新启动奥运会将通过参赛运动员的"和平外交使者"效应而促进"国家间的和平"。很明显，顾拜旦力图

---

〔1〕 顾拜旦的评论记录在外国记者俱乐部（foreign correspondence press club）文件中，东京，1968 年 6 月 29 日。ABC, box 246。

〔2〕 Coubertin 和 Muller, *Olympism*, 288。

〔3〕 同上，292。

"培育非沙文主义的国家主义"而带来"文明进步的国际主义"。[1] 撰写顾拜旦传记的作家约翰·麦克阿伦（Jonh MacA-loon）极有说服力地指出，顾拜旦的"个人形象既体现在其爱国主义，也体现在其国际主义"。[2]

1894 年 6 月 23 日，现代奥林匹克运动的成立大会在巴黎举行，顾拜旦正式宣布了现代奥林匹克运动的诞生，并将"更快，更高，更强"作为其口号。在成立大会结束的晚宴上，顾拜旦致祝酒词："我为奥林匹克理念而举杯，这个理念像全能的太阳的一缕光线，穿过时间的迷雾，重返这里，带着欢欣的希望，照亮通向 20 世纪的大门。"[3] 1896 年 4 月 6 日，第一届现代奥运会在雅典举行。顾拜旦提醒："奥运会最重要的是参与而不是胜出。"[4] 现代奥运会的启动标志着国际交往新纪元的开始。

对于正在寻找国家出路的中国精英分子来说，现代体育运动与奥运会同他们的国家主义和国际主义思想结合起来，似乎是解决问题的一个可能方法。约翰·卢卡斯（John Lucas）写道，奥运会"同时是对不平凡的见证和寻找"。[5] 这种见证正是中国人所追随的。我们不清楚中国人具体何时得知奥林匹克运动的重启以及首次奥运会的举办，但有一点很清楚：奥运会代表"更快，更高，更强"，而奥运会的参加者是平等的，这正切合了当时鼓

---

〔1〕 Coubertin 和 Muller, *Olympism*, 38。

〔2〕 MacAloon, *This Great Symbol*, 528, 472；并见 Young, *Modern Olympics*, 68；及 Espy, *Politics of the Olympic Games*, 12 – 18。

〔3〕 Coubertin, *Olympism*, 532.

〔4〕 引自 Young, *Modern Olympics*, 112。

〔5〕 Lucas, *Modern Olympic Games*, 236.

舞中国人的理想。归根到底，现代奥运会和其他国际体育比赛在理论上为每个国家提供了名义上的赛场，无论大小，都可以按照同样的规则和标准去参赛和评判。正如一位学者提到的，"第一个被来自各个不同的文化和背景的人们自愿接受的法规是体育比赛法规"。[1] 中国人不仅要参加体育竞技，更把现代奥林匹克运动看作是与他们更广泛的救国大计相一致的。

### 通过现代体育让中国实现国际化

在雅典举办的第一届现代奥运会上，一名妇女走向顾拜旦，问他比赛会不会是古代奥运会的戏剧性翻版，运动员都是裸体。顾拜旦回答说，不，这些比赛将是真实而世界性的。"那么"，她问："我们会不会看到印度人、黑人和中国人参赛？"[2] 顾拜旦没再回答，然而在其他场合，他表达了对体育在亚洲发展的深切期待。他说，"黄种人，已经全体准备好了，因为他们那年轻的帝国主义，还未从支配中得到满足，这将驱使他们去品尝体育比赛胜利的全新喜悦，以及它为他们的国旗所带来的荣耀。"[3] 顾拜旦当然无法了解中国对西方体育的看法，事实上，是基督教青年会（Young Men's Christian Association）而不是国际奥委会将中国人引向奥运赛场的。可以肯定的是，西方体育运动是在19世纪40年代由外国人在鸦片战争之际首先带入中国的，但那时

〔1〕 Ali Mazrui, *A World Federation of Cultures: An African Perspective* (New York: Free Press, 1976), 41, 引自 Barbara Keys, "The Internationalization of Sport, 1890—1939", 收于 Ninkovich 和 Liping Bu, *The Cultural Turn*, 201。

〔2〕 Lucas, *Modern Olympic Games*, 31.

〔3〕 Coubertin, *Olympism*, 697.

候只有外国人自己玩这些项目，中国人并没有受到鼓励而去参加。教会学校也对体育在中国的推广起到一定作用，尽管不算太大。即便如此，直到 19 世纪后期，只有外国人和教会的学生参加这些体育项目，大部分中国精英分子和民众都对这些没有兴趣。这一状况在 1895 年基督教青年会干事来会理（David Willard Lyon）的到来之后发生了重大转变。就鼓励中国人参与西方体育运动来说，基督教青年会所选择的时候再好不过了，当时中国人刚刚败于日本人之手，正开始苦寻建设国家和适应国际新形势的出路。19 世纪 90 年代的中国人和这个时期的美国人一样，都仿佛陷入了理查德·霍夫施塔特（Richard Hofstadter）所说的"精神危机"，虽然他们各自危机的背景根本不同。[1] 中国名流显然在这个大环境中，通过基督教青年会在全国主要城市的努力推广，强化了国家自强之心和体育的关联。

来会理作为美国俄亥俄州伍斯特学院（Wooster College）的新毕业生到了天津后，开始孜孜不倦地在中国推广现代体育运动。[2] 1899 年，上海分会成立，到 1922 年，整个中国已经有 22 个分会。基督教青年会在最开始的时候是中国现代体育发展的主轴，它通过资助比赛、报道和演讲会成功地推广现代体育运动。1920 年，格雷（J. H. Gray）来到上海，成为基督教青年会体育培训部的主任。他向该会的国际委员会发出了一份关于中国体育教育情况的报告，当中写道："我们在最初的时候有一个好开端，

---

〔1〕 本论详见 Richard Hofstadter, *The Paranoid Style in American Politics, and Other Essays* (New York: Knopf, 1965)。

〔2〕 详见 Wu, *The Influence of the YMCA on the Development of Physical Education in China*, 71 - 72。

表明中国进入了一场体格大复兴的早期阶段，在这场复兴中，关于身体和生活方式的旧理想迅速向新的不同的方向转变。"[1] 正是在基督教青年会的主导下，中国在 1910 年举行了第一届全国运动会。举办运动会的想法来自美国人埃克斯纳（M. J. Exner），他是 1908 年基督教青年会派来中国主管体育教育的官员。1910 年运动会的官员和裁判主要是外国人，大会的官方语言是英文。到 1923 年日本远东运动会举行时，中国代表团的领队还是格雷，并且他代表中国队在大会上发了言。

有趣的是，有些基督教青年会的官员理解甚至认同中国人对"尚武"的执着，麦克乐（Charles Harold McCloy）就是其中最有代表性的一个。麦克乐 1913—1926 年在中国工作了十多年，会说中文。他的工作硕果累累，曾向基督教青年会的管理部门主张，在中国工作的外国体育教员应该说中文。[2] 麦克乐因为中国人对体育教育产生兴趣而感到兴奋，在一个报告中写道："现在的工作够（基督教青年会）五十人工作五十年……只是按我们现有人手做不了那么多。"[3] 不论是作为基督教青年会官员，还是后来作为教授，麦克乐通过写作、演讲和教学成为将中国带向国际性体育运动的大使。根据另一位基督教青年会官员欧根·巴内特（Eugene E. Barnett）的记录，"麦克乐不只是一位活动家、创新者和推广员，还是一位研究员和学者"。[4] 在其出版的

---

〔1〕 Little, *Charles Harold McCloy*, 76.

〔2〕 McCloy's 对体育教育研究的全部内容见上注以及 Gerber, "Three Interpretations of the Role of Physical Education, 1930—1960"。

〔3〕 Little, *Charles Harold McCloy*, 53.

〔4〕 同上，90。

许多著作中，麦克乐在其中一本中指出，从远古以来，就有两种不同的文化：一种是好战和进攻性的，另一种是文明和被动的。虽然很难说哪一种更好，但好战且进攻性的文化常常占优势。麦克乐于是得出和许多中国人相同的结论：如果中国要在这个危险的世界生存并取胜，就必须追随好战和进攻性的模式。[1] 麦克乐在这方面的影响很大，他在 1926 年辞去教授职务时，当时中国国立东南大学的代理校长写道，他的离去标志着"这个国家在整个体育教育领域的损失"。[2]

尽管有中国人声称足球和高尔夫球源于中国，现代体育运动显然还是来自于西方。篮球是一位美国人在 1895 年引入的，而排球则在约十年之后来到中国。乒乓球也是舶来品，后来成为中国最普及的运动之一。外国人（尤其是基督教青年会的官员）和从海外归来的中国人常常将西方运动介绍给中国大众，美国人尤其热衷于此。在基督教青年会的资助下，许多后来成为中国体育界领导的人获得到海外留学的机会；包括中国第一位国际奥委会委员王正廷，还有张伯苓、董守义、郝更生和马约翰等。事实上，直到 20 世纪 20 年代，外国人特别是美国人一直是中国体育的主要推动力。难怪柯天锡（Jonathan Kolatch）在其开创性之作《中国的体育、政治和意识形态》中把 1895—1928 年称为"基督教青年会时代"。[3] 只有到了 20 世纪 20 年代后期，中国努力恢复国家主权，基督教青年会的影响才逐渐式微。

---

[1] 麦克乐（McCloy），《第六届远东运动会的教训》，4。
[2] Little, *Charles Harold McCloy*, 96.
[3] Kolatch, *Sports, Politics, and Ideology in China*, 3.

　　然而，基督教青年会只是众多对中国体育发展有影响的国际组织中的一个，日本也曾做过贡献。日本在明治维新后，在实现军事现代化的过程中，将西方流行的体育运动，例如体操、剑术、射击、骑马和滑雪等引入国内。[1] 1903 年，清政府尝试建立现代教育体系，采用了深受西方影响的日本课程。清朝新的教育规定所有学校都要设体育课，并且像日本一样，体育的军事色彩不深。对体育的重视在清政府 1906 年的修订规则中更为清晰，新规定要求所有学校的课本都要推广民众军事化，并强调"尚武"思想，这一思想后来很快就被加入国民政府的训令中。1949年新中国成立以后，俄式体育元素被引入学校的体育课程中。也就是说，在共产党的治理下，中国虽然在各个方面发生了极大的转变，但国际化并没有停止。

　　作为西方舶来品的现代体育教育与中国传统的体育有着根本区别，但当中国人采纳西方体育运动时，还是给它们赋予了新的含义。体育运动对中国人来说是一条通向民族复兴并实现与他国平起平坐的大道，是自己的国家成为受尊重的强国的方法。毛岸俊（Andrew Morris）在近期著作中指出，早期的中华民国对体育教育的论述"显然将它作为将'中国'插入国际历史与发展进程的工程的一部分"。毛岸俊恰当地论述了"现代体格文化很快地以'体育'的名称获得接受，这对它系统性地"努力去将

---

〔1〕　Allen Guttmann 和 Lee Thompson, "Educators, Imitators, Modernizers: The Arrival and Spread of Modern Sport in Japan", in J. A. Mangan, ed., *Europe, Sport, World: Shaping Global Societies* (London: Frank Cass, 2001), 26. 要了解近期一项有关基督徒眼中的日本体育的研究——并聚焦于日本现代体育如何受到武士道和基督教的混合影响——见 Abe, *Muscular Christianity in Japan*, 714 – 738。

"个体的强壮、纪律和健康"与国家整体在军事上、工业上和外交上的"强壮"结合起来，是"很不寻常"的。[1]在中国人看来，体育不仅传达运动的独特感受，还有通过体坛所表现出的公众文化意味。体育运动可以表述中国人的国家主义、中华民族身份认同感，甚至作为中国人的意义。

现代奥运会是中国获得国际认可的最好的媒介。中国人认识和理解这一重新启动的赛事很自然地是通过基督教青年会，早在1907年基督教青年会的官员就有系统地向中国公众介绍现代奥林匹克运动和即将举行的伦敦奥运会。根据基督教青年会的杂志《天津青年》所载，后来成为南开大学校长的张伯苓在1907年10月24日一次由基督教青年组织的活动上，做过关于奥林匹克与中国的生动演讲。他简短地介绍了奥运会在西方的历史，表达了希望中国有一天能派出奥运代表团的心愿。他建议中国从美国聘请奥运获奖选手当教练，为参加奥运做准备。张伯苓可能是第一个认真谈及奥运会并表达中国人参赛愿望的中国籍人士。[2]

《天津青年》在1908年5月刊登的另一篇文章透露了类似的情结。作者写到，尽管没有人知道中国要等多久才能参加奥运会，但这一天终将到来。中国在将来不仅能参加而且还能举办奥

〔1〕 Morris, *Marrow of the Nation*, 3.
〔2〕 *Tiantsin Young Men* 19（October 26, 1907），quoted in Chih-Kang Wu（吴志刚），"Influence of the YMCA"，103 - 104；并见许义雄，《中国近代体育思想》，153。不少人认为，中国学者一再宣传顾拜旦曾邀请清政府参加第一届奥运会，但从未加以证实。我在国际奥委会档案馆、中国第一历史档案馆、法国外交部档案馆等机构查找证据，都没有找到显示顾拜旦或国际奥委会头两届奥运会与中国有接触的文件。罗时铭近著就这个命题提供了目前为止来自中国学者的最好的论述，令人信服地论证中国人可能在1900年第一次听说到奥运会。详见罗时铭，《奥运来到中国》，12 - 22。

运会，中国人有责任为此做好准备。[1] 天津基督教青年会在1908年组织的一场演说使人们对此的兴趣进一步加强。演说中谈论三个问题：（1）中国什么时候能派出一个赢奖牌的运动员参加奥运会比赛？（2）中国什么时候能派出一个赢奖牌的代表团参赛？（3）中国什么时候才能邀请世界各国到北京参加奥运会？[2] 根据基督教青年会当时的文献记载，"这场运动以不同寻常的方式抓住了中国官员、教育家和学生的心灵和想象"。[3] 但是，中国的奥运梦不得不一推再推。

在这个早期阶段，亚洲的体育比赛总体水平较低。即使日本也是直到1912年才第一次参加奥运会，成绩也不尽如人意。国际奥委会的第一个日本委员嘉纳治五郎是在1909年国际奥委会柏林会议上当选的。为了缩小中国和世界其他国家在现代体育上的距离，并为将来中国参加奥运会做准备，一些中国人积极张罗，推动远东体育协会的建立。中国出色的外交家伍廷芳在1915年担任协会的主席。[4] 远东体育协会承办两年一届的远东运动会。[5]

在这个时期，美国的影响力依然很强。美国人在远东体育协

〔1〕 *Tiantsin Young Men*（May 23，1908），引自 Chih-KangWu（吴志刚），"Influence of the YMCA"，106 - 107。

〔2〕 Chih-Kang Wu（吴志刚），"Influence of the YMCA"，108。

〔3〕 一份来自1910年中国的基督教男青年会报告称："中国和朝鲜的基督教男青年会几年来来促成了运动会，以这三个问题作为口号。"见 *Annual Reports of the Foreign Secretaries of the International Committee*（New York：YMCA，1909—1910），192。

〔4〕 有关中国与远东运动会之前的关系的出色研究见董守义，《中国与远东运动会》2：81 - 92。

〔5〕 远东运动会早前曾被称作"远东奥运会"，1927年之后，赛事分别在1930年和1934年举行。

会的建立过程中起着核心作用，远东运动会的基地菲律宾在当时是美国的殖民地。第一届运动会于 1913 年在马尼拉举办，1915 年第二届运动会则在上海举办。香港代表团曾经多年代表中国参赛，其中以香港足球队地位最高，为中国赢得了好几次冠军。

1934 年，日本为了将中国境内的伪满洲国合法化，提出让伪满洲国作为成员参加远东运动会。中国政府拒绝了日本人的提议，退出了大会。延续了二十多年的地区性体育赛事以中国的退出而告终，而在第二次世界大战之后，亚洲运动会取而代之。[1]

顾拜旦把远东运动会看作是亚洲的奥林匹克幼儿园，他代表国际奥委会在 20 世纪初联络远东运动协会，并曾热情洋溢地描述这个组织："现在国际奥委会的声名已经到达了他们的海岸，（他们）表示渴望将'远东运动会'置于奥委会的羽翼下。他们觉得有责任去使中国、日本和暹罗获得新生。"[2] 远东运动会的组织者认同顾拜旦的想法，即远东体育协会是为以后在国际奥委会的活动中取得更好成绩而做的准备。然而，西方人对亚洲潜力所持的怀疑和老观念余烬未绝，顾拜旦在表达对中国体育运动发展的期望时，阐释道："体育是属于所有种族的，而亚洲人在不久之前还被看作天生应被排除在外。"[3]

虽然没有多少学者留意，但中国在 20 世纪初就计划投身国际奥委会了。根据国际奥委会在 1914 年 6 月 15—23 日巴黎会议的记录，就在萨拉热窝事件引发第一次世界大战之前，中国和美

---

〔1〕　详见郝更生，《郝更生回忆录》，35 - 38。

〔2〕　Coubertin, *Olympic Memoirs*, 171.

〔3〕　同上，232。

国、英国等国家一起，是被获准参加当时定在 1916 年柏林举办的奥运会的 33 个国家之一。[1] 这份会议记录还显示，中国驻法公使参加了国际奥委会成立 20 周年的官方庆祝会。在奥运会因世界大战暂停过之后，国际奥委会在 1919 年的会议决定，尽管 1920 年奥运组委会有可能邀请欧洲以外的非成员国参加短跑比赛，但只有成员国才有资格参加奥运会比赛，而且确定只有国家奥委会才能派运动员参赛。[2] 也许是受到新规定的激发同时得到基督教青年会的资助，中华全国体育协进会于 1921 年成立，并在 1922 年获得国际奥委会认可为中国奥委会。同在 1922 年，王正廷成为国际奥委会第一位中国委员，是第二位来自亚洲的委员。他的当选标志着中国与国际奥林匹克组织建立官方联系的开端。[3]

## 中国和共有的现代体育世界

对通过体育实现国民军事化的热衷，并非中国人所独有，在其他许多国家的不同时期也出现过这种情况。古希腊奥林匹克运动会本身就部分根源于当时雅典等地盛行的军事训练，比赛"常常按战争的考虑来设定，两者之间在起源、理念和语言方面都紧密相关"。[4]

---

〔1〕 Wolf Lyberg, *The IOC Sessions*, 1894—1955（unpublished volume at the IOC Archives），84，280.

〔2〕 同上，91。

〔3〕 国际奥委会的记录清楚表明其在 1922 年承认中国奥林匹克委员会，见国际奥委会档案馆 "Recognition of the National Olympic Committee for China"，République Populaire de Chine, correspondence, January-June 1975；并见汤铭新，《我国参加奥运会沧桑史》1：45。

〔4〕 Crowther, "Sports, Nationalism and Peace in Ancient Greece," 588–589.

同样，在 20 世纪早期，中国人因其男性国民体质衰退而感到道德恐慌，相似的忧虑也影响着许多其他国家的自我军事形象，例如英国人就担心过他们年轻男性的"健康状况"。当英国无论在业余短跑还是经济上都被美国超越时，英国的精英阶层开始担心国家的未来。像威灵顿公爵一样，他们相信滑铁卢战役实际上是在伊顿赛场上打赢的，因此在招兵过程中所暴露的男性体质的不足让人担忧。[1] 国会和英国医药协会甚至着手对这个问题进行调查，寻求解决办法。[2]

如前所述，中国人对体育的理解，与 20 世纪之交美国人的社会达尔文主义理念有相似之处，强调国民精神军事化和体格训练，与我们今天对体育的看法不同。[3] 中国人将体育定义为"尚武"，而 19 世纪 90 年代美国扩张的理论派代表人物阿尔弗雷德·赛耶·马汉（Alfred Thayer Mahan）就声称："没有比文明社会男性失去战争精神（我敢说是'战争'）能为文明带来更大的危险。"[4] 与马汉相似，受到社会达尔文主义影响的梁启超和其他中国思想家将体育、民族认同感和存亡紧密联系在一起，他们主张中国如果要恢复昔日的光辉，国民就要做好抵抗外国侵略的准备。而要培训青年备战，国家就要鼓励人们进行体育运动。

美国人对这种战争精神的认同，可以从克里斯汀·霍甘逊（Kristin Hoganson）的《为美国的男子气概而战》（*Fighting for A-*

---

〔1〕 Spivey, *The Ancient Olympics*, 2; Dale Russakoff, "Team Rice, Playing Away", *Washington Post*, February 6, 2005, D1.

〔2〕 详见 Mewett, "Fragments of a Composite Identity"。

〔3〕 许义雄，《中国近代民族主义体育思想之特质》，12。

〔4〕 引自 Hoganson, *Fighting for American Manhood*, 36。

*merican Manhood*）中看出。霍甘逊认为，各民族总是将强化男子气概来作为生存和竞争之道，而体育则被看作是培养男子气概的一个方法。20世纪之交美国有影响的政治家亨利·卡伯特·洛奇（Henry Cabot Lodge）明确地将体育与国家建设联系在一起，他甚至敦促母校哈佛大学支持与运动相关的项目，他说："开运动会的时间和赛场上带来的伤痛是说英语的民族为成为世界征服者所付出的一部分代价。"[1] 在1901—1908年任美国总统的西奥多·罗斯福（Theodore Roosevelt）坚信男性和民族都可以通过热烈的竞逐而成大器。[2] 他宣称："伟大意味着为国家和男儿气概而奋争。"罗斯福鄙视不够坚毅的男人和民族，说："我们尊敬一个做事像男子汉的男人，他直面困难并克服之，而且训练他的孩子也这么做。""对一个民族来说也是同样道理。""如果不愿尽我们的责任，就会像中国一样沉沦。"[3] 罗斯福声明，"所有伟大的、身为主人的种族都是（激烈）斗争的种族，一个种族一旦失去了顽强斗争的美德"，它就失去"和最优秀种族平等站立的骄傲的权利"。[4] 其他美国人也将中国挑出来，作为失去战斗精神的国家的典型。与罗斯福同时代的参议员阿尔伯特·贝弗

---

〔1〕 引自 Hoganson, *Fighting for American Manhood*, 37。

〔2〕 罗斯福熟知奥林匹克理念。顾拜旦在任国际奥委会主席时曾邀请后来成为美国总统的罗斯福担任1904年芝加哥奥运会的主席。罗斯福回答说，他极其愿意接受这个职位，并将为这次奥运的成功倾尽全力。罗斯福的信"热情洋溢，他提到顾拜旦男爵在体育方面的工作，可以看出总统对之非常熟悉"。芝加哥最终将1904年奥运会拱手让给圣路易斯来主办。第二年，罗斯福因其在日俄战争所扮演的角色而获得诺贝尔和平奖。但很少人注意到，他在同年与挪威探险家弗里乔夫·南森（Fridtjof Nansen）一起获得了国际奥委会颁发的奥林匹克荣誉证书。详见 Lyberg, *IOC Sessions*, 35；及 *NYT*, December 28, 1901, 5。

〔3〕 引自 Hoganson, *Fighting for American Manhood*, 144 – 145。

〔4〕 引自 Pope, *Patriotic Games*, 123。

利治（Albert Beveridge）指出中国的衰落根源于自满和缺乏尚武精神："中国也曾经是个富英雄气概、有支配力、团结巩固、勇于战斗、敢于献身的国家。"[1]

在19世纪、20世纪之交，许多美国人担忧美国显露的衰退，于是寻找使国家恢复活力的方法。柏尔马·皮尔斯（Palmer E. Pierce）将军总结出，"历史表明，一个健康的国家要有健康的国民"，一旦"一个国家的居民体质下降，就会处处腐朽，而国家的存在也就受到威胁"。体育历史学家波普（S. W. Pope）指出，类似关于身体健康和战备的担心对"美国的体育文化有着深远的影响"。[2]

体育的发展在这里又一次很大程度上与军事联系在一起，这是增强肢体活力的思想以及美国体育精神得以普及的关键。在美国，这种将体育与军事关联的观点是一种新发明的机制。强制性体育训练在19世纪90年代起实施，不仅旨在优化肌肉素质，更重要的是要在美国军队中催生"英雄主义精神"。美西战争的作用也非常大，促使美国人把运动和竞技看作培养活力、公民精神和军事精神，以及重建秩序和爱国精神的最有效的途径。

美国人在第一次世界大战的经验进一步加快了全国性体育文化在美国的成长。按一位评论员的说法，"战争建立了体育在国内外公众心目中的合理地位，显示了体育教育对武装服务部门以及对美国大众的用处"。基督教青年会在当时积极地参与到美国军队的体育发展项目上，强调建立"体格上的男子气概"的重

---

〔1〕 引自 Hoganson, *Fighting for American Manhood*, 146。

〔2〕 Pope, *Patriotic Games*, 126, 121.

要性。[1]

日本人同样拥抱体育，将其作为推动多个国家目标的方法。20 世纪初期，他们在学校采用准军事化的体育教育。1917 年，国会发布"推广军事性体育运动的倡议"，规定每个中学生都要"被训练成士兵"。[2] 即使在两次大战之间，政府也始终关注体育教育中爱国精神和战备训练的推行情况，这个重心到了太平洋战争期间更进一步被强化。从 19 世纪后期到 20 世纪 30 年代，日本采用美国模式，这以后到 1945 年，他们则追随德国人的做法。[3]

中国人实现"尚武"和社会军事化的追求显然紧跟了当时的趋势。现代体育运动在中国超越了娱乐和玩耍，被看作与国家前途及其国际地位息息相关。我们将看到，中国通过接受西方体育竞技以重振国家认同的努力，是其更加重视的另一场竞赛的不可或缺的组成部分，即在建立世界新秩序的外交赛场上，挑战旧我及既定的国际体系。

---

〔1〕 Pope, "Army of Athletes," 435－456.

〔2〕 Guttmann and Thompson, *Japanese Sports*, 154.

〔3〕 同上，156－158。

第二章

# 通过国际体育重塑中国

生活中最重要的事情，不是胜利，而是奋斗；其精髓不是
获胜，而是奋力拼搏。

皮埃尔·德·顾拜旦（Pierre de Coubertin），1932 年[1]

参与体育可以是对个人的民族认同感、政治取向或者文化的
表达。在某种程度上甚至可以说，人们如何参与和推广一项体育
运动可以描绘出整个民族的特征，反映出它的文化和历史中的一
些关键部分。它让我们对这个民族有新的认识，理解它对自我的
感知及其与外部世界的关系。

体育几乎是所有社会的重要机制，因为它调动并颂扬那些广
受推崇的品质；它所具有的独特吸引力或许只有宗教能与之媲
美。世界各国运动员在比赛中所产生的社会凝聚力同样能产生各
种跨国交流，使广大人民加深相互理解。现代奥林匹克运动的奠
基人顾拜旦对这种现象作了论述："奥林匹克运动为世界提供了

---

[1] Coubertin, "An Expression", 4.

一个应对现实生活的理想，也蕴含了引导这一现实走向伟大的奥林匹克理念的可能。"[1] 这同样适用于世界杯足球赛。正如富兰克林·弗尔（Franklin Foer）在近作中写道，足球不仅是一个比赛项目，它甚至是一种生活方式；它是成功驾驭当今世界各种对碰的完美范例。相应地，这项比赛似乎"比这个星球上其他所有经济体更适应全球化的过程"。[2]

没有什么比中国对现代体育的反应更能体现其对自身在国际舞台上地位的重视了。对中国人来说，体育是一个既能强化爱国主义情感，又能推广其国际形象的媒介。正如安德鲁·莫利斯所指出："没有国际背景，就没有创造一个现代中华民族国家的需要；而没有这个国家以及它在所有现代公民心目中树立形象的需要，就没有人会想到去组织、参与甚至观看奥运会或者远东运动会这样的比赛。"[3] 因此，体育比赛特别是奥运会和世界杯是这样一种形式的大众文化，它为观察现代中国以其外交政策，以及其与世界的关系提供了一种全新的视角。体育运动还为了解中国与外部世界的共有经验，提供了一个清晰的参照点。

### 体育运动和国家形象展示

要参与到国际体育中，就需要成为跨国组织网络的成员，而在重要体育赛事中取胜，则可以成为测量政治合法地位、现代化或者一个民族的决心的尺度。所有国家都利用体育赛事，尤其是

---

[1] Coubertin, "An Expression", 4.

[2] Foer, *How Soccer Explains the World*, 3.

[3] Morris, *Marrow of the Nation*, 96.

利用世界杯和奥运会等大型赛事来强化他们的身份特征。无论政治、经济或者社会形势多么糟糕，足球这样的体育运动让不同的人群在民族团结的名义下找到了共同点。即使在一个国家深陷困境时，在它的政治和经济陷于分裂或者处于地区分割和对抗时，这个效应同样起作用。一个较近的例子是科特迪瓦，2006年世界杯预选赛使各派别团结起来，促成了三年内战的结束。在这里，体育赛事使国家团结在唯一的身份下，象征着走向光明未来的希望。相似的例子还有20世纪50年代的摔跤选手力道山，他在摔跤场上打倒了更高大、更凶狠、肌肉更发达的外国选手，让千万垂头丧气的日本男人重新站起来。至于他的韩裔身份，人们都默契地只字不提。[1]

同样的，在重要体育比赛中落败会带来负面效应。一项研究显示，当一个国家的足球队在一场世界杯晋级赛中败北时，其股市就会相应受到震动，在第二天要损失将近半个百分点的市值。[2]

尽管现代体育运动在19世纪中期崛起以来，就已经对建立民族认同感和意识形态起到重要的作用，它的政治功能却在20世纪更加显著。在某些情况下，体育赛事甚至在政治体系的起落中扮演重要角色，塔拉·马格达林斯基（Tara Magdalinski）在她有关民主德国的研究中就提出这个观点。马格达林斯基指出，民主德国历史中体育受到政府和体育组织的正式支持，因而"阐明

---

[1] Buruma, "The Great Black Hope".
[2] Kempe, "Fevered Pitch".

了一种群众性历史意识的文化产出，这是国家身份建立的先导"。[1] 对于民主德国来说，似乎所有的体育赛事都是在国际舞台上展示国家的状态和人物的机会。

更早些时候，德国紧随两次世界大战之后被排除出奥运会，这成为德国战败和受到国际孤立的一个明确宣言。尤其在纳粹德国，体育具有毫不遮掩的政治性。纳粹官员认为，没有政治立场的运动员在"新德国"是不可思议的。这个时期的所有运动员都要作为纳粹战士进行训练，并要接受政治可靠性的测试；运动员的培训要根据纳粹的纪律和种族理论来进行开展，没有记住希特勒事业生涯的细节就不能结业。[2]

如果战场上的失败会引致在运动赛场上被排挤、被孤立，那么运动比赛的胜利则有可能带来复兴。西德在1954年瑞士世界杯中夺冠，使整个国家从战争的废墟中站起来。1974年世界杯西德在本土打败荷兰，取得决赛胜利，宣示了国家自信的提升，而1990年的胜利则是国家重新统一的欢呼，2006年的世界杯被看作新德国炫耀自我的舞台。[3]

德国的正常化历程漫长而曲折。巴勒斯坦人在1972年慕尼黑奥运会期间袭击以色列运动员的惨剧，撕开了德国极力医治的伤口。总理维利·勃兰特（Willy Brandt）在他的回忆录中捕捉到了"黑九月"事件后许多德国人的情绪，"我那时深感失望"，这很大程度上是"因为我们如此用心经营的奥运会不能因欢乐

---

[1] 本论详见 Magdalinski, "Sports History and East German National Identity"。

[2] Margolick, *Beyond Glory*, 127–128.

[3] Kempe, "Fevered Pitch"; Landler and Longman, "Germans' Main Objective is a Good Time for All"。

美好而为历史所铭记——老实说，恐怕我们的国际声誉要蒙上多年的污点"。克里斯托弗·杨（Christopher Young）评论道："勃兰特对各种遗憾的排序（将本国置于他国之前），还有他话里的关键词——历史、国际声誉、用心经营和欢乐美好——都很能说明问题。慕尼黑奥运会是德国展示其重新成为一个爱好和平的民主国家的良机。"[1]

体育也在美国如何向国际社会展示自己方面扮演了一个重要角色。1938年6月22日，世界重量级拳击赛决赛在纽约扬基体育场举行，非裔美国人乔·路易斯（Joe Louis）仅用了124秒钟就打败了德国选手麦克斯·舒默灵（Max Schmeling），而它的影响却长久而广泛。根据大卫·马尔哥利克（David Margolick）关于这场比赛的近作，"没有一场单一体育赛事曾产生如此世界性的影响……它牵涉未来的种族关系和两个大国的声望——它们在三年后就进入交战"。这场奖牌之斗对许多美国人来说不仅是一场体育比赛，它更是一场民主与纳粹、自由与法西斯主义的斗争。路易斯作为一个非裔美国人超越了种族、信仰或者肤色而成为世界冠军，以最纯粹的方式代表着民主；而舒默灵则代表一个不承认这个观点和理想的国家。[2]

有时美国观众和运动员的行为会为外国人对美国的认识染上色彩。顾拜旦在描述1908年伦敦奥运会时写到："从第一天起，国王爱德华（King Edward）就因为美国运动员的举止和响彻全

---

〔1〕　Christopher Young, "Munich 1972: Re-Presenting the Nation", in Tomlinson and Young, *National Identity and Global Sports Events*, 118.

〔2〕　有关这场斗争的出色研究请见 Margolick, *Beyond Glory*。

场的野性呐喊而把他们作为野蛮人。我不能理解美国领队苏利文
（Sullivan）在这里的态度，他和他的队伍一起疯狂而不想办法让
他们安静下来。"[1] 即使是今天，部分美国人在别处因体育而做
出的行为都极具娱乐性或者造成骚扰。美国人习惯把全国棒球冠
军赛称为"世界大赛"，虽然这其实只是北美赛事。按阿兰·拜
尔勒（Alan Bairner）的说法："美国体育史的进程一直以扩张主
义和孤立主义的拉扯为特征。"[2] S. W. 波普（S. W. Pope）也认
为，在19世纪末将感恩节从宗教节日转变为与美式橄榄球赛密
不可分的节日，"是把这一美国化的运动与一个诞生仅百年国家
的神圣理想和习俗结合起来"。[3]

　　包括美国在内的许多国家将他们的政治和社会价值投入到体
育中。在冷战期间，美国和苏联都将体育比赛作为显示其政治体
系优越性的舞台。如果说体育和国家展示在这些国家之间关系非
常紧密的话，那么体育在中国的影响就更深更广了。

### 国民政府和奥运会

　　没有什么能比现代体育更能拉近世界各国的距离。像国际奥
委会和国际足联这样的体育组织的成员比联合国更多（2006年
世界杯打响时，国际足联有207个成员，奥运大家庭则有203个
成员加入，而联合国只有191个成员）。这些体育组织将自己看
作是国际主义的象征，奥林匹克旗帜上互扣的圆环是由顾拜旦在

---

[1] Coubertin, *Olympic Memoirs*, 103.
[2] Bairner, *Sport, Nationalism, and Globalization*, 92 – 93, 103.
[3] Pope, *Patriotic Games*, 85.

1913 年设计的，以象征让五大洲的人们走到一起，而奥林匹克会歌的歌词也提倡国际合作。[1] 体育在描画"一个世界"理念上起到了独一无二的作用，因为它让每个人不管种族、宗教和财富都要遵守同样的规则和标准。现代体育在理论上要求每个国家的队伍都要受到平等对待，并且没有一个国家会被排除在赛场之外。

　　在全球性资本主义的刺激下，体育已成为现代国际化最明显的标志。沃尔特·拉菲伯（Walter LaFeber）在关于迈克尔·乔丹（Michael Jordan）的书中，清晰展现了体育推动国际化的力量。[2] 格兰特·贾尔维（Grant Jarvie）和约瑟夫·马古尔（Joseph Maguire）提出"主导的、新出现的和残余的体育形态及休闲活动与全球化进程紧紧纠缠在一起"。[3] 约翰·苏格顿（John Sugden）和阿兰·汤姆林逊（Alan Tomlinson）在他们对世界足球的研究中写道："国际足联可以被同时看作是推进全球化（和跨国资本主义）的跨国组织和反抗根深蒂固的帝国主义统治以及新兴国际和资本势力的场所。"[4]

　　体育在国际化中的作用正是最让中国人着迷的地方。毕竟，自 19 世纪、20 世纪之交以来，众多中国精英就一直对中国融入

---

〔1〕　虽然奥林匹克似乎是国际性的，它却牢牢掌握在欧洲人的手中。时任国际奥委会主席雅克·罗格的第一届任期于 2009 年结束，这意味着国际奥委会 115 年历史中，有 95 年是由欧洲人担任其主席的，因为罗格是比利时人。欧洲还在国际奥委会享有高度集中的政治权力和决策权，在国际奥委会约占了 45% 的席位，权力颇大的国际奥委会执委会中三分之二的委员是欧洲人。

〔2〕　LaFeber, *Michael Jordan and the New Global Capitalism*.

〔3〕　引自 Bairner, *Sport, Nationalism, and Globalization*, 11。

〔4〕　Sugden and Tomlinson, *FIFA and the Contest for World Football*, 228.

外部世界并与之打交道的方式孜孜以求。于是，在中国与外部世界之间社会、智力、经济、意识形态和文化资源的流动，以及中国人新产生的对外交事务的兴趣的驱动下，中国开始与国际社会建立联系。现代体育为中国参与国际事务提供了另外一番天地，也为其在自身的国际化进程中发挥作用提供了机会。

中国参加 1932 年洛杉矶奥运会大大促进了这一进程。这次参赛与其说是出于对这项赛事的热爱，不如说是他们决心进行国际化。而这个国家在奥运舞台上的首次现身几乎流产。到了 1932 年 5 月，中国的官方体育机构因为缺乏资金决定不参加奥运会，计划只派沈嗣良作为观察员出席，就像 1928 年派出宋如海一样。根据沈嗣良的回忆，新成立的南京政府甚至拒绝为他的行程给予资助。[1] 但就在 1932 年 6 月 12 日，上海的知名报纸《申报》报道伪满洲国将派出运动员刘长春和于希渭参加奥运比赛，以达到日本人在国际上将其合法化的目的。刘长春是当时中国最好的短跑名将，日本甚至声称洛杉矶组委会已经接受了这个计划。

上述报道后来证明为误报。在史汀生主义的指导下，联合国不会承认伪满洲国，而洛杉矶组委会在国际奥委会的支持下，拒绝让傀儡政府派代表团。然而日本政府显然计划通过派出两名中国运动员来实现伪满洲国参赛。

中国人得知这一计划之后，对日本人企图将其对中国领土的侵占合法化而大为震怒。面对由此引起的骚动，中国体育组织终

---

〔1〕 邢军纪和祖先海，《百年沉浮》，20。

于决定参加奥运会，以中国的名义派刘长春和于希渭出赛。刘长春在日本占领东北之后就移居到北平，他发表声明宣称自己作为一个爱国的中国人绝不会代表傀儡政权参赛。[1] 最后，只有他能够成行代表中国参加洛杉矶奥运会，于希渭很快就被日本人软禁在家以防他代表中国出席比赛。

中华全国体育协进会的委员一听到中国准备参加奥运会的消息，就立刻行动，因为向洛杉矶组委会报名的最后限期6月18日已经过了。6月26日，组委会接受了中国参加奥运会的申请。[2] 中国社会精英在完成参赛的书面工作之后，开展了一场向大众募捐的活动，并取得极大的成功。东北军事长官张学良捐出八千元，北平市长周达文给刘长春一套新制服。实际上，中国1932年参加奥运会的过程中，几位重要人物发挥了关键作用，当中较为显要的有天津市前市长张学铭、东北大学秘书长宁恩承和郝更生。[3] 张伯苓、王正廷以及其他重要的中国社会和政界名流也支持中国派运动员到洛杉矶代表国家参赛。[4]

7月8日，刘长春和教练宋君复一起离开上海奔赴美国。在启程前的送别仪式上，中华全国体育协进会的主席王正廷把中国国旗和几面中华体协的旗帜交给刘长春，提醒他因为这是中国运动员第一次参加奥运比赛，所有的目光都会投到他身上，期待他

---

〔1〕　蒋槐青，《刘长春短跑成功史》，3－5。

〔2〕　汤铭新，《我国参加奥运会沧桑史》1：212。

〔3〕　郝更生曾任东北大学体育系主任，在1931日军占领中国东北之后，他在山东大学任体育教授。刘长春本人对自己参加奥运会的讲述见蒋槐青，《刘长春短跑成功史》，26－27。

〔4〕　同上，5。

能为中国赢得荣誉。王正廷还告诉刘长春，最重要的地方在于让中华民国的旗帜与其他国家的旗帜一起飘扬，这就是本次参赛最具象征意味的地方。[1] 当刘长春登上去洛杉矶的船时，人们进行了一个特别的庆祝仪式，三呼"中华民国万岁"以送他们的英雄运动员去参加奥运会。[2] 刘长春在 7 月 29 日抵达洛杉矶，正好是开幕式的前一天。

即使是美国人也明白中国一人代表团的重要性。奥运会官方报道描绘刘长春是"代表四亿人民的孤单代表"。[3]《洛杉矶时报》（Los Angeles Times）报道："来自中国和哥伦比亚的一人代表团获得了众多掌声。中国运动员有四位官员随同，而哥伦比亚的乔治·佩里（Jorge Perry）则是孤身一人。"[4] 一位观察员评论道："中国！有一位男孩得到我的欢呼，就只有他自己和几位教练。"[5] 刘长春参加了 100 米和 200 米的短跑比赛，但连前六名也没能进去。9 月 16 日他回到中国时，表达了没有赢得奖牌、没能为国争光的失望心情。[6]

1932 年奥运会常常会被世界史尤其是美国史所掩盖，因为当时世界正面临经济大危机。当时的美国总统赫伯特·胡佛（Herbert Hoover）也许是由于意识到美国经济问题的严重性，也许本身就不太重视奥运会，一反惯例拒绝出席奥运会，而只派了

---

〔1〕《刘长春短跑成功史》，7；并见邢军纪和祖先海，《百年沉浮》，7。
〔2〕《刘长春短跑成功史》，7。
〔3〕 Department of Special Collections, UCLA, Los Angeles Olympic Organizing Committee (LAOOC), collection 2025, *The Xth Olympiad*, Los Angeles, 1932, box 4, 397.
〔4〕 *Los Angeles Times*, July 31, 1932, part 6A, 3.
〔5〕 同上，4。
〔6〕《刘长春短跑成功史》，11。

副总统查尔斯·柯蒂斯（Charles Curtis）去洛杉矶迎接各国运动员并"热情祝愿大会取得全方位成功"。[1] 即便如此，刘长春的参赛对奥运会和对中国人来说都有重要意义。正如郝更生在刘赴洛杉矶前的声明中所讲解的，中国派出代表团参加奥运会有四个宗旨：（1）打破日本利用奥运会将傀儡政权合法化的阴谋。（2）有一个中国人参赛标志着一个新时代的开始。（3）促进世界运动员之间的交流和合作。（4）让中国从世界运动大赛中得到观摩学习的机会。再者，刘长春可以在大会上向人们讲述日本在他的家乡东北的侵略行为，为中国在世界赢得公众的支持。[2] 刘长春在洛杉矶期间频频与美国和其他国家的人们接触，在某种程度上向世界介绍了中国。他参赛的重要之处也在于将奥运会的经验带回中国，他在奥运会期间坚持写下的日记后来刊登在中国一份报纸上。

在刘长春看来，他似乎也为自己在中国国际化中所扮演的角色而感到自豪。他后来写道，虽然他没有赢得任何奖牌，但他的"初衷是要加强中国的国际地位"，而他此行"达到了这个目的"。[3] 沈嗣良因为本人更多地投入到1932年奥运会中，也许能更好地表述这次参与的重要性，他写道："当第十届世界运动会在碌衫矶（洛杉矶）举行的时候，会场里破天荒第一遭的忽然发现了大中华民国的国旗和代表，这是何等足以使全世界注意而称道的一件事！这是何等足以使国人欣慰自豪而兴奋的一件

---

[1] LAOOC, collection 2025, *The Xth Olympiad*.
[2] 《刘长春短跑成功史》，7。
[3] 刘长春，《参加世界运动会感想》，18。

事！……我国的参加，使中华民国的国旗，在会场中占着一个地位，确乎鼓起大会无限的精神，同时也使全世界注意到老大的中国，还保存着少年的精神，要在运动界里与列强角逐，绝没有自弃的观念和任人宰割的可能。"[1]

中国参加 1932 年奥运会成为它努力进入国际舞台的转折点，再也没人能将时间转回到早前与外界隔绝的日子，但还是有一些中国人为刘长春的表现感到失望，主张中国应该放弃参加西方的运动会。例如，天津报纸《大公报》的一篇社评提议中国人与其去参加奥运会，不如在"土体育"上多下功夫。作者还指西方体育运动不适合中国这样的穷国，中国人无法在世界比赛中胜出。[2]

然而这种失败主义反而比国民对西方体育的真实态度更映照出中国人快速取胜的热望，此类社评的写法实际上表明中国人总体上有多认真对待这个赛事和现代体育。通过 1932 年奥运会，大部分关心体育的中国人对中国运动员的比赛水平有了现实的认识，不再期待他们占一席之地。取而代之，他们把眼光放在外交收获上——表达他们自己的民族自豪感和得到世界社会的认可的机会。中国人在这方面的期待与奥林匹克目标相吻合，正如顾拜旦所说言："生活中最重要的事情，不是胜利，而是奋斗；其精髓不是获胜，而是奋力拼搏。"[3]

---

〔1〕 沈嗣良，《我们参加第十届运动会盛况》，收于中国第二历史档案馆，《中华民国史档案资料汇编》，第五集，第一编，文化（2），南京：江苏古籍出版社，1994，994 – 995。

〔2〕 天津《大公报》社论，《今后之国民体育问题》，1932 年 8 月 7 日，收于成都体育学院体育史研究所编，《中国近代体育史资料》，406 – 409。

〔3〕 该声明见于 LAOOC, collection 2025, *The Xth Olympiad*。

中国人参加 1936 年柏林奥运会在中国国内引起了更大的热潮。国民政府对柏林奥运会的强烈兴趣表明其企图积极地通过体育来参与国际事务，这次蒋介石决定派出一个更大的代表团，既有外交上的原因，也因为他坚信体育对培养现代中国公民和强国有着重要价值。最后共有 69 名中国运动员参赛，蒋介石政府支付代表团的全部费用。有趣的是，许多代表团成员来自香港，例如足球队的 22 名球员中就有 17 个是香港人。[1]

除了参加柏林奥运会的代表团，中国还派出 42 人的研学团体到柏林和其他欧洲城市研究学习欧洲的体育。这个团体由郝更生带领，包括 9 位政府官员、23 位高等学府的代表、9 位来自非政府体育组织的学员和 1 位军事代表。他们的行程共 40 余天，游历了德国、瑞典、意大利、丹麦、捷克斯洛伐克、奥地利和匈牙利。[2]

尽管这次中国运动员团队要大很多，而且以精彩的武术表演给世界留下了深刻印象，但是他们还是没有在柏林奥运会上赢到奖牌。许多中国人为在篮球赛中败给日本队而沮丧，中国媒体声称中国可以败给其他任何队伍，但不能败给侵略中国的日本。[3]中国篮球队的表现因而在中国国内受到强烈批评。

而事态并不止于不受支持。国民党高官林森写下他的观感："我国参加本届世运会失败，不能归咎少数选手技术不良，是与全国民体育有关，此不仅在运动队中是荣辱得失问题，而且是中

---

〔1〕　M. K. Lo, "Progress of Sport among Chinese in Hong Kong".
〔2〕　郑志林和赵善性，《中华体育考察团赴欧考察评述》，36–38。
〔3〕　华智，《凤愿——董守义传》，63–68。

国整个民族在体力上表现之强弱问题，亦即为与民族存亡有关的问题。我们要复兴民族，固必要增加人口，但根本上还要先求人民健康增进，欲人民健康增进，唯有促进国民体育之发展。"[1]

更重要的是，部分中国人辩称，奖牌不是唯一的目标。正如沈嗣良在奥运会结束后所评论的，大会"中国的旗帜在各处飘扬，在大街上可以和其他国家的旗帜一起，很明显地看到。我们代表团的英姿，迈着整齐的步伐，和其他人一样受过良好的训练，并且参加比赛，这一切都是很好的宣传。至少其他人现在知道了，我们是被看重的一个国家。"他坚持认为："作为一个国家而赢得国际认同的成就，对于我们来说价值千金，远远超过我们在旅途中所花费〔的金钱〕……我相信〔运动员们〕所完成的，甚于数为大使在数年间所取得的成就。"[2]

有一份政府的官方报道也指出中国参与奥运会的主要目标在于"鼓舞国民民族精神，增高国际地位"。[3]通过参加1932年和1936年的奥运会，中国人希望向世界展示一张新的面孔，一个新的身份形象——还有对日本侵略的蔑视。

1948年，即使国内战事正在激烈进行，中国仍然参加了1948年伦敦奥运会。中国代表团在奖牌方面再次空手而回，但当时的情况也特别艰难：代表团资金短缺，无法像其他代表团一

〔1〕 引自吴文忠，《中国近百年体育史》，265。
〔2〕 引自 Morris, *Marrow of the Nation*, 176。
〔3〕 中国第二历史档案馆，《中华民国史档案资料汇编》，第五集，第一编，文化（2）1005 - 1007。

样住在奥运村，最后只得住到一所小学里，并且自己烹煮食物。[1] 代表团回程的票还得靠团长王正廷张罗，才幸运地借到钱买。[2] 在这样的困境下，中国人实现参赛，表现出国家通过体育继续参与世界事务的决心，已经是最重要的成果。

## 体育与世界革命：　中国共产主义政权

中国的共产党和国民党是政治上的对手，在意识形态上有着巨大差别，但两党都清楚体育对国家建设、表达中华民族爱国主义和国际参与的价值所在。因此，1949 年政权易手之后，中国对体育运动的参与和兴趣出人意料地得到延续。中华人民共和国成立初期，他们的确对体育没多大兴趣。1953 年，共产党管理体育的最高部门指出，许多干部不仅不理解体育的正面意义，而且"甚至对开展体育运动采取冷淡和漠视的态度"[3]。但是共产党人学习特别快，尤其是向"老大哥"苏联学习。贺龙将军担任 1952 年新成立的体育运动委员会首任主任。任职期间，他宣布中国将"向苏联学习"，把俄文体育书籍翻译成中文，派中国运动员到苏联，并邀请苏联运动员队伍来中国访问。[4] 中华人民共和国很快就踏入国际奥委会的大门并参加了 1952 年奥运会，

---

〔1〕　整个代表团的预算应为 15 万美元，但政府只提供 2.5 万美元，约为总预算的 16.6%。详见华智，《凤愿——董守义传》，100；并见金玉良，《第 14 届奥运会与中国代表团》。

〔2〕　华智，《凤愿——董守义传》，101–102。

〔3〕　中国体委，《中央体委党组关于加强人民体育运动工作的报告（1953 年 11 月 17 日）》，收于国家体委政策研究室，《体育运动文件选编（1949—1981）》，5。

〔4〕　贺龙向中共中央提交关于体育的报告日期为 1954 年 1 月 16 日，收于国家体委政策研究室，《体育运动文件选编（1949—1981）》，13。

这似乎不错的开始很大程度上归功于苏联的指导。可惜的是，这次参赛是此后数十年唯一的一次，直到80年代，中国才再次出现在奥运赛场上，原因在于它不久之后就陷入了"两个中国"的争端中。第四章将会讲述北京随后在1958年退出奥林匹克运动和其他主要的国际体育比赛，以抗议台湾地区获得这些赛事的成员资格。

尽管退出国际奥委会，中华人民共和国依然继续通过体育来向国际化迈进。在毛泽东的领导下，体育成为"世界革命"的一个工具，并始终是与其他国家发展友好关系的重要方法。美国橄榄球传奇教练文斯·隆巴迪（Vince Lombardi）的格言"获胜不是一切，而是唯一"，并不适用于中国人，毛泽东和他的追随者不在乎输赢，而是将体育（和其他文化活动）用于为政治和革命服务。

事实上，从20世纪50年代到80年代早期，中国频频将体育作为外交政策的一个引子。在"友谊第一，比赛第二"的口号下，中国人在与其他国家进行体育交流时，强调友谊和同志之情，而把竞争放在次要地位。虽然这种做法不是中国独有，中国人对利用体育为政治目标服务表现出极大的热情，尤其主要用于加强执政党的合法地位，并以此作为提高国际声望的一种方法。[1]

"友谊第一，比赛第二"的最佳例子莫过于中国与朝鲜的体育交流。中国人与朝鲜人把他们的关系称为"唇齿相依"，而实

---

[1] 其他国家如何利用体育进行政治宣传详见 Hazan, *Olympic Sports and Propaganda Games*。

际上北京在 20 世纪 50 年代曾经为挽救濒临倾覆的朝鲜共产党政权而与美国大战一场。1971 年在日本举行的世界乒乓球锦标赛上，北京与美国进行的乒乓外交世人皆知，而北京与朝鲜在其间和此后的事情却少有所闻。就在 1971 年乒乓球锦标赛举行之前，朝鲜出于对生活在日本的朝鲜人的敌对态度及本国队伍赛场上表现的担心而对是否参赛有所保留。北京鼓励朝鲜无论如何都要参加比赛，并承诺帮助其获得一到两次的胜利，以给 60 万生活在日本的朝鲜人留下深刻印象。[1] 这意味着当中国选手与朝鲜选手比赛时，将有意输掉一些重要比赛给对方。然而中国代表团的团长赵正洪是个军人，并不擅长搞政治，从军事角度看，打败对手毕竟是基本的要求，所以他在赛前让运动员按中国传统说法"八仙过海，各显神通"来进行比赛。虽然受"文化大革命"的影响，但当时中国队依然拥有世界上最好的乒乓球选手，因此在规定的比赛中，中国选手 3 比 0 击败朝鲜，使其失去了赢取男子单打冠军的机会。在中国与日本的友谊赛上，8 名中国球手也同样将 8 名日本对手全部打败。

通常得胜的运动员及队伍都会获得祝贺，但当代表团回到北京时，总理周恩来严厉批评了队伍战胜朝鲜队且在友谊赛上大败日本，不仅要求赵正洪写个人检讨，还坚持要派外交团体到朝鲜道歉。这个外交代表团包括韩念龙、乒乓球领队赵正洪和赢了朝鲜对手的郗恩庭。1971 年 4 月 17 日和 5 月 1 日，周恩来接见朝

---

〔1〕 详见周恩来 1971 年 3 月 15 日写给毛泽东的信，收于鲁光，《中国体坛大聚焦》，139－141。

鲜体育代表团时还亲自道了歉，说中国在名古屋犯了错误。[1]
后来，在赵正洪按指示到朝鲜亲自向金日成道歉时，这位当时的
朝鲜领导人制止了他。金日成说，作为乒乓球队的领队，赵是有
理由要赢的。他说："比赛都想战胜对方，这是人之常情嘛。就
连老子和儿子下棋也是谁也不让谁嘛！在世界锦标赛上，哪有一
个国家愿意输给另一个国家，没有这个道理嘛。"但金日成也对
中国的道歉表示满意，他告诉中国代表团："我理解毛泽东同志、
周恩来同志为中朝两党、两国友谊做出的努力。"[2]

　　对中国具有讽刺意味的是，朝鲜虽声称赞赏中国"友谊第
一"的精神，却从来没放弃过打败中国人的机会。中国人或许是
在1979年第一次领教朝鲜人体育中的"友谊"，当时中国正准备
参加第二年举行的奥运会。中国、日本、朝鲜和韩国要进行两场
足球奥运预选赛，以参加下一轮与西亚得胜球队的对垒。朝鲜和
中国秘密商定在双方较量时将比分打成3比3，力求双方一起胜
出。3比3的计划是由朝鲜人提出的，中国方面还没有从这个社
会主义国家的"友谊第一"梦想中醒来，因此立刻接受了这个
建议。当比赛中比分到了3比3时，中国队自然地放松下来，但
朝鲜队突然发力抢攻，将比分变成4比3。当中国队试图挽回时，
朝鲜队顽强抵抗不让中国队进球，最后迫使中国队落败。按来自
中国的说法，这场比赛让中国人认识到即使与朝鲜这样的社会主
义兄弟，也在"比赛中没有所谓的友谊"[3]。但这种觉醒只有在

____

〔1〕 中共中央文献研究室，《周恩来年谱1949—1976》3：463。
〔2〕 鲁光，《中国体坛大聚焦》，156-157；又见赵正洪，《乒乓外交始末》，收于安建设，《周恩来的最后岁月，1966—1976》，308-309。
〔3〕 邢军纪和祖先海，《百年沉浮》，346。

毛泽东时代之后才能发生。

其次，中国想通过新兴力量运动会来提高国际地位的计划也没有获得成功。1962 年第四届亚洲运动会在印尼举行，北京极力劝说东道主不要邀请台湾出席。印尼政府也因此同意将台湾排除在外。但拒绝邀请台湾有可能引发其他亚运会成员国的抗议，因为是台湾而非北京具有亚洲运动会联合会成员国资格。最后，东道主决定要个花招，给台湾发送一张白纸而不是应有的空白认证表。台湾方面明白出了问题，决定派已退休的体育官员郝更生去印尼查问原因。郝更生打算混入泰国代表团去印尼，但北京将他的计划及时告知印尼政府，印尼官方在机场拦截了他，于是指责郝更生试图欺骗，违反了印尼法律，借此阻止所有台湾人在亚运会期间前往印尼。[1] 国际奥委会强烈谴责印尼不让台湾和以色列参加亚运会的决定，拒绝承认比赛，并以其"共同谋划粗暴违背亚运会和奥林匹克信条"为由暂停了印尼国际奥委会成员国的资格。[2]

印尼总统苏加诺被国际奥委会的决定激怒，宣布发展中国家受尽了国际奥委会的欺压，将组织自己的比赛，举行新兴国家运动会。他还声言现时的世界体育组织架构已经过时，需要彻底改造，因为体育永远不能与政治分开，国际体育比赛应该由政府领导来安排。北京对这一事态发展再欢喜不过，立刻承诺提供全力配合和资金支持。[3] 甚至有资料显示苏加诺组织新运动会的想

---

〔1〕 梁丽娟，《何振梁》，55。

〔2〕 作为伊斯兰国家，印度尼西亚也不允许以色列参赛。见布伦戴奇回忆录手稿，ABC，box 250，reel 244。

〔3〕 中国与新兴力量运动会的关系详见《当代中国传记丛书》，《贺龙传》，517 – 520。

法来自于中国的刘少奇主席，他在 1963 年春天访问印尼，并讨论了有关受到国际奥委会指责的事情。1963 年 4 月 20 日，刘少奇和苏加诺发表共同声明，其中表明："中国政府强烈谴责国际奥林匹克委员会无限期地停止印度尼西亚参加奥林匹克运动会的专断行动。中国政府重申坚决支持苏加诺总统关于组织新兴力量运动会的倡议，愿意尽一切可能为实现这一倡议而作出贡献。"[1]

最后，中国所做的事情比其承诺的还要多。1963 年的中国还没有从"大跃进"造成的困难中恢复。尽管如此，中国政府为支持新办起来的运动会提供了大量财政和物资支持。当这一运动会在 1963 举行第一届比赛时，中国不但派出庞大的代表团参加，而且为所有因为财政困难而无法出席的"新兴国家"支付参赛费用。

在中国代表团出发参加运动会时，外交部部长陈毅告诫中国运动员即使中国队更强，也不要摘取羽毛球比赛的全部金牌，要确保印尼队也有所收获。[2] 为了进一步表明中国的支持，副总理贺龙也赴印尼出席运动会。因为贺龙患有心脏病，他的医生只允许他在房间观看电视比赛。当他看到中国队在羽毛球比赛中以大比分超前于印尼队时，立刻下令叫中国选手发挥"友谊第一"精神输掉比赛。中国选手当然只能听令，想办法在比分大大超前的情况下输给对手，而唯一能做的就是将球打出线外或者打低到球网上。连印尼的广播员也为中国球员突然不会打球而感到惊

---

〔1〕 中国体委，《中国体育年鉴》，39。
〔2〕 梁丽娟，《何振梁》，57。

讶。印尼选手最后赢了比赛，但赛事本身却是最终的胜利者。[1]
1963 年 8 月 18 日，周恩来在北京接见印尼体育代表团，告诉他们新兴力量运动会虽然还未到达其他国际比赛的水平，但是前途无量。[2]

中国参与新兴力量运动会，从而得以在世界舞台上捍卫发展中国家和革命。1965 年新兴力量运动联合会的第二次委员会会议在北京举行，周恩来出席了会议，国家体委主任贺龙代表中国政府由发表声明：

> 不管世界上发生什么，中国人民永远不会推卸援助和支持各个国家反帝解放斗争的国际责任。我们决心和所有反帝人民团结在一起，将我们反对以美国为首的、连同其走狗的帝国主义者的斗争进行到底。尽管斗争是艰苦和残酷的，但是美帝国主义逃脱不了失败的命运。正如毛泽东主席所说，帝国主义已经日薄西山。我们新兴力量的前途无比光明。[3]

对中国来说，遗憾的是这个新运动会寿命不长，而与印尼的合作关系很快就发生恶性转变。北京通过举办新运动会来挑战西方主导的国际奥委会并在世界上建立革命形象的意图最终落空。但中国利用体育来建立国际新秩序的想法确实达到了引起整个国际社会注意的目的。

---

〔1〕 梁丽娟，《何振梁》，57 – 58；并见李玲修和周铭共，《体育之子荣高棠》，312 – 313。

〔2〕 中共中央文献研究室，《周恩来年谱》2：574。

〔3〕 引自《中国体育》11 – 12 (1965)：31。

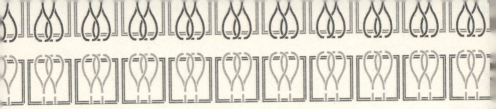

第三章

# 现代体育与中国的民族情感

> 严肃的体育比赛与公平竞争无关，它混杂了仇恨、嫉妒、自恋、对一切规则的蔑视和目睹暴力时的施虐快感——换句话说，这是没有硝烟的战争。
>
> 乔治·奥威尔（George Orwell），1950 年[1]

在现代奥林匹克运动成立大会的结束晚宴上，奠基人皮埃尔·德·顾拜旦对通过奥运会实现 20 世纪国际主义寄予厚望。但他也承认民族主义情感有可能会在新奥运会中产生深远的影响，并告诉与会成员，"在你为体育而辛劳时，毋庸置疑，你是为你的国家而努力!"[2]

因此，顾拜旦创办现代奥运会的动机是"一个民族主义和国际主义的混合体"。[3] 顾拜旦实质上越来越相信，"民族主义和

---

〔1〕 George Orwell, *Shooting an Elephant and Other Essays* (New York: Harcourt, Brace, 1950), 153.

〔2〕 Coubertin, *Olympism*, 541.

〔3〕 引自 Guttmann, *The Games Must Go On*, 12.

国际主义不仅不互相排斥，而且互相需要"。[1] 这个事实即使在今天仍可以从关于奥运会的个人言论以及在为得胜选手升国旗、奏国歌时运动员和观众所表现的情绪中得到鲜明体现。

对体育和民族主义的热衷并非中国人独有，也不表明他们脱离中国而走向国际化。毕竟，只有一个强国才会在全球政治和世界体育舞台获得平等对待，要和世界其他国家有效地联系起来，中国必须首先对自己的能力和资源建立自信。

## 一个通过体育和民族自豪感来分享的世界

从古代到现代社会，国家总是鼓励其年轻人参与体育运动，以便为有可能发生的战争做好准备。例如之前提到过，美国的现代体育在美国卷入第一次世界大战后取得突飞猛进的发展。

体育赛事也是国与国之间惩罚发动战争一方的工具。例如在第一次世界大战后，比利时和法国先后主办 1920 年和 1924 年的奥运会，但都拒绝邀请德国参加。直到 1928 年，德国才回归奥运，法国和德国的足球队到 1931 年才重新对垒。同样的，在第二次世界大战后，德国和日本都没受邀参加 1948 年的伦敦奥运会。

体育甚至还被用来报复战场上的失利，阿根廷和英格兰在 1982 年因马尔维纳斯群岛引发战争后进行的足球赛就是很好的例子。在英国军队获胜后的 1986 年世界杯足球赛上，阿根廷队打败英格兰队并最后赢得冠军。阿根廷队的球星迭戈·马拉多纳

---

〔1〕 引自 John Hoberman，"Toward a Theory of Olympic Internationalism"，15。

在后来的传记《我是迭戈》中写道："这不仅是打败了一个足球队，而且是打败了一个国家。当然，我们在赛前都说足球与马尔维纳斯群岛的战争无关，但我们知道很多阿根廷的小伙子在那儿牺牲了，像小鸟一样被射倒。这是一场复仇，仿佛收复了马尔维纳斯群岛的一小部分。"[1] 同样，在冷战期间，对阵双方频频将政治和意识形态对抗带到体育场上。

战争是在国家主义利益的驱动下打响的，而体育则能反映、强化甚至创造国家主义。正如詹姆士·G. 克拉斯（James G. Kellas）断言："在许多国家，最大众化的民族主义行为是在体育比赛中，在这个场合下，大量群众在支持自己国家的队伍时变得极其情绪化。"[2] 格兰特·贾尔维认同这种观点："在赛场上或者赛道上，那个被想象出来的社会或者国家似乎变得更真实。"他看到，"体育经常为灌输民族感情提供一种特别有效的媒介，它提供了一种展示国家本身的象征性行动的形式"[3] 约翰·霍伯曼（John Hoberman）可能更细致，他说："体育国家主义不是单独产生的现象，相反，它是对挑战和事件的一种复杂的社会政治性反应，无论它们是体育的还是非体育的，这种反应只能在其出现的不同国家民族背景中去理解。"[4] 艾里克·霍布斯鲍姆（Eric Hobsbawm）提到："千百万人想象出来的社会似乎在（足球队）11 人名单中显得更真实。个人，即使只是一个欢呼的

---

〔1〕 Weiland and Wiley, *Thinking Fan's Guide to the World Cup*, 53.

〔2〕 引自 Kellas, *Politics of Nationalism and Ethnicity*, 28。

〔3〕 Jarvie, "Sport, Nationalism and Cultural Identity", 74 – 75.

〔4〕 John Hoberman, "Sport and Ideology in the Post-Communist Age", in Allison, *Changing Politics of Sport*, 18.

人，变成了他的国家本身的象征。"[1]

政治敌对双方的代表选手在体育运动场上挑战对方时，有可能会造成对抗急剧升级。冷战期间，当苏联队打败美国篮球队或者加拿大冰球队时，有些美国评论员反应之激烈，仿佛他们见证了西方文明的崩溃。[2] 在 1956 年墨尔本奥运会上，苏联和匈牙利之间的一场水球比赛后来变成了匈牙利事件的另一个版本。匈牙利队打赢了一场残暴的比赛，夺取冠军，赛后水池被血染了色。2001 年 10 月，伊朗在世界杯预选赛中以 1∶3 败给巴林，引发了这个国家在 1979 年以来最大的骚乱。1969 年萨尔瓦多对洪都拉斯的比赛中的暴力行为导致了两国间两星期后的一百小时"足球战争"，造成两千人伤亡。同在 1969 年，在苏联用坦克粉碎了被称作"布拉格之春"的独立运动之后，捷克斯洛伐克冰球队在斯德哥尔摩打败苏联人，这场比赛和这次胜利的意义超越了一场常规的体育比赛，正如伊恩·布鲁玛（Ian Buruma）所写的："这样一个晚上，被羞辱的人们沉浸在自豪的时刻中，复仇可以尝出甜味。"[3] 而 1966 年的世界杯决赛圈，尤其是总决赛本身成为了"英国人的集体记忆"。[4] 这场比赛就像英国在第二次世界大战上的处境一样，极大地塑造了其民族形象。当英格兰和德国对垒时，一些英国球迷高喊"两场世界大战，一场世界杯

---

〔1〕　Hobsbawm, *Nations and Nationalism since* 1780, 143.

〔2〕　Senn, *Power, Politics, and the Olympic Games*, 154.

〔3〕　Buruma, "The Great Black Hope".

〔4〕　Tony Mason, "England 1966", in Tomlinson and Young, *National Identity and Global Sports Events*, 94.

决赛"[1]

在很多场合下，体育将国民团结在一个国家代表选手的后面，成为国家主义的诱因。爱尔兰裔美国拳击手约翰·希南（John Heenan）和英国冠军拳手托马斯·塞耶斯（Thomas Sayers）在 1860 年的比赛算得上是一个经典的例子，当时美国联邦正处于解体的危险中。希南在经过艰苦的 42 回合之后终于胜出，艾利奥特·戈尔恩（Elliott Gorn）评论说，这场比赛在这个国家危机四伏，接近解体的时候，通过"将内部分歧引向外部敌人"，让拳迷们"明明白白地体验到了爱国热情的冲击"。[2]

1984 年洛杉矶奥运会同样将美国人的国家主义和反苏宣传结合起来。根据比尔·赛克因的观点，洛杉矶奥运会最广受批评的地方，是"美国民族主义的过度展示和美国运动员们据说毫无意义的统治级表现……观众们在他们的赛程表中发现了一张官方的'奥运会加油卡'，上面用红、白、蓝三色印着'USA'，并示意他们'在全世界的目光下豪迈地'挥舞卡片，'秀出你的色彩与骄傲'。……奥运会主办方才不管观众是否正好是美国人，或是否打算没完没了地为主队欢呼喝彩"。[3]

美国对奥运会的这种极力支持并不单纯是一种冷战现象，它在美国变成世界唯一政治军事超级大国时仍会如此。2006 年，美国国会为了在 2006 年冬季奥运会上来一场强势表演，迅速通过一个议案，允许 1998 年才到美国生活的加拿大花样滑冰冠军

---

[1] Tony Mason, "England 1966", in Tomlinson and Young, *National Identity and Global Sports Events*, 97.

[2] Pope, *Patriotic Games*, 5.

[3] Shaikin, *Sport and Politics*, 62.

塔妮茨·贝尔宾（Tanith Belbin）立刻获得美国公民身份，总统乔治·W. 布什（George W. Bush）在议案一放到他桌上时就立刻签了名。贝尔宾和她的同伴本·阿戈斯托（Ben Agosto）后来成为美国花样滑冰冠军，并参加了 2005 年国际花样滑冰赛，他们被看作是 2006 年冬季奥运会奖牌的有力竞争者，这是美国运动员从没赢过的比赛项目。[1]

苏联在这一领域的历史也非常有趣。在十月革命之后许多年，苏联遵循早前苏维埃领导人的先例，认为体育赛事有太浓的资产阶级色彩，拒绝参加奥运会之类的国际体育比赛。[2] 终于，苏联政府意识到体育运动对提高政治影响的价值，这个国家对体育的态度经历了一次完全的转变。他们不仅决定参加所谓的西方体育比赛，而且还要不惜一切胜出。当时有苏联记者写道："每个新的胜利都是苏维埃社会形态和社会主义体育体系的胜利，它为社会主义文化领先于资产阶级国家腐朽文化的优越性提供了一个不可辩驳的证明。"[3] 在 20 世纪 50 年代早期，当苏联第一次参加了奥运会之后，体育被正式认定为"评估苏维埃政治体系优势的另一个方面、另一个标准……比赛不仅是体育事件，它们还带有巨大的意识形态和政治含义，它们表明苏维埃人民的热切期望"。苏联运动员"为祖国、为党"走出去，赢奖牌。[4]

即使是加拿大，一个从不以激进的国家主义闻名的国家，也无法抗拒将体育成绩与国家声望联系在一起的诱惑，这从本·约

〔1〕　贝尔宾和阿戈斯托在 2006 年冬奥会上获得了银牌。
〔2〕　有关俄罗斯人将体育用在国际关系上的研究见 Keys, *Globalizing Sport*, 158–180。
〔3〕　Senn, *Power, Politics, and the Olympic Games*, 90.
〔4〕　Hazan, *Olympic Sports and Propaganda Games*, 36.

翰逊（Ben Johnson）的事例可见一斑。他来自牙买加，后来加入加拿大国籍，在短跑比赛中战胜美国运动员卡尔·刘易斯（Karl Lewis），并在 1988 年汉城奥运会上创造了世界纪录，这使整个加拿大为之欢腾，"包括向全国广播由总理马尔罗尼（Mulroney）打来的祝贺电话"。[1] 体育社会学家斯蒂文·杰克逊（Steven J. Jackson）观察到，"约翰逊在取得世界冠军这项为加拿大带来国际认可和声誉的成就时，媒体的各种报道对于他使用了一种间接的称谓，这也显露了其种族身份的短暂转移"。约翰逊成为了"加拿大人"，而不是"牙买加裔加拿大人"，更不是"牙买加人"。他体现了一种"加拿大人"的工作伦理和成就定位，他的事业成功被演绎"成为加拿大骄傲、强健、独立和国家身份的象征性代表"。当约翰逊在汉城奥运会被检测到促蛋白合成类固醇呈阳性时，加拿大为之感到羞耻。正如杰克逊指出的，"在起初的震惊、不相信、否认和羞耻之后，加拿大国内似乎掀起了一阵嫌弃和反感的浪潮"。杰克逊说，甚至约翰逊的加拿大人身份也受到质疑。[2]

20 世纪 30 年代也发生过归化运动员比赛，当时的日本军国主义政府利用来自其他国家的体育比赛选手来推动日本的国家主义。[3] 在这期间，朝鲜已经被日本变成了殖民地，日本人把朝鲜人视为二等公民。然而当朝鲜人孙基祯以日本名"孙龟龄"作为日本代表团成员在柏林参加马拉松比赛并胜出后，日本人就

〔1〕 Morrow and Wamsley, *Sport in Canada*, 240.

〔2〕 有关本·约翰逊及其加拿大国家身份详见 Jackson, "A Twist of Race", 21–40。

〔3〕 有关体育与日本的国际政治之联系的近期研究见 Collins, " 'Samurai' Politics" and "Conflicts of 1930s Japanese Olympic Diplomacy in Universalizing the Olympic Movement"。

乐于把他的成就称为日本的国家荣誉。[1]

当然，国家荣誉和体育之间的紧密关联只有在本土队伍得胜时才会带来好处——实际上，当本国队伍在国际比赛受挫时，政府就需要设法平复民众的情绪。这种警惕姿态最近的例子要数2006 年世界杯决赛圈伊朗队因输球而无法进入第二轮赛事，政府立刻把教练和国家足协主席都撤掉，并且就球队所带来的耻辱向民众道歉。[2] 这种担忧不是没有根据的，在东欧一些地区，体育确实成为催化剂，最终导致了政权的更替。例如在所谓的"红星革命"中，贝尔格莱德的球迷在推翻斯洛博丹·米洛舍维奇（Slobodan Milosevic）政权的过程中扮演了重要角色。体育也对摧毁阿尔弗雷多·斯特罗斯纳（Alfredo Stroessner）独裁政权的巴拉圭革命起到重要作用。

奥林匹克运动虽被设定为个体之间的非政治性比赛而不是国家之间的竞争，但它们一再带来政治后果。中国人不但加入了这一将体育比赛与民族主义相结合的世界潮流，几乎完全从民族主义和政治出发为体育下定义，使之达到一个新高度。正如前所论证的，中国人长期以来把体育与尚武精神相提并论，因此也把体育等同于激进性的民族主义。

### 强种救国

体育在 19 世纪、20 世纪之交被引入中国清楚地显示了中国

---

〔1〕 1988 年，国际奥委会正式认定孙基祯在 1936 年柏林奥运会创纪录的荣誉归属朝鲜而非日本。

〔2〕 Rob Hughes, "Winners and Losers, On and Off the Field", *International Herald Tribune*, June 24, 2006, 20.

与世界之间理念的跨国流动，也为其萌生的国际主义提供了参考指标。这一进展不是由别人强加的，相反，是中国人自己选择去争取的。在之前的章节已经介绍过，中国当时正在寻找让自己这个"东亚病夫"健康强壮起来的方法。在许多中国精英分子看来，西方体育运动是一个可行办法。这当中有明显的逻辑关系："那些体育教育开展广泛的国家是进步和强大的，同时在穷弱的国家当中，体育教育开展得并不广泛。"[1] 颇有影响的天津《大公报》在 1920 年一篇社评中解释说："奖励国民体育，为救国强种之一切根本。"[2] 本部在南京的重要杂志《时事月报》有相似的提示："我们提倡体育的目的，既在雪耻图存和复兴民族，所以必就全民族着想，为一般的提倡。"[3] 在 20 世纪 30 年代，"体育救国"的口号响彻全国，甚至成为体育发展的指导意识。南开大学校长张伯苓也是一位对中国体育组织有影响的领袖级人物，他写道：

> 中国称病夫，久矣！近年国人始知推求吾族致病之原，与夫其他民族所以健全之由来，思设法而为救药，实一绝好现象。鄙人前此赴日参与第九届远东运动会事，目睹彼族对体育进步，真足惊人，迥非吾族一蹴可能几及。但有志者事竟成，故不揣冒昧，当为今后吾国体育改进，拟有治标治本二法。治本即自中小学起，实

---

〔1〕 邵汝干，《建设中华民族本位的体育》，5。
〔2〕 引自鲁牧，《体育界的一面旗帜——马约翰教授》，52。
〔3〕《时事月报》9，No. 3（1933 年 10 月）：1。

行强迫体育教育，养成青年体育之爱好；治标及常与本国或外国队作长时间多次数之比赛，籍增经验，而免怯阵。二者并进，再益以精良训练，将来自不无成效可言。[1]

许多其他精英分子也持张伯苓的观点，国民政府的国防部部长何应钦[2]在 1932 年 5 月 10 日建议教育部和政府要提倡体育教育，向公众灌输军事精神。[3]"救国强种"和"体育救国"的口号在 30 年代在中国处处可闻。刘慎称在上海发表其影响深远的文章《体育救国论》，当中写到中国受日本侵略和本国种种问题的逼迫，已经走到一个危险关头，只有体育运动可以挽救这个国家。他解释其"体育救国"理念包括两层意思：用体育去提高中国人的个人素质，改革中国的体育教育。他的目标在于通过体育训练令中国人变得勇敢、坚定和果断起来。[4]

仅靠推行体育计划去挽救一个国家听起来有些天真，但当时中国的学者决心采取一切办法保卫受侵略威胁的国家。对日战争是一场全面战争，无论在战场上或是在后方的战线上能否取胜都至关重要。正是在这样一个紧迫的情况下，"体育救国"与"教育救国"一样成为了振奋人心的呼喊。直到 1945 年，抗日战争结束，"体育救国"才逐渐从公众词汇中消失。

当然，不是每个人都拥护西式体育运动，部分有影响的中国

---

〔1〕张伯苓，《体育丛书序言》，收于蒋槐青编，《刘长春短跑成功史》，1933。
〔2〕原文如此，何应钦时任国民政府军政部部长。——译者注
〔3〕成都体育学院体育史研究所编，《中国近代体育史资料》，418—419。
〔4〕刘慎称，《体育救国论》，519，713 – 719。

人主张国家应该将注意力放在"国术"上，而不是盲目仿效西方。程登科就是其中一位持这种观点的人，他在 20 世纪 30 年代曾留学德国，崇尚德国的体育化运动。但无论是追求传统还是西方体育运动的发展，目标都是一样的：一个强大的中国。程登科认为"民族体育"的精粹在于"全民体育化"，倡导中国人"为国家而体育，为民族而体育。"[1]

程登科的呼吁引起了强烈的共鸣，王正廷在 1930 年论述奥运会的重要性时写道："一民族欲求自由平等之地位于今日弱肉强食之世界，其必先锻炼健全之身体而后可。"[2] 1928 年中央国术馆成立，以"强国强种，摘掉中国人的'病夫'帽子"为宗旨[3]。

在整个 30 年代和 40 年代早期，中国的学者、教育家和政治家都致力于在地方和全国实践其关于体育的救国理念。蒋介石将清政府倒台后被分割的中国统一起来并建立国民政府，使这种方面的工作成为可能。蒋介石出身军界，在成为国家首脑之后就立刻在政府政策中将体育提升到显要位置。成立于 1928 年的南京政府在第二年就通过了中国历史上第一部体育法，称为《国民体育法》。法例首条为："中华民国男女青年有受体育之义务。"[4]几年之后的 1936 年 11 月 28 日，体育法扩展到涉及年轻人和老

---

〔1〕 本论详见戴伟谦，《抗战时期民族教育体育思想之认识》，33 – 49；及谷世权，《中国体育史》，255。

〔2〕 引自 Morris, *Marrow of the Nation*，167。

〔3〕 陈登科，《我们应否提倡中国的民族体育》，2。

〔4〕 中国第二历史档案馆，《中华民国史档案资料汇编》，第五集，第一编，文化（2），929。

年人，首条声明提高身体素质是"讲求体育只完善，为国民对于国家民族应尽之义务"[1] 1941 年新修订的体育法出台，加入了更多实操的内容，例如预算和教师培训等。如果说第一部体育法是在建设国家的迫切需要下诞生的，那么第二部则更注重国防需要[2] 吴志刚将 1927—1937 年称为体育教育和现代体育在中国的"黄金时期"不无道理，在南京政府的这十年中，"产生了很多新的体育纪录，提供了很好的学校体育教育"[3]

为了保证地方政府官员重视新法例，南京政府发布了有关体育教育重要性的指引。教育部的一份公文写道："查体育之强民强国要图，近年来，经学校方面多方提倡，学生运动成绩已有相当进步，而一般民众未注意及此，亟宜积极办理。"[4] 南京政府还在 1932 年 10 月进一步颁发细则，管理教育部内专事体育教育的委员会，以指导和协助所有体育相关的活动。[5] 同在 1932 年，国民政府组织了一次以体育教育为主题的全国性会议，旨在强调强种与强国、体育与救国的关系。会议声明："我国政府，以世界各国之盛衰，判于体力之强弱，故对于国民体育，积极提倡，以期增进全民健康，复兴民族精神。"[6] 1933 年全国运动会的组

〔1〕《增续体育法案》（1936 年 11 月 28 日），收于中国第二历史档案馆，《中华民国史档案资料汇编》，第五集，第一编，文化（2），959。

〔2〕 黄仁易，《我国体育政策制定过程之研究》，24。

〔3〕 Wu Chih-Kang（吴志刚），"The Influence of the YMCA on the Development of Physical Education in China"，17。

〔4〕 中国第二历史档案馆，《中华民国史档案资料汇编》，第五集，第一编，文化（2），934。

〔5〕 该细则 1934 年 6 月进行了修改，使之更便于执行。见中国第二历史档案馆，《中华民国史档案资料汇编》，第五集，第一编，文化（2），913 – 920。

〔6〕 引自黄仁易，《我国体育政策制定过程之研究》，21 – 22。

织者在发给地方和省级政府的有关大会的通知上写道："正兹国难，非举国团结一致，无以图存，非振刷民族精神，无以救亡。欧洲各国自欧战之后，对于国民体育，提倡不遗余力，盖鉴于国家兴衰，系乎国民体格之强弱也。"事实上，中国在这个关键时刻举办全国运动会的目的就在于引起国民对体育的重视，提高救国的希望。[1] 在运动会的开幕式上，组织者再次提醒参与各方："现在我们要明白，最要紧的一桩事情，就是凡是要国家强盛，必先要有康健的民族，要有康健的民族，必先改善人们的体育。要人人有尚武的精神。"[2]

即使是国民党的党组织也参与到推动体育教育的运动中。在1935年11月的国民党第五届全国代表大会上，王正廷和其他委员递交了提案，名为《加紧提倡全国体育，以树立复兴民族之基础案》。提案开头写道："民族之兴亡，视国民捍卫国家能力之大小为断，而捍卫国家能力之大小，又视国民体格之强弱与国民团结力量之大小而定。近年来，列强之竞争益烈，民族复兴之需要益大，国民捍卫国家之责任亦愈重。"提案进而指出当大国强调它们的国民身体强健的重要性时，中国这样的弱国就要多加留意，其国民要有加强身体素质的紧迫意识。文件建议采取三个措施来改善中国人的体质：（1）增加体育培训的预算。（2）在各级政府提名官员专门负责民众的强身健体工作。（3）建立更多

---

〔1〕"二十二年全国运动大会筹备委员会"，《二十二年全国运动大会总报告书》，第一部分，72。

〔2〕同上，第二部分，3。

培训体育教员的中心。[1]

社会的精英成员通过组织社团来敦促政府和国民党认真对待此事，诸如有来自教育、工业等各界精英参与的国民参政会，其中沈钧儒、梁漱溟和其他成员在 1939 年向中央政府提出议案，名为《提倡尚武精神以固国基而利抗战案》，当中指出"中国集数千年文弱之习，影响个人身体，民族生存至巨"。值此中国人正在进行一场和日本的持久战争之际，因此，"自无疑义，此为今日提倡尚武精神者"。[2]

当时，国民政府各项政策的执行主要依靠政治强人蒋介石，出身军人的他也是推行体育教育的最佳人选。从 1928 年到 1945 年，他作了很多关于国民身体素质对国家命运的重要性的演讲。例如在 1930 年 4 月在第四次全国运动会举行时，蒋介石分别在三次不同演讲中向参赛运动员及其地方组织者强调中央政府对体育的重视。[3] 1935 年 3 月 2 日，蒋介石向地方政府和其他政府部门发出通电"查运动为锻炼国民体魄，以达成强种救国重要工作之一"。他宣称，政府将大力推广体育，保证党、政府、军队

---

〔1〕　中国第二历史档案馆，《中华民国史档案资料汇编》，第五集，第一编，文化 (2)，947 – 948。

〔2〕　有关这个议案和政府的反应详见《行政院交教育部办理国民参政会关于提倡尚武精神以固国基而利抗战案的通知单》，1939 年 1 月 19 日，收于中国第二历史档案馆，《中华民国史档案资料汇编》，第五集，第一编，文化 (2)，701 – 705。

〔3〕　演讲详细内容见蒋介石，《第四届全国运动大会训辞 (1 – 2)》，1930 年 4 月；《欢迎第四届全国运动大会选手演说辞》，1930 年 4 月；及"第五次全国运动大会颁词，1933 年 10 月 10 日；全部收于张其昀编的《蒋介石全集》3：3120 – 3122，3：3126 – 3127。并见汤铭新，《我国参加奥运会沧桑史》1：92，247。

和学校工作的每个人都积极参与体育锻炼。[1] 一个月后，即1935 年 4 月，蒋又发出一篇电文再次强调国民体育锻炼对国家未来的重要性。[2] 在一次三民主义青年团全国干部工作会议上，蒋介石又作了另一次关于体育锻炼如何重要的讲话，他提出问题："现代一般暴力侵略者，所以敢于藐视我们中国，侵侮我们中国，最大的原因，就是看不起我们中国人的体格，更比不上他们。而我们一般同胞的体格，普遍的衰弱，实是民族最耻辱的表现！"蒋介石希望，"从今以后，我们要积极自强，要不为人家所轻视，首先要注意体育，提倡体育，体育如果不能进步，则整个国家部门的工作都不能进步！"[3] 之后，他在 1940 年 10 月国民政府召开的全国体育和体育教育会议上作了一次较长的讲话，一再强调这一观点，与会的领导人作出回应，发表了体育宣言，将运动及体育锻炼与民族命运和国家发展联系在一起。[4]

蒋介石的政策并非只是空谈，在他一上台后，他的政府就马上把"为国健身强体"加入到其在 30 年代发起的"新生活运动"中。罗伯特·卡尔柏（Robert Culp）在新近的文章中指出，"在南京十年中，军训班成为高中、大学和职业学校的体育教育

---

〔1〕 蒋介石，"提倡党、政、军、学各级机关人员体育通电，1935 年 3 月 2 日"，张其昀编的《蒋介石全集》3：3147–3148. 又见成都体育学院体育史研究所编，《中国近代体育史资料》，419–420；及中国第二历史档案馆，《中华民国史档案资料汇编》，第五集，第一编，文化（2），1009–1010。

〔2〕 引自中国第二历史档案馆，《中华民国史档案资料汇编》，第五集，第一编，文化（2），1010–1011。

〔3〕 蒋介石，《在三民主义青年团全国干部工作会议训辞》，收于成都体育学院体育史研究所编，《中国近代体育史资料》，420–421。

〔4〕 中国第二历史档案馆，《中华民国史档案资料汇编》，第五集，第一编，文化（2），712–722。

和公民训练中的一个基本组成部分。军事训练通过教育家、党、政府以及学生本身的多层互动得到利用和发展"。[1] 从 1895 年起，中国的精英们就热衷于培育一个军事化的公民体系，但只有在 1928 年国民政府破旧立新后，这种军事化才成为国家意识形态和政府政策的一个结合部分。[2] "新生活运动"旨在建立一种新型的公民社会，以培养勇气和"尚武精神"。

　　即便受抗日和国共内战消耗巨大的影响，国民政府的其他体育措施也取得了一定成效。例如，国民政府在 1942 年宣布每年 9 月 9 日为体育日，每个机构在这一天都要组织比赛或各种形式的体育活动，费用由各级政府的教育部门提供。蒋介石就此作出说明："中央创定每年九月九日为体育节，施行全国，盖欲使举国同胞，无分男女老幼，均能深切认识体育之重要，而一致笃实践履，发奋磨砺，扩大体育运动之领域，充实体育运动之内容……欲求与人并驾齐驱，则必其国人民有健全之体力。"[3]

　　即使在国民政府处于战争时期（先是抗日，然后与共产党交战），它还是成功地组织了几届全国运动会。1910 年，首届全国运动会在基督教青年会的资助下启动，此后到 1948 年国民政府在大陆组织的最后一届，一共举行了七届全国运动会。头两次受到外国人、即基督教男青年会的官员们操纵，但第三届起就是由中国人自己组织的，并且主要受到国家主义的推动。国民党时期

---

〔1〕　Robert Culp, "Rethinking Governmentality", 533.

〔2〕　详见黄金麟，"近代中国的军事身体建构，1895—1949"。

〔3〕　蒋介石，《第一届体育节训辞》，1942 年 9 月 9 日"，收于张其昀编，《先总统蒋公全集》3: 3226 - 3227。

的中国也积极参加从 1913 年到 1934 年共举行了十届的远东奥运会。[1] 此外，国民政府参加了 1936 年和 1948 年的奥运会。

## 体育和中国民族主义的实践

在像中国这样体育长期以来主要受国家控制的国家，体育在过去一个世纪都是政治和国家形象展示的一个工具。实际上，中国对体育、尤其是奥运会的兴趣更大程度上出于中国人对国家富强、对中国在世界上与其他国家平起平坐的渴求，这要胜于对运动会本身的喜爱。这么看来，体育和中国人的民族主义不可分割。体育和民族主义之间联系的明晰化是国民革命时期的一个重要发展。正如 1914 年一个中国人所写："欲持国家主义之教育，则运动会之竞技运动，亦万不可偏废者也。"[2] 体育教育专家王怀琪（1892—1963）在民国初年写到，体育教育养生法可帮助学生意识到中国在国内和国际上的奋争。[3] 孙中山也看到体育和民族主义的清楚联系，曾多次提到："夫欲图国力之坚强，必先求国民体力之发达。"[4] 有中国人提出，唯有"在体育运动中胜出"，才能使中国人自己得到证明。从这个角度看，体育上取胜就与国家荣誉等同。中国人赢了，国家就赢了；中国人输了，国家就蒙羞。[5]

---

[1] 在国际奥委会新规条下，远东奥运会在 1915 年更名为远东体育协会，其大赛改称为远东运动会。1934 年，它因政治原因解体，后来为亚洲运动会所取代。

[2] 《教育杂志》6, No. 10（1914）：31 - 32，引自毛岸俊，《1909—1919〈教育杂志〉体育文章的初步分析》，50。

[3] Morris, *Marrow of the Nation*, 34.

[4] 中国史学会编，《辛亥革命》，上海：上海人民出版社，1957，27。

[5] 邢军纪和祖先海，《百年沉浮》，6。

在这种感情的驱使下，所有比赛、包括由学校主办的比赛都具有浓厚的政治意味。例如 1915 年 5 月 21 日江苏省立第二女子师范学校举办的一场体育比赛上，就有两个明显带有民族主义精神的口号："国事太平，借时雨一番，聊以洗东亚耻辱。女师方猛进，看武器百步，也足扫过眼烟云。""愿大家振起精神，勿忘五月九日。"[1]（5 月 9 日被视为国耻日，因为 1915 年的这一天中国政府被迫接受日本的耻辱的"二十一条"[2]）一位教师甚至编了一组旗操，叫"5 月 9 日新旗操"。编操者让操旗人沿写着"5 月 9 日"的线路行进，以让学生和老师记住国家的耻辱，促使他们使中国强大到足以复仇。为了提醒学生们谨记国家统一的重要性，另一位民国初年的教育家创造了一种叫"五族共和"的游戏，强调中国种族是兄弟关系，同享勇敢精神和战斗思想。[3]

中国民族主义者对体育着迷的最好例子也许是中国第一本关于国际奥林匹克运动会的书。它的作者宋如海同时为基督教青年会和中华体育协进会工作，将 Olympiad 翻译成"我能比呀"，这包含了两层意思：一是与 Olympiad 读音相近，另一是鼓励中国人只要坚定和有勇气就能参加竞赛的中文表达。[4] 王正廷在1929 年为此书作序时写道，自从中国登上国际政治和文化的舞台，"欲求自由平等之地位于今日弱肉强食之世界，其必先锻炼健全之身体而后可。吾国年来始渐注意及此。全国各省各种运动

---

〔1〕 引自毛岸俊，《1909—1919〈教育杂志〉体育文章的初步分析》，45。
〔2〕 详见徐国琦，《中国与大战》第三章。
〔3〕 引自毛岸俊，《1909—1919〈教育杂志〉体育文章的初步分析》，53。
〔4〕 宋如海，《我能比呀》中作者的注释。

会相继成立，不可不谓吾民族一线之输光也！虽然立国族于大地上，任何事业，均应有所观摩，而始有长足之进展；二故运动亦应国际化。"[1] 余日章在 1929 年给本书所作的序中也写道："民族衰弱的原因，虽然不是一种，但因不讲求体育，也是其中最大的一端。"[2]

毛岸俊指出 20 世纪 20 年代体育发展的动力"成为未来各式各样的中国国家主义的一个广为接受的组成部分"。[3] 现代体育在中国或许主要被描上国际主义的特征，然而正是现代体育与中国国家建设之间强有力的关联、正是国家主义和国际化在体育上的融合使它如此受到关注。在 20 年代早期、尤其在 1922—1924 年期间，中国产生了一种普遍的反基督教青年会的情绪，这反映了收回国家主权的总体趋势，包括对体育和教育的管治。1923 年 7 月，中国人决定建立新组织"中华体育协会"，以对抗青年会的中华体育协进会。青年会被谴责为美国的代理，为"培养帝国主义走狗"服务。[4]

把体育与美国帝国主义联系起来不是中国人的专利。数十年后，加拿大体育历史学家杰弗里·史密斯（Geoffrey Smith）评论道："在极具全球性的体育运动中——这一运动已大体美国化了——我们看到了一种新的、不易觉察的帝国主义。"这所谓的帝国主义因其"荒谬的金钱赌注"及对"环绕全球的千百万人"

---

〔1〕 宋如海，《我能比呀》，王正廷的序言。
〔2〕 同上，余日章的序言。
〔3〕 Morris, *Marrow of the Nation*, 99.
〔4〕 详见 Jun Xing, "The American Social Gospel and the Chinese YMCA", 284.

的吸引力而隐藏得特别深。[1]

　　如果说中国人拥抱现代体育有着深厚的民族主义色彩，它还进一步与克服"东亚病夫"的名号紧密联系起来。一位著名的体育教育学家将中国人在国际赛事的表现与这可憎的标签联系起来。[2] 此外，中国在体育比赛中赢得的重要个人及团队胜利也被视为中国复兴的证明。例如在 1905 年基督教青年会资助上海举办的田径比赛中，中国长跑运动员马约翰超过日本对手时，中国观众先是为他欢呼，然后在他最后取胜时，转为高呼："中国！中国！"[3] 1926 年 11 月上海举行的上海美国国际学校与两支中国球队之间的足球锦标赛也出现了类似现象，当中国队取胜时，美国学校的啦啦队向胜方致以跨国别的欢呼：

　　　　中国怎么了？

　　　　她可不错！

　　　　谁不错呢？

　　　　谁赢了比赛？

　　　　中国！[4]

　　从这段插曲我们可以看到，即使一个校际比赛也被视为国家前途的预兆。这样的例子并非绝无仅有，中国人经常把体育比赛、尤其是中日之间的比赛看作两国之间的战斗。对中国人来

〔1〕　LaFeber, *Michael Jordan and the New Global Capitalism*, 141.

〔2〕　鲁牧，《体育界的一面旗帜——马约翰教授》，52－53。

〔3〕　鲁牧，《体育界的一面旗帜——马约翰教授》，58，147。

〔4〕　Morris, *Marrow of the Nation*, 60.

说，体育不仅强化了民族精神，而且代表了一种新的可能性，即通过在赛场上取胜来改善中国国际形象。

虽然新成立的中华人民共和国一再强调要与过去完全决裂，它还是和前政府一样，把体育运动与民族主义和国家建设联系起来，共产党人甚至继续推广体育中的尚武精神。1952 年，当中国最终决定成立中央人民政府体育运动委员会时，选择了军人贺龙来作为首任领导。[1] 在共产主义中国，打败日本对手的运动员被尊为民族英雄，而他们在比赛上的表现则被称为体现了中国的国家荣誉。而他们落败也就使民族蒙羞。[2] 著名的乒乓球手庄则栋回忆，当他参加第 26 届世界乒乓球锦标赛时，"我内心深处仍把日本队员当成了军国主义者。每一板下去，都觉得是替中国人民报仇，为中国人民争光。为毛主席争光。"在中国与日本展开决赛之前，一位中国高级干部告诉庄则栋，如果他打败日本队，就会被尊为民族英雄。[3]

在 1981 年 11 月世界女排锦标赛上中日对垒时，人们也普遍具有类似的心态。当时中国队已经在早前比赛中打败了美国队，已经提前确定最终夺冠，因此在与日本比赛开始时，并没有倾尽全力。教练袁伟民非常恼怒，在中场休息时对队员喊道："要知道，我们是中国人，你们代表的是中华民族，祖国人民在电视机前看着你们，要你们拼，要你们搏，要你们胜。"[4] 同样，在 1981 年 3 月，当中国男排打败韩国队时，北京学生兴奋之极，高

〔1〕 荣高棠，《当代中国体育》，13。
〔2〕 邢军纪和祖先海，《百年沉浮》，6。
〔3〕 同上，138；庄则栋和佐佐木敦子，《庄则栋与佐佐木敦子》，222。
〔4〕 引自荣高棠，《当代中国体育》，198；并见邢军纪和祖先海，《百年沉浮》，319。

喊口号："团结起来，振兴中国！"[1]

与此相似，80年代中国全国都为围棋选手聂卫平战胜日本对手的英雄式胜利而狂热，新的民族主义感情即使在传统棋艺比赛中也已经深深扎根。聂卫平说他很大程度上受益于来自邓小平和陈毅等国家领导人的支持。陈毅经常告诉聂卫平要练好棋术，打败日本对手，"为国争光"。[2]

人们甚至会说，中国人在毛泽东时代实践"友谊第一，比赛第二"，有意输给对手，是因为他们对其体育的优越地位充满信心，可以将比赛结果看成是政治策略。换句话说，他们在国际上输掉比赛并不会损害中国的国家荣誉，却反而会由于人人都能看到中国队舍弃胜利而增加其国际声望。

从20世纪50年代到1966年"文化大革命"开始，中国共产党都很小心地保持对体育的控制。根据当时中华人民共和国成立后的政策，体育要在党的领导下开展，体育队伍要跟随党的路线，而在主要体育赛事上，中国要在三五年内奋力追上甚至超过世界最高水平。[3] 1954年2月11日，周恩来在一次国务院会议上说："运动不只是为了个人的身体健康，而且是为了保卫祖国，建设社会主义，这是一个政治任务。"[4] 从这个观点出发，赢金牌、升国旗和颁奖仪式上的国歌声都被看作对中国这个国家及其声望在世界上的提升至关重要。1955年，北京举办第一届全国

---

〔1〕 彭永杰、张志伟和韩东辉，《人文奥运》，258。

〔2〕 聂卫平的采访2006年2月20和27日在北京电视台《往事》节目播出。

〔3〕《中央批转国家体委党委关于一九六六年全国体育工作会议的报告（1966年5月2日）》，收于国家体委政策研究室，《体育运动文件选编（1949—1981）》，107－111。

〔4〕 中共中央文献研究室，《周恩来年谱》1：352。

工人运动会，贺龙在开幕式上发表讲话，宣称体育是新政权的一项重要政治任务。[1]

只有在"文化大革命"期间，中国暂时放下了对体育比赛胜利的热情。这个时期有人声称中国强调赢奖牌的体育政策犯了方向性错误，还采取严厉的办法，把体育开展计划置于军队管制下。然而，"文化大革命"中体育的命运只是一次偏离，建设保卫国家的话题很快重新浮现，并影响到下一阶段的中国体育史。

---

[1] 李烈，《贺龙年谱》，564 – 565。

第四章

# "谁能代表中国"

> 子路曰:"卫君待子而为政,子将奚先?"子曰:"必也正
> 名乎! ……名不正,则言不顺;……则民无所措手足。
>
> 《论语》(13:3)

　　对皮埃尔·德·顾拜旦来说,现代奥运会是建立在"所有比赛,所有国家"的精神上的。[1] 当波希米亚和芬兰在出席1912年奥运会的问题上出现争端时,顾拜旦提醒双方有一种"体育地理"存在,它与"政治地理截然不同"。[2] 因此,他同意当时属奥匈帝国的波希米亚和俄国、芬兰作为独立个体参赛。但顾拜旦的乐观看法也许太天真了,各个政府在有关政治利益和合法性事务面前,通常不会理会他的这个崇高理想。虽然不是全部,但的确有些国家在处理奥运会及其相关问题时采取随心所欲的态度,例如当英国拒绝让爱尔兰以独立身份参加1920年第七届奥运会

---

〔1〕 Coubertin, *Olympic Memoirs*, 126.
〔2〕 同上,138。

时，爱尔兰运动员则拒绝在英国的旗帜下比赛。[1]

然而直到 20 世纪 90 年代早期，国际奥委会依然声称只承认各奥委会，而不是民族国家。这样的话，原则上它可以认可任何领土上的国家奥委会。例如美国国土内就有三个奥委会：美国奥委会、波多黎各奥委会和关岛奥委会。英国统治范围内也设置有国际奥委会多重认证的奥委会，包括香港的。中华人民共和国1949 年成立后，国民党败走台湾，但仍不肯退出国际政治舞台。国民党逃离大陆后，台湾通知国际奥委会，称中国奥委会地址迁到了台湾，继续保留为奥林匹克大家庭的成员。国际奥委会面对"谁是代表中国"的问题，感到十分烦恼。

### 谁能代表中国？ 北京的立场

1949 年是中国历史上的一个转折点，中国共产党取得政权，而国民党败退台湾。从中华人民共和国的角度看，中华民国已不复存在，台湾只是一个省份，不属于、也不能属于各国际体育协会或者奥运大家庭。

共产党人在掌权之初对奥运会没有多少了解，不知道中国已经身为奥林匹克运动的成员国多年，甚至还不清楚国际奥委会三位中国委员中的董守义选择在 1949 年之后留在大陆。[2] 共产党的领导人忙于巩固政权、建设国家，还有抗美援朝，没有留意到1952 年赫尔辛基奥运会的举行。要不是苏联介入，中华人民共

---

〔1〕 *NYT*, July 21, 1920, 23.
〔2〕 另外两个委员王正廷和孔祥熙决定离开，前者在 1949 年后在香港生活，而后者则在美国。

和国可能要过很久才会考虑奥林匹克运动或者奥运会。在这件事情上，北京受惠于苏联，苏方促使北京及早加入其中（虽然它的代表团很晚才参加比赛，正如我们将看到的）。

在北京连体育委员会都没有设立的时候，政府也已经通过中国新民主主义青年团来组织体育活动。直到出席了 1952 年的赫尔辛基奥运会之后，新政府才在北京设立一个单独的体育联合会。中国共青团的代表在从芬兰回国后，就中国出席赫尔辛基奥运会为刘少奇准备了一份报告，建议北京成立一个部级体育委员会，由副总理或其他高级领导人主持。这个建议获得接受，军事领导人贺龙后来领衔体委。[1]

为什么苏联对北京加入奥林匹克感兴趣？因为国际政治。第二次世界大战之后，苏联一改过去拒绝参加腐败的资本主义体育赛事的姿态，决定全面加入竞赛，以彰显苏联政治体系和社会所具有的优越性。1950 年，苏联的官方体育组织被国际奥委会认可为国家奥委会，1952 年赫尔辛基赛事成为了苏联首次出席的奥运会。

苏联加入奥林匹克运动对体育和国际政治都有重要意义。1952—1972 年担任国际奥委会主席的艾弗里·布伦戴奇（Avery Brundage）在他没有出版的回忆录中写道："苏联人 40 年来第一次参赛——这庞大且组织良好的苏联代表团以其出色表现让世界震惊。"[2] 其运动员的表现在国内也颇受重视，1953 年一份俄文

---

〔1〕 北京的国家奥委会直到 1952 年 11 月才成立。有关赫尔辛基奥运会对北京想法的影响见派往参加 1952 年奥运会的中国代表团于 1952 年 8 月 21 日向中共中央所作的报告，收于荣高棠，《荣高棠体育文论选》，5－8。并见李烈，《贺龙年谱》，519－520。

〔2〕 *Brundage draft memoir*, chapter 11, ABC, box 250, reel 244.

报纸的社评表达了苏联人对 1952 年赫尔辛基奥运会的喜悦之情，声言：“苏联人民已经做好打开大门的准备……来自世界各地的所有运动员之间的铁幕将被掀开。”布伦戴奇也提到：“铁幕首先被掀开的地方应该在体育赛场上，这不是没有国际性意义的——也是对坚不可摧的奥林匹克理念的力量的一个伟大贡献。”[1]布伦戴奇没有意识到，苏联加入奥林匹克运动，及其随之推动北京成为奥运大家庭成员的行动，会迫使国际奥委会在自己和北京本身的体育组织都没准备好的情况下处理“两个中国”问题。苏联完全有理由表示其与中国新生共产主义政权团结一致，并使之成为冷战思维下的一个亲密盟友。

苏联人似乎在 1951 年引发了北京对奥林匹克运动的注意。深受苏联政治和外交影响的 1952 年奥运会主办城市赫尔辛基通知北京外交部，东道主芬兰希望中华人民共和国能参加由它举办的奥运会。芬兰对北京参赛的热情使国际奥委会主席西格弗里德·埃德斯特隆（J. Sigfrid Edstroem）感到不安，他不想卷入复杂的中国事务中。[2]

北京起初对世界体育不大熟悉，没把芬兰的邀请放在眼内。[3]但苏联在第二年就此强烈敦促，使北京终于行动起来。1952 年 2 月 2 日，苏联大使到北京紧急要求北京决定是否派代表团参加 1952 年奥运会，以及新中国是否加入奥林匹克运动并出

〔1〕 *Brundage draft memoir*, chapter 11, ABC, box 250, reel 244, 7–8。

〔2〕 Edström to Otto Mayer, March 24, 1952, IOC Archives, République Populaire de Chine, correspondence, 1924—1958.

〔3〕 有关此事的内部讨论详见 Fan Hong and Xiong Xiaozheng, "Communist China", 320–327。

席 1952 年 2 月 15 日举行的国际奥委会会议。苏联大使促请北京立刻答复。中国新民主主义青年团中央书记冯文彬会见苏联大使后，当天给周恩来总理写了一份关于中国参加 1952 年奥运会可行性的报告。这份最近才向学界公开的报告阐述了苏联人要求冯文彬就中国参加奥运会的态度知会苏联大使馆，说苏联有这样一个印象，北京不是奥运大家庭的成员，台湾才是。大使提醒北京参加奥林匹克是一次重要政治任务，甚至提出苏联政府愿意训练中国运动员，从而使苏联和中国运动员能够一起出战奥运会。

整个 50 年代，北京的官方政策大部分时候都是向苏联学习的，因此这个来自"老大哥"的要求和建议有着很重的分量。所以接到冯文彬的报告后，周恩来马上在 2 月 4 日接见他，一起商讨奥运会的事，随后在冯的报告上作出批语，当天递交刘少奇。周恩来告诉刘少奇，根据他和冯文彬的讨论，他认为北京应该以中华全国体育总会的名义向国际奥委会发一封电报，声明台湾不能在奥运大家庭中代表中国。他建议向国际奥委会提出要求，允许北京参加 2 月举行的会议并出席奥运会。周恩来还告诉刘少奇，由于限期将到，这份电报已经发出。在没有了解中国过去参加奥林匹克运动历史的情况下，这份电报发到国际奥委会，声称北京刚刚组成了国家奥委会，并要求国际奥委会认可，以便北京能够参加 1952 年奥运会。周恩来进一步向刘少奇汇报说："估计如（国际奥委会）二月会议拒绝我方参加，则七月比赛即可不去，免与蒋匪组织碰面；如二月会议邀请我们而拒绝蒋匪组织参加，则政治对我有利，且比赛地点在赫尔辛基，可以参加。即使我比赛的几样成绩差，也不甚要紧。"刘很快就同意了周恩来的建议。[1]

这份详细陈述了北京最早对奥林匹克运动和 1952 年奥运会产生兴趣背后因由的报告，也就表明北京决定通过奥运大家庭和奥运会的成员资格来打响争取国际合法资格认可的第一场战役。

一旦做出决定，北京就行动起来，且迅速而果断。正如国际奥委会主席埃德斯特隆 1952 年 6 月所写："共产党中国的组织机构正想尽办法参加赫尔辛基奥运会。"[2] 中国驻芬兰大使耿飙亲自确认北京的电报在 2 月 5 日发送到国际奥委会。中国甚至派其在斯德哥尔摩的外交人员就北京的成员资格和 1952 年奥运会邀请的事，亲自探访埃德斯特隆。盛之白在 2 月 13 日国际奥委会的奥斯陆会议上向埃德斯特隆做了陈述，提出中华全国体育总会代表六亿人民，应被视作中国唯一适合参加奥林匹克运动的组织。他进一步要求国际奥委会立即开除王正廷和孔祥熙，因为他们不能代表中国，却有中国的国际奥委会委员的身份，他还要求取消对台北的认可。但是埃德斯特隆已经从北京外交人员那儿听了很多这样的话，于是打断了盛之白。他说："亲爱的先生，您既没资格也没权力去给国际奥委会下命令和要求！"[3]

但在这件事上，国际奥委会认为，中华人民共和国的强力介入带有体育政治化倾向。此外，中国政府对国际奥委会委员董守

---

〔1〕 "对中国是否参加第十五届国际奥林匹克运动会问题的批语"，1952 年 2 月，收入中共中央文献研究室和中央档案馆，《建国以来刘少奇文稿》4：4 - 5。并见中共中央文献研究室，《周恩来年谱》1：214。

〔2〕 Edström to R. M. Ritter［honorary secretary of FINA］，June 6, 1952, IOC Archives, épublique Populaire de Chine, correspondence, 1924—1958.

〔3〕 详见 IOC Archives, Minutes of the Forty-sixth IOC Session, Oslo, ebruary 12 - 13, 1952。

义及其原有身份没有重视，因而没有任用他去和国际奥委会沟通。[1] 后来，还是董守义主动和中国政府联系的。[2] 要是中国了解国际奥委会的规则和奥林匹克原则，直接让董守义去联系，它和国际奥委会的第一次官方接触或许就少了许多风波。真那样，董守义就可以参加国际奥委会在那年2月份举行的第一轮会议——时间恰到好处，因为原国民党高官王正廷和孔祥熙在国民党于内战中被击败之后感到没有面子去赫尔辛基参加会议。

芬兰的一位国际奥委会委员艾力克·冯·弗伦克尔（Erik von Frenckell）通知其他委员，中国驻赫尔辛基大使联系了他，问为什么北京还没有接到参加1952年奥运会的邀请。弗伦克尔建议国际奥委会会议在6月1日参赛申请最后限期前就中国的事做出决定。即将在这年出任国际奥委会主席的艾弗里·布伦戴奇声明大会在做决定前必须先和三位中国委员取得联系，然而由于中国内战激烈，三位委员都在1948年后就与国际奥委会失去了联系。

情况逐渐明朗化。台湾方面有传言说唯一留在大陆的国际奥委会委员董守义已经身故。[3] 然而埃德斯特隆在与盛之白的会面中问及董守义时，却被盛告知他还健在。"他的位子在赫尔辛基这儿。"[4]

由于国际奥委会规定运动员只有归属于一个国际体育组织才

〔1〕 本论详见华智，《凤愿——董守义传》，114。

〔2〕 同上，113。

〔3〕 IOC Archives, Minutes of the Forty-sixth IOC Session.

〔4〕 IOC Archives, République Populaire de Chine, juridique, 1947—1975, folder Peking: 1952—1958.

有资格参加奥运会，于是中国采取一个新策略：1952年4月，劝说国际游泳联合会接纳中华全国体育总会为成员，声言总会是之前的中国体育组织的延续，并愿意支付1949年以来的会费欠款。[1] 对中国之前有成员资格的其他国际体育组织，包括五项全能、体操、冰球、滑冰、排球和足球等组织，中国也采取同样办法。

如果北京做好准备工作，并首先派董守义出面，那么所谓"谁能代表中国"问题就会容易解决得多。然而当初中国政府对一些具体规则缺乏了解，使简单的体育事务变成了一件复杂的政治事件，以致使北京和国际奥委会关系变得紧张。埃德斯特隆在1952年6月17日致中华全国体育总会的电报中说，北京的奥委会仍未得到认可，赫尔辛基之行"没有用处"。[2] 他在7月8日向中国体育官员荣高棠发了另一封电报，告诉他国际奥委会决定不让中国运动员"在问题解决之前参赛"，还让荣高棠告知董守义，"强烈希望"他到赫尔辛基来。[3]

尽管埃德斯特隆态度强硬，中国还是下决心参加奥运会，并派董守义去参加该月底的国际奥委会赫尔辛基会议。当董守义带着一名翻译出现在会议上时，埃德斯特隆让翻译离场，因为根据国际奥委会规定，翻译是不能参加其会议的。翻译说董守义只

〔1〕 R. M. Ritter〔honorary secretary of FINA〕to Edström, June 9, 1952, and Ritter to the All-China Athletic Federation, April 25, 1952, IOC Archives, République Populaire de Chine, correspondence, 1924—1958.

〔2〕 IOC Archives, République Populaire de Chine, juridique, 1947—1975, folder Peking: 1952—1958.

〔3〕 同上。

会说中文，拒绝离去。根据当时在场的人的话，埃德斯特隆用他的手杖猛扣桌子，冷冰冰地说："你在说谎。还在 1948 年，我和他就可以毫无障碍地用英语谈话！赶快离开会议室！"翻译于是带着董守义一起离开。但新当选的苏联委员康斯坦丁·安德里亚诺夫（Konstantin Andrianov）在 1951 年国际奥委会维也纳会议上带翻译出席会议（因为他不像委员资格所要求的，会说英语或法语），却没有受到来自国际奥委会的抗议，这也是事实。直到 1954 年 5 月雅典会议召开时，国际奥委会才决定新当选委员一定要能说流利的法语或者英语。[1] 无论如何，这次董守义的出现对国际奥委会来说几乎没用，因为他没法参与解决关于中国参赛要求的种种问题。

在 1952 年 7 月的赫尔辛基会议上，埃德斯特隆提醒各委员说，中国的运动员正在列宁格勒等待邀请。[2] 面对要迅速作出决定的压力，国际奥委会执行委员会打算既不接受台湾，也不接受北京参加 1952 年奥运会。这显然是一个回避且意义不大的做法，正如艾力克·冯·弗伦克尔指出的，台湾的奥委会已经获得认可，因此不可能将台湾排除在奥运会之外。弗伦克尔提出建议，即让"北京和台北"的运动员都参赛。终于，国际奥委会先将北京的成员身份问题搁置起来，以 29 比 22 的票数通过让两队同时参加赫尔辛基奥运会。7 月 18 日，即赫尔辛基奥运开幕的前一天，国际奥委会向北京和台湾同时发出了邀请。

---

〔1〕 不过，新规定允许不熟悉这些语言的现有委员带翻译来协助，换句话说，国际奥委会在和北京进行第一次接触之后，找借口来惩罚北京，这样做并不能提高委员会的公信力。

〔2〕 IOC Archives, Minutes of the Forty-seventh IOC Session, Helsinki, July 16 – 27, 1952.

新成立的中华人民共和国政府很快明白到奥运会对其政治合法地位的重要性，以让人惊异的速度作出行动。在国际奥委会最终亮起绿灯时，共和国的三位最高领导人毛泽东、刘少奇和周恩来立刻批准了决定（虽然该决定直到 7 月 23 日北京得知台湾不会参赛时才公布）。7 月 24 日深夜，周恩来与代表团领导人会谈并告诉他们："在（赫尔辛基）奥运会升起五星红旗，就是胜利。去迟了不是我们的责任。"[1] 代表团 7 月 25 日出发去芬兰，7 月 29 日到达赫尔辛基，这时已是闭幕式的前一天。所有比赛都错过了，只有一名游泳选手参加了初级阶段的比赛，但没有成功进入第二轮。[2] 即便如此，北京还是参与了奥运会的一些文化项目。周恩来观看了将在赫尔辛基进行表演的中国杂技团的彩排，他告诉杂技团的演员，他们是中国的国宝，希望他们能为祖国增光。[3]

北京对奥运会和奥林匹克运动的根本兴趣所在是在国际舞台上获得政治合法地位，在当时西方国家承认台湾当局的情况下，苏联人也充分认识到，赫尔辛基奥运会是一个重要的平台。只要到场，让五星红旗与其他国家的国旗一起飘扬，就是北京新政府的一次胜利。[4]

再者，北京通过将一只脚踏入 1952 年奥运，又一次迫使国际奥委会着手处理"谁代表中国"问题。1952 年 8 月 3 日中国

---

〔1〕 华智，《凤愿——董守义传》，118 - 119。
〔2〕 "对中国是否参加第十五届国际奥林匹克运动会问题的批语"4：4 - 5；并见中共中央文献研究室，《周恩来年谱》1：214。
〔3〕 中共中央文献研究室，《周恩来年谱》1：250。
〔4〕 梁丽娟，《何振梁》，19，27。

代表团离开赫尔辛基当天，中国政府迅速以中华全国体育总会副主席及秘书长荣高棠的名义给国际奥委会秘书长奥托·迈耶发电报，声明："中华全国体育总会是通过重组已获得国际奥林匹克委员会认可的中华全国体育协进会而成立的。它是中华人民共和国唯一合法的业余体育组织，并实施全国体育运动的管理。根据这些事实，中华全国体育总会理所当然地应该被认可为中国奥林匹克委员会。"荣高棠对国际奥委会邀请台湾参加1952年奥运表示愤怒：

> 我不得不代表中华全国体育总会（中国奥林匹克委员会）对这种完全违背国际奥林匹克运动会精神和特色的决定提出抗议。为了维护国际奥林匹克委员会的尊严和规章制度，我坚决要求对在台湾残余的国民党的体育组织和代表进行抵制……从国际奥林匹克委员会、国际奥林匹克运动会和相关体育组织中驱逐出去。我同时要求中华全国体育总会作为中国的奥林匹克委员会在所有国际奥林匹克机构和组织中被授予合法地位。[1]

荣高棠在1954年4月9日以中国奥委会副主席和秘书长的名义发给国际奥委会主席布伦戴奇一封信，再次要求国际奥委会在其即将于5月14日举行的雅典会议上，正式承认中国奥委会。1954年，国际奥委会以23票赞成、21票反对、3票弃权的投票

---

〔1〕 Rong Gaotang to Otto Mayer, August 3, 1952, IOC Archives, République Populaire de Chine, correspondence, 1924—1958.

结果通过正式承认中华全国体育总会为中国的官方奥林匹克委员会。[1] 5 月 26 日，国际奥委会秘书长奥托·迈耶将这个决定通知北京。迈耶写道："我们以最大的热情欢迎你们加入我们的奥运大家庭，并预先感谢你们在贵国对奥林匹克运动的配合。"[2] 北京再次从国际奥运会实现了自己的诉求。

中国或许在 1952 年赫尔辛基奥运上打赢了"谁能代表中国"的第一场战役，但在 1956 年却出现了问题。1956 年奥运会举行前，北京不但宣布参赛，而且敦促其运动员加紧准备。在《人民日报》9 月 2 日头版发表题为《到奥林匹克运动会去》的社论，号召中国运动员做好准备，并"在第十六届奥林匹克运动会上为祖国的荣誉而赢得胜利"。同版的另一篇文章声称中国政府欢迎来自香港和台湾的运动员加入中国奥运代表团。因为台湾仍然是奥运大家庭的成员，北京打算抢先到达澳大利亚，希望台湾当局会因为看到中国大陆的代表团已经在此而放弃参赛。但当北京代表团抵达时，台湾代表团已经入住了奥运村，它的旗帜正在飘扬。中国大陆向组委会和国际奥委会提出抗议，但徒劳无功，于是决定撤离奥运会。[3]

从 1954 年到 1958 年，台湾和北京都声称在奥林匹克大家庭中代表"中国"。在阻止台湾参加 1956 年奥运会失败之后，北京逐渐得出结论：国际奥委会、尤其是它的主席——美国人艾弗

〔1〕 IOC Archives, Minutes of the IOC Session, Athens, 1954.

〔2〕 IOC Archives, République Populaire de Chine, correspondence, 1924—1958.

〔3〕 梁丽娟，《何振梁》，32；Brundage to T. J. Mathews, *Harvard Crimson*, November 16, 1966, IOC Archives, République Populaire de Chine, juridica, 1947—1975, folder Peking: 1952—1958, protestations/soutiens, 1956—1966.

里·布伦戴奇对北京怀有恶意，并且支持台湾继续留在奥委会。
于是北京在 1957 年通过董守义（以国际奥委会委员身份作为其
在中华人民共和国的大使角色，而不是反过来）升级了对国际奥
委会的批评。在 12 月下旬，董守义给布伦戴奇写信说国际奥委
会"应该承认中国只有一个奥林匹克委员会，（而）那应该是中
华全国体育总会"。在 1958 年 4 月 23 日写给布伦戴奇的另一封
信上，董守义或以他的名义的官员表达了对布伦戴奇在谈论台湾
时"许多不友好和歪曲评论"的"愤怒"。布伦戴奇将 4 月 23
日的信称为"侮辱性的"，并要求董守义辞去国际奥委会委员职
务。他写道："你身为国际奥委会委员，却不顾自己的职责，企
图利用一切机会提出政治问题，假如你继续违背我们宪章的文字
和精神的话，那么唯一的办法就是要求你辞职。"[1]

　　就这样，北京和国际奥委会之间的争论变得没有回头之路。
根据权威消息来源，1958 年 6 月 28 日，总理周恩来与贺龙、陈
毅和其他外交部及全国体育管理部门的官员会谈，讨论体育和对
外关系问题。[2] 1958 年 8 月 19 日，董守义"极其愤怒地"回复
布伦戴奇，称他的态度"完全表明你是一个蓄意为美帝国主义制
造'两个中国'政治阴谋效劳的忠实走卒"，并且说："像你这
样玷污奥林匹克精神，破坏奥林匹克宪章的人已经没有任何资格
担任国际奥委会主席……今天的国际奥委会操纵在像你这样一个
帝国主义分子手中，奥林匹克精神已经被践踏无遗。为了维护奥

　　〔1〕　Brundage to Dong, June 1, 1958, in IOC Archives, République Populaire de Chine, ju-
ridique, 1947—1975, folder Peking: 1952—1958.
　　〔2〕　中共中央文献研究室，《周恩来年谱》2：149。

林匹克的精神和传统，我正式声明拒绝同你合作，拒绝同你所把持的国际奥委会发生任何联系。"[1]

同一天，董守义宣布辞职，北京正式断绝与奥林匹克运动的关系。中国奥委会由秘书长张联华署名的、写给奥托·迈耶的短信说："国际奥委会承认在台湾的、所谓的'中华全国体育促进会'，这一做法是非法的，我们提出严正的抗议"，并且北京将"不再承认国际奥委会"。这份声明再次谴责布伦戴奇的反华立场，并把他的态度与美国政府对中国的敌对立场联系起来。[2]

在邓小平的直接指示下，中国国家体育运动委员会决定立即退出 11 个接受台湾为成员的国际体育组织。[3] 1958 年 8 月 15 日，中国国家体育运动委员会的常委会甚至修改了章程，删去"中国奥林匹克委员会"和"中国运动员参加奥运会"的字眼。[4] 这一动作清楚表明北京在 8 月 19 日正式给国际奥委会发信前，已经决定退出国际奥林匹克运动。

国际奥委会意识到它要解释与中国之间所发生的事情。1958 年 9 月 5 日，秘书长奥托·迈耶向所有委员、国家奥委会和媒体发了一封信，重申布伦戴奇的理由，声称北京"似乎不明白国际奥林匹克委员会不承认政府，而只承认体育组织（它既不承认也不否认已被认定国家的政府，只要其体育组织遵守奥林匹克规则），而各项规则的最重要关注点在于防止政治干预的必要性。

---

[1] IOC Archives, République Populaire de Chine, juridique, 1947—1975, folder Peking: 1952—1958.

[2] 同上，并见 Chi-wen Shih, *Sports Go Forward in China*, 52 – 53。

[3] 梁丽娟，《何振梁》，34。

[4] 国家体委政策研究室，《体育运动文件选编（1949—1981）》，175。

很遗憾，这些原则在中国没有得到更好的理解。"[1]

　　双方似乎都确信错在对方。然而，中国退出奥林匹克运动是对国际奥委会声誉和奥林匹克理想的一个重大打击，导致了中国与国际奥委会一场持续超过二十多年的隔绝。

### 谁代表中国？　台北的立场

　　台湾之所以能成功留在奥林匹克大家庭，与冷战国际政治有很大关系，这要远胜于它自己的政策的效力。直到 20 世纪 70 年代，大部分西方国家在外交上都宁愿承认台北而不是北京，这为台湾在国际奥委会中创造了优势。无论如何，台湾直到 1971 年都在联合国中"代表中国"。

　　台北也有过几次行动，其中一个是声称其政治合法性直接扎根于中华民国，中华民国成立于 1912 年并从 1922 年起就是奥林匹克大家庭的成员。此外，当国民党逃离大陆后，台北立刻通知国际奥委会说中国奥委会的地址迁到了台湾。这些策略帮助台北继续留为奥林匹克大家庭的一个成员。[2]

　　即使有种种优势，台湾当局在讨论其会员身份的时候也犯了好些错误，其中一个大错就是对 1952 年奥运会的处理。当时台湾当局打算派运动员参加这次奥运，从 1951 年就开始为比赛做准备，当年 3 月拨出 38 万新台币用于选拔和培训运动员。然而在 1951 年 5 月 10 日，跟随国民党到台湾的体育界元老郝更生建

---

〔1〕　IOC Archives, République Populaire de Chine, correspondence, 1924—1958.
〔2〕　台湾在 20 世纪 50 代早期与国际奥委会的关系详见郝更生，《郝更生回忆录》，40 - 54, 72 - 95。

议台湾不要参加赫尔辛基奥运会。他担心即将首次参加奥运会的苏联会借大会来对抗台湾。郝更生因消息闭塞而作出的建议在高层引起动摇。当台北得知北京获邀出席奥运会时，受"汉贼不两立"思想的影响，坚决不参加奥运会的决定得以强化。换句话说，"没有两个中国"的基本事实上已经潜藏在台北此时的思维方式中，（这比中国大陆采取这一立场并以此为由退出国际奥林匹克运动二十多年要早得多）[1] 台北的奥委会 1952 年 7 月 19 日在给国际奥委会主席埃德斯特隆的正式信函中写道："根据中国国家奥委会作为中国唯一合法和被认可的国家奥林匹克委员会的权利和立场，作为对国际奥林匹克委员会 1952 年 7 月 17 日全体会议采纳方案的抗议，我恳切地通知您，我们已经决定退出参与 1952 年赫尔辛基奥运会。"这封信先由郝更生签署，后来台湾地区奥委会主席也签了名[2] 台湾的奥委会在其正式声明中对国际奥委会允许中国大陆参加 1952 年奥运会提出抗议，称之为"不合法，因其同意没有加入中国奥林匹克委员会——中国唯一合法的、且被承认多年的全国奥林匹克委员会——的比赛选手参赛。"[3] 然而，台湾不参加赫尔辛基奥运会的决定让北京不受挑

---

〔1〕 台湾体育界著名学者和官员汤铭新后来称，台湾退出 1952 年奥运会以及后来在 1960 年罗马奥运会上将"UNDER PROTEST"条幅置于代表团队伍前是错误的策略，因为两者都不能帮助台湾以"中华民国"名义留在奥林匹克运动中。见汤铭新，《汤铭新先生访问记录》，176 – 177。

〔2〕 中国国家奥委会宣布退出 1952 年赫尔辛基第十届奥委会的声明，July 17, 1952, in Hao Gengsheng to Edström, July 19, 1952, IOC Archives, République Populaire de Chine, histoire, 1952—1986。

〔3〕 ABC, box 201, reel 116.

战地踏进国际体育界的大门，作出首次亮相。[1]（正如此后将解释的，国际奥委会就参加 1952 年奥运会的问题给台湾发出的混乱信号，也影响到台湾作出不参加比赛的决定。[2]）

台北的另一个失误在于没有就其在国际奥委会的两位代表孔祥熙和王正廷采取行动，以致他们长期没有积极参与国际奥委会事务，面临被迫辞职的境地。孔祥熙从 1939 年起就担任国际奥委会委员，却从来没有出席过它的会议。因为委员在理论上由国际奥委会自行选出，并作为派到他们所在国的奥林匹克大使发挥作用，所以委员个人的言论会通过其国家奥委会产生一定的影响。台北如果在会议桌上多发声音，或许会在与北京的成员地位争斗中受益。明显偏向台湾的布伦戴奇在赫尔辛基奥运会之前就向郝更生提出过忠告："现在台湾的要务在于在赫尔辛基有自己的代表，准备好为获得各个国际体育联会和国际奥委会的认可而大斗一场。这个事态很严重。"[3] 然而，在台湾与中国大陆就奥运大家庭成员资格的关键外交交锋中，孔祥熙的唯一贡献只是在 1952 年 2 月 29 日给奥托·迈耶写了一封信，抗议国际奥委会承认中华全国体育总会，"因为这违反了国际奥林匹克委员会申明的关于国家奥林匹克委员会必须隶属于国际奥委会的规则。"孔

---

〔1〕 郝更生在 1952 年 7 月 19 日正式通知埃德斯特隆，台湾退出本次奥运会。见 IOC Archives, République Populaire de Chine, juridique, 1947—1975, folder Taiwan：1951—1964. 郝更生在回忆录中并没有提及这个战略失误，详见《郝更生回忆录》, 40 - 54。

〔2〕 在台湾退赛以抗议北京参赛之后，郝更生于 1952 年 7 月 31 日写了一封充满怒气的信给埃德斯特隆，指责他无权向台湾发送 6 月 16 日 "'你们不应出席'这样粗鲁傲慢的"电文。IOC Archives, République Populaire de Chine, juridique, 1947—1975, folder Taiwan：1951—1964. 并见 "Hao to Brundage, personal and confidential", ABC, box 120, reel 66。

〔3〕 Brundage to Hao Gengsheng, June 17, 1952, ABC, box 120, reel 66.

祥熙认为："我相信，在台湾的中国奥林匹克委员会仍然存在，而且在运转。"[1]

布伦戴奇继续催促台湾行动。1954年4月22日，他发越洋电报给郝更生，直白地告诉他"最重要的是您要在雅典有人。王（正廷）和孔（祥熙）根据规章都属违纪，由于经常缺席而终将丧失（他们的）委员资格。"[2] 但这些警告和劝说都付诸东流。1955年，在国际奥委会的催促下，孔祥熙最后在6月24日向布伦戴奇递信请辞。[3] 王正廷虽然比孔祥熙更多地参与了国际奥委会的事务，但在1948年伦敦奥运会之后也很少出席其会议和其他活动。他在1954年向布伦戴奇提交辞职信，之后又变卦，但还是在1957年最终辞职。[4] 换句话说，在这几个关键发展过程中，台湾并没有活跃的国际奥委会委员，而中国大陆的董守义却积极地争取中华人民共和国的权益。

即使冷战政治——还有极其偏向台湾的布伦戴奇的鼓吹——帮助台湾在北京因1958年退出奥林匹克运动而使"谁能代表中国"问题成为世界新闻时留在奥运大家庭，国际奥委会还是要就台湾的成员资格采取行动。在1959年慕尼黑会议上，来自苏联的国际奥委会委员要求在台湾的奥委会改名，理由是"这个国家奥委会不可能管理中国大陆的体育事务"。国际奥委会认为这个主张有道理，要台北着手取新名："设在台北（台湾）的中国国家奥林匹克委员会，将会收到国际奥林匹克委员会秘书长的通

---

[1] ABC, box 120, reel 66.

[2] 同上。

[3] 同上。

[4] IOC to Brundage, May 3, 1954. ABC, box 120, reel 66.

知，指出它不能继续以这个名称获得认可，因为它不能管理中国这个国家的体育事务，而这一名称将会从官方名单中除去。如果以别的名称获得认可的申请递交上来，国际奥林匹克委员会将会予以考虑。"[1]

然而，国际奥委会坚持要在台湾的奥委会改名的立场在美国受到了主流媒体、政客和大众的强烈批评。《纽约时报》（*New York Times*）就此话题发了好几篇社论，其中一篇写道："通过将台湾驱逐出国际奥委会——并最终取消参加奥林匹克资格——这个委员会向最粗鲁的政治勒索屈服。"社论将国际奥委会的决定称为不仅是政治性的，而且"懦弱、含糊、可耻……台湾'不再代表中国整个国家的体育'的想法为一个直率的美国人所不齿。"[2] 哥伦比亚大学著名中国问题专家威廉·西奥多·德·巴利（William Theodore de Bary）也为此感到沮丧，他给布伦戴奇写信说："我同意《纽约时报》5 月 30 日社论的观点……除非这个开除的决定被撤回，不然奥林匹克将不再代表任何有价值的体育运动，而美国人民应收回对它的支持。"[3]

美国政府也受到压力而有所行动。在台湾将国际奥委会的做法称之为"背叛"时，美国国务院声称国际奥委会的决定是"一个明显的政治犯罪行为"。美国众议院一致投票通过，"如果任何自由国家被阻止参赛的话"，将收回拨给加州举行 1960 年冬季奥运会的 40 万美元专款。纽约州议员多尔恩（F. E. Dorn）

---

〔1〕 Lyberg, *Fabulous One Hundred Years of the IOC*, 113 – 114.

〔2〕 "China and the Olympics", editorial, *NYT*, May 30, 1959.

〔3〕 Wm. de Bary to Brundage, June 8, 1959, ABC, box 121, reel 67.

呼吁，如果台湾被阻止参加奥运会的话，美国就退出奥林匹克运动。[1] 总统德怀特·艾森豪威尔（Dwight Eisenhower）谴责国际奥委会的政治举动，而美国民众发出的抗议信如潮水般涌来。

布伦戴奇处于极大的压力之下，他自己草草写下："人人都有行动。"后来又写道："这个国家似乎掀起一种前所未有一边倒的狂热情绪。"他感到自己很孤独，"面对一亿七千五百万被消息误导的人民"。[2] 可怜的布伦戴奇唯一能做的就是发出他的标准回答："亲爱的先生或女士：显然，你们被消息误导了。"然后解释，台湾既没受到错误对待，也未被逐出奥林匹克运动。"国际奥委会只是让台湾为自己挑一个更合理的名号。"[3]

在这场文字战争中，政治有显著的影响。《基督教科学箴言报》（The Christian Science Monitor）一篇社评指出："现在因国际奥林匹克委员会撤销对台湾的承认而激发的怒气稍有平息，这或许有助于看清奥林匹克精神在多大程度上受到政治的蹂躏，无论在东方还是西方。"在国际奥委会就台湾的决定引起的热烈政治骂战中，美国以外的媒体似乎对情况有更透彻的理解。《曼彻斯特卫报》（Manchester Guardian）在1959年6月11日写道："问：政治什么时候才是非政治性的？答：当它是你的政治的时候。质疑你组织的纯洁性的人总是派别鲜明的其他人。"根据这篇文章的观点，这正是当国际奥委会声明，因为台湾"不能管治整个中国的体育"，所以它的奥委会不再被认可为中国奥林匹克委员会，

〔1〕 86th Cong. , 1st sess. , H. Cong. Res. 191, June 2, 1959.

〔2〕 Guttmann, *The Games Must Go On*, 149.

〔3〕 参见其1959年7月31日的信，收于 IOC Archives, République Populaire de Chine, juridique, 1947—1975, folder protestations/soutiens: 1956—1966。

这是"对大部分人来说很明显"的事实，也是许多美国政客表示愤怒的原因。作者评论："让美国之外的人颇为费解的是，忠于你的盟友而不是政治，但是承认一个在台湾岛上的、不可能从大陆派出任何运动员的委员会却是政治。"

虽然来自美国的强烈责骂让国际奥委会只有招架之功，它仍不得不为台湾的奥委会找个合适的名字。台湾应该在奥运大家庭中使用什么名称引起了热烈的争论，在 1960 年旧金山会议上，国际奥委会委员乔治·瓦尔加斯（Jorge Vargas）提议："为什么不把'中国'和'台湾'放到一起，就叫中国台北奥林匹克委员会?"可惜，国际奥委会用了 19 年时间才明白这一提议有多明智，用了 20 年才在蒙特维的奥采用这精确的名字去解开长期的僵局。

国际奥委会一如既往地能力不济，直到 1960 年罗马奥运会即将举行前才为台北的奥委会定出新名称。当时罗马组委会已经根据国际奥委会的要求将"中华民国"一名印入了所有文件和单张中，因此它对要改用"台湾"一名非常恼怒。组委会告知国际奥委会不可能重印所有文件，但是如果国际奥委会在会议记录中写清楚改名是如何在最后一刻实施的，它可以接受改名。更糟糕的是，当国际奥委会会议就新名称进行投票时，两次都陷入了 25 票对 25 票的僵局。国际奥委会这时不得不做出一个决定，最终委员们同意台湾当局代表团在罗马奥运会中以"台湾"的名义参赛，但在将来可以按在台湾的奥委会请求，使用"中华民国奥委会"一名。[1]

就这样，来自台湾当局的运动员以"台湾"这个地理名称参加 1960 年罗马奥运会的比赛和列队游行，尽管台北认为这称号带有歧视性和不公平。包括蒋介石在内的国民党人决定让世界知道他们对这个决定的不满，台北代表团根据蒋介石的指示，在开幕式入场时队前打着"UNDER PROTEST（抗议中）"的字样。[2]

这一行为惹怒了国际奥委会。布伦戴奇和奥托·迈耶联合致信参加 1960 年奥运会的台北代表团，写道："我们认为你们的姿态不得体，具有政治化思维并且有损奥运会应有的尊严。我们觉得，你们在这样的行动中失去了世界运动员应有的凝聚力。我们不得不责备你们，对此我们感到很遗憾，但这样做是出于一个希望，即你们将来能明白，你们必须以你们有管辖权的地区的名字参赛，且具备更好的体育精神。"[3]

台湾和国际奥委会互相羞辱了一番，但名称问题依然未解决。[4] 郝更生在给国际奥委会的一封信中请求委员会在 1963 年巴登－巴登会议上考虑台湾将来出席奥运会的用名问题。他写道："在 105 个获认可的奥委会中，只有'中华民国'的委员会受到歧视和不公平对待，被迫使用一个……实质上不同于我们委

---

〔1〕　IOC Archives, Minutes of the Fifty-seventh IOC Session, 7.

〔2〕　详见张启雄，《1960 年前后中华民国对国际奥委会的会籍名称之争》，140 - 141。

〔3〕　Brundage and Mayer to the president of Taiwan's Olympic Committee, August 29, 1960, IOC Archives, République Populaire de Chine, juridique, 1947—1975, folder Taiwan：1951—1964.

〔4〕　有关台湾就罗马奥运会所用称号问题的官方讨论和反应详见张启雄，《1960 年前后中华民国对国际奥委会的会籍名称之争》，103 - 153。

员会所代表国家的名称。"台湾提议将它们正式名字的缩写
"ROC"作为其称号。[1] 布伦戴奇在巴登－巴登会议上竭力让台
北实现其愿望。印度的国际奥委会委员桑迪（G. D. Sondhi）
1963年12月9日写给台湾地区奥委会主席杨森的一封信中谈到：
"布伦戴奇先生以其独特而有力的方式帮助你们，你们应该感谢
他。在按你们希望修改你们国家名称的过程中有巨大的困
难。"[2] 最后，在1968年国际奥委会墨西哥城会议上，布伦戴
奇成功地将在台湾的奥委会定名为"中华民国奥林匹克委员
会"。[3]

在中华人民共和国成功进行"乒乓外交"以及在1971年恢
复联合国合法席位之后，台湾在国际奥林匹克运动中的境况变差

---

〔1〕 台湾藏东京奥运会档案，172－4/0135－4。
〔2〕 同上。
〔3〕 1968年10月24日，布伦戴奇通知台湾，根据国际奥委会在墨西哥年会上的决
定，"你们的奥委会将被称为'中华民国奥林匹克委员会'，并列在'China, R. O.'名
下"，决定在1968年11月1日起生效。这封信由布伦戴奇签署日期和名字。不可理喻的是，
布伦戴奇的继任者在1978年谈到"布伦戴奇先生的文件有记录国际奥委会如何认可台湾用
'中华民国'的名称，却因没有日期和署名而无效"。（见IOC Archives, Minutes of the IOC ex-
ecutive board meeting in Athens, May 13, 14, 16, and 18, 1978, 28.）也许基拉宁只是尽力掩
盖其前任留给国际奥委会的让人难堪的乱局。有关台湾的名号问题详见"国史馆"编，《徐
亨先生访谈录》，台北："国史馆"，1998年，49－87。并见Brundage to Yang Sen, October
24, 1968, IOC Archives, République Populaire de Chine, reconnaissance, 1968—1979, demande
de reconnaissance, 1968。

了。[1] 在第五章我们将详述的"乒乓外交"，是北京采取的外交攻势，促使许多国家在外交上承认中华人民共和国。徐亨是1970年由布伦戴奇以迂回手法、没经过执委会同意就选出的国际奥委会台湾委员，他在1972年4月3日一份给台湾当局的绝密报告中写到，台湾1972年之后在国际奥委会的地位"极其险恶"，因为亲台的布伦戴奇主席即将离任，没有他的呼吁，许多欧洲的国际奥委会委员倾向于将票投给中国大陆。[2] "应如何布置，以巩固我国在国际奥会之地位，实为当务之急……一旦容匪入会，则我参加国际体育活动，即受限制，甚至作友好访问比赛，亦难实现。其后果实不仅扼杀体育，甚且影响国民外交。"徐亨建议台湾当局快速果断行动，与韩国奥委会委员密切合作，并保证台湾当局在任何国际体育会议和集会中出现。在台湾的奥委会或许理解到徐亨所言之紧急，采纳了他的建议，成立了一个跨部门的高级别小组去处理国际体育事务。[3]

但是潮流似乎向不利于台湾的方向转化，即使日本等以前与台湾友好的国家也开始质疑台湾在奥林匹克运动中以代表中国的

---

[1] 甚至香港也向国际奥委会抱怨台湾。在布伦戴奇1966年9月9日给台湾的奥委会的信中写到，国际奥委会收到来自香港业余体育联合会和奥委会的许多严厉的批评，"反对你们的国家联会通过各种方法为他们的运动队伍招募生活在香港的中国人"。其中一个香港投诉指出，台湾人口是香港的两倍，应该有能力自己组队。"如果他们不能凭着自己的双脚自立，就要有勇气退出国际竞争。这种情况是最令人不满的……我想这种政策令国际奥委会及其规则为世人耻笑。"布伦戴奇同意该说法，警告该做法同时违背奥林匹克运动的精神和条文，并且说："我们认为，你们应该立刻着手通过你们的立宪联邦防止这些对奥林匹克规则的侵犯。"见 IOC Archives, République Populaire de Chine, reconnaissance, 1968—1979, demande de reconnaissance, 1968。

[2] 有关徐亨当选国际奥委会委员的内部资料见 Killanin and Rodda, *My Olympic Years*, 112。

[3] 台湾藏国际体育问题专组档案，172-3/4141。

成员身份出现的合法性。作为回应,国际奥委会台湾委员徐亨指出:"有些中华全国体育总会的支持者可能声称,中国只有一个,国际奥委会必须在'两个中国'之间作出选择。作为中国人,我为中国现在处于两个政府管治下的分裂状态的事实而悲哀。但我们是以体育界领导人而不是政客的身份聚到这里的,所以我们没法改变这生活中的政治现实。"[1]。

台北的地位在70年代后期进一步恶化。1978年5月,国际奥委会执委会决定着手解决"谁能代表中国"问题,派出一个代表团到北京和台北,目的在于劝说台湾在继续以独立被认可的成员身份留在奥林匹克大家庭的情况下,取一个北京可以接受的名称。国际奥委会主席"提醒委员们,如果台湾拒绝改名,国际奥委会将被迫执行中止机制"[2]。在经历了二十多年的僵局之后,新的国际形势发展促使双方通过妥协退让来解决这个问题。然而,人们还不清楚,为什么国际奥委会只有在外国迫使的情况下才着手真正有效地处理这一事务。

## 谁能代表中国? 国际奥委会的立场

国际奥委会在"谁能代表中国"的问题上也有难辞其咎之处。它在1951年走错了第一步,批准中国的国家奥委会地址由中国大陆改为台湾。当郝更生代表台湾的体育管理部门通知国际奥委会"中国奥林匹克委员会"的办公地址从南京迁到台北时,

---

〔1〕 IOC Archives, Minutes of the Seventy-sixth IOC Session, Lausanne, May 21 – 23, 1975, 54 – 56.

〔2〕 徐亨从1970年到1987年作为国际奥委会委员,谙熟台湾当局与国际奥委会有关其称号的谈判以及该组织的情况。见《徐亨先生访谈录》,49 – 87, 183 – 249。

国际奥委会的官僚没有考虑其中巨大的政治含义，就简单地把地址变迁记录在《奥林匹克月刊》（*Olympic Review*）上。直到后来，艾弗里·布伦戴奇才意识到这个错误，他评论道："这个（地址）更改被国际奥委会在洛桑的办公室作为单纯的日常事务记录在案，而没有考虑到其政治上的重要性。"[1] 公道地说，埃德斯特隆曾经就此提出过问题，他写道："我们要学会认识哪一个才适合成为中国的奥林匹克委员会，这是至关重要的。我们收到了来自'中华体育促进会'的信，地址是台湾新竹西门大街147号。这封来信声称是中国的国家奥林匹克委员会。"[2] 然而很可惜，在听到了王正廷和孔祥熙对在台湾的奥委会真实性的保证之后，他就没有再追究下去。[3] 正如埃德斯特隆对秘书长奥托·迈耶所言："我不想在这个中国人的问题上花更多的时间。"[4]

不管谁要为这次对地址变更的轻率处理负上责任，失误已经无法挽回。直到1952年6月，国际奥委会成员和1952年奥运会组委会主席艾力克·冯·弗伦克尔才向埃德斯特隆写信抗议对地址变更的处理方法，他指出："既没经过执委会也没经过全体会议的确认，就将中国奥林匹克委员会的地址从北京改为台湾是一

---

〔1〕 Brundage draft memoir.

〔2〕 J. Sigfrid Edström letter（没有收信人名称，估计是给国际奥委会在中国的委员的），May 30, 1951, IOC Archives, République Populaire de Chine, correspondence, 1924—1958。

〔3〕 Kong Xiangxi to Otto Mayer, May 16, 1952, IOC Archives, République Populaire de Chine, histoire, 1952—1986. 王正廷和孔祥熙尽管都是国际奥委会委员，但已经有很长时间没有积极参与其事务。

〔4〕 J. Sigfrid Edström to Otto Mayer, March 24, 1952, IOC Archives, République Populaire de Chine, correspondence, 1924—1958。

个错误。"他建议埃德斯特隆"让（国际奥委会）赫尔辛基全体会议解决"这个问题。[1] 然而，事情没有获得迅速的进展：埃德斯特隆的继任者艾弗里·布伦戴奇选择继续奉行埃德斯特隆的"不沾手"政策。正如布伦戴奇 1952 年给埃德斯特隆写道："中国人的情况真是最复杂和最困难的。就像你说的，不知该怎么做才好。"[2]

国际奥委会的这种消极态度使它又犯了另一个错误，即匆匆决定让北京和台北同时出席 1952 年奥运会。当北京提出参加奥运会的想法时，国际奥委会手足无措：北京新的体育管理部门不是正式的奥林匹克委员会，而台北声称其代表全中国。布伦戴奇在这个关键时刻告诉埃德斯特隆："我们所能做的最多就是认可两者（北京和台北），而这事我们当然地在处理德国问题时拒绝了。整个情况困难之极，我们这两个月不能不表个态，真是太糟糕了。"[3]

埃德斯特隆本打算既不让北京也不让台北参加赫尔辛基奥运会，并且在 6 月中用电报通知了双方。[4] 国际奥委会新当选主席布伦戴奇同意了这个决定，他写信给埃德斯特隆说："你处理中国问题时告知双方组织都没有到赫尔辛基参赛的资格，正如我之

〔1〕 Frenckell to Edström, June 19, 1952, IOC Archives, République Populaire de Chine, juridique 1947—1975, Helsinki 1952, Rome 1960.

〔2〕 Brundage to Edström, June 2, 1952, IOC Archives, République Populaire de Chine, correspondence, 1924—1958.

〔3〕 同上。

〔4〕 "Account of Exchange of Telegram between the President of the International Olympic Committee, J. Edström, and the All China Athletic Federation, Peking", IOC Archives, République Populaire de Chine, histoire, 1952—1986.

前信中所说，这个行动是正确的。"[1] 但埃德斯特隆还不至于天真到相信阻止两队参赛就解决问题，他在做个决定当天告诉奥托·迈耶："我们可能将与苏联代表团和铁幕后面的其他盟友就这件事在赫尔辛基大战一场。"[2]

事实上，来自各方的责备很快就袭来。冯·弗伦克尔对埃德斯特隆的决定提出抗议，告诉他："我们收到通知，国际足联、国际篮联和国际泳联（相应的国际体育联会）已经接受北京作为中国的代表。"[3] 事实上，在埃德斯特隆告诉北京和台湾不要来参赛之前，赫尔辛基组委会已经向双方发出了参加奥运会的邀请。

面对即将到来的奥运会和对他的强烈批评，埃德斯特隆请求国际奥委会在全体大会上在两个可能选择中投票：禁止任何中国队伍参赛，或者同意两队都参赛。第二个选项以 29 票对 22 票获得通过。然而，国际奥委会执委会却要求再就法国委员弗兰西斯·皮埃特里（Francois Pietri）的动议再进行一轮投票，皮埃特里要国际奥委会只允许来自于隶属于相应国际体育组织的全国性组织的运动员参赛。这个动议以 33 票对 20 票通过。为了避免在这次赛事中出现纠纷，刚取代退休的埃德斯特隆就任主席的布伦戴奇建议国际奥委会稍后再对北京和台北的国家奥委会进行认可工作。但即使有了这样的妥协，布伦戴奇自己也承认，这"打破

〔1〕 Brundage to Edström, July 3, 1952, IOC Archives, République Populaire de Chine, correspondence, 1924—1958.

〔2〕 Edström to Mayer, June 16, 1952, IOC Archives, République Populaire de Chine, juridique, 1947—1975/Helsinki 1952, Rome 1960.

〔3〕 Frenckell to Edström, June 19, 1952.

了我们本身的规矩……这么做是因为我们同情那些正在向赫尔辛基进发的运动员"。[1] 实际上,这一决定已经代表了完全推翻原有的决定,国际奥委会仿佛已经无计可施了。

总的来说,长期为国际奥委会工作的艾弗里·布伦戴奇要对委员会处理"谁能代表中国"事务上的一系列错误负责。布伦戴奇热爱中国艺术,自称为"老子的弟子"和"道教门徒",[2] 但他偏颇而旗帜鲜明的政治立场与道教徒的说法不相符。他因为自己的反共思想,而以国际奥委会主席的身份反对在奥林匹克运动中承认北京。他没做好沟通工作,而且似乎也没有把握好许多重要却又复杂的事务,例如哪一队应该代表中国。他与国际奥委会委员董守义之间的矛盾也卷入了许多个人因素。

布伦戴奇以其看上去不让体育受政治干预的决心而闻名。他不同意美国对于 1936 年柏林奥运会的抵制,也反对那些因为日本入侵中国而抵制 1940 年东京奥运会的人。[3] 在布伦戴奇看来,"面临来自世界各方的入侵,唯一能帮助中国的是教中国人过上运动不息的生活,这样他们就有强壮的体格去为自己打仗。"[4] 他在 1971 年 12 月 21 日为一份日本报纸所写的文章中提到:"随时欢迎中国的国家奥林匹克委员加入奥林匹克运动。当然,其中一个目标是让世界青年聚到一起——他们越早出现越好。但是,

---

〔1〕 IOC Archives, Minutes of the Forty-seventh IOC Session, Helsinki, July 16 – 27, 1952.

〔2〕 Guttmann, *The Games Must Go On*, 208.

〔3〕 日本最终放弃主办 1940 年东京奥运会,详见 Sandra Collins, " 'Samurai' Politics" and "Conflicts of 1930s Japanese Olympic Diplomacy in Universalizing the Olympic Movement"。

〔4〕 N. a., "Civilization May Be Saved by Athletes, by Brundage, American Olympic Committee," n. d. (possibly around 1938), ABC, box 249, reel 144.

将完全履行其奥林匹克责任并且状态良好的台湾委员会除名是毫无道理的。要记住，奥林匹克运动与政府无关，而仅仅考虑各个国家奥林匹克委员会。"[1]

既然布伦戴奇认为体育高于政治，那么在他领导下的国际奥委会就只能对50年代出现的中国问题按照所谓"奥林匹克原则"作出天真的反应。国际奥委会同时邀请北京和台北参加1952年奥运会，1954年同时准许两者成为奥林匹克大家庭成员，又同时批准两者参加1956年奥运会。布伦戴奇认为，既然民主德国与联邦德国、朝鲜和韩国都可以同时参与奥林匹克大家庭，北京和台湾也可以同样办法处理。

再者，布伦戴奇对德国人的认识也不准确，即使他们也对双重成员国身份有龃龉。例如当慕尼黑主办1972年奥运会时，联邦德国政府就面临一个重大的政治问题。它考虑到各种各样的可能，"包括宣布慕尼黑在奥运会期间享有与梵蒂冈类似的地位，这样就可以成功禁止民主德国升国旗。最后，联邦德国妥协了，这为第一次为奥运会的列队行进和庆祝上同时使用两个德国的国旗铺平了道路。"[2]

当国际奥委会卷入"谁代表中国"问题时，布伦戴奇首先抱怨解决政治问题不是国际奥委会的工作。他后来在其没公开发表的回忆录中写道："战后出现了越来越多因国家分割而引起的问题，人们期望国际奥委会解决所有这些让政治家为难的棘手矛

---

[1] Avery Brundage, "The Future of the Olympic Games", ABC, box 249, reel 144.

[2] Christopher Young, "Munich 1972, Representing the Nation", in Tomlinson and Young, *National Identity and Global Sports Events*, 120 – 121.

盾。从某个方面看，这提高了奥林匹克运动的重要性，但它引致越来越多的争论，有时还是充满敌意的，并且要求有相当的才智去做出符合奥林匹克规则的正确决定。"他谴责各方给国际奥委会施加压力。[1]

然而，正是布伦戴奇自己选择了将"谁代表中国"议题政治化。他以当时联合国里"中国"由台湾代表为例，以许多国家在外交上承认台湾而非北京为借口，将北京排除在60年代的奥林匹克运动之外。但是当台湾在70年代初期被逐出联合国，同时许多国家转向承认北京，建立正式与中国外交关系时，布伦戴奇的观点出现了问题。布伦戴奇的继任人基拉宁男爵（Lord Killanin）在由执委会认可的官方备忘录上写道："我认为必须强调，这个论据为我的前任所用，现在情况走向了反面。"[2] 基拉宁还在1979年评论说："在我看来，从50年代初起，即原有的委员会部分迁到台北，并因其在联合国席位的名号而被看作'中华民国'时，整个中国问题就被国际奥委会以政治方式来处理。"[3]

但国际奥委会在总体上最严重的问题是他们在看待中国时忽视了中国的政治和文化，这在布伦戴奇身上表现得尤为严重。他在批评北京的行为时，常常说错中华人民共和国的正式名称，董守义曾对此提出尖锐的谴责，并要他道歉。董守义在1957年12月20日给布伦戴奇的一封信上写道："（国际奥委会会议纪要）仍然错误地将我国的名称记为'中华人民民主共和国'。我再一

---

〔1〕 Brundage draft memoir.

〔2〕 Minutes of the IOC executive board meeting, October 23－25, 1979, Nagoya, Japan.

〔3〕 Killanin to R. S. Alexander, June 13, 1979, IOC Archives, République Populaire de Chine, correspondence, June-July 1979.

次要求改正这个错误。我国的正式名称是'中华人民共和国'。"布伦戴奇在 1958 年 1 月 8 日给董守义的回信中承诺会纠正该错误，却在同一封信论及台湾问题时犯了更大的错，他写道："您知道，事实上人人都知道，台湾有一个独立的政府，它受到了国际上、尤其是包括世界上大部分政府的联合国的承认。这一情况不是我们造成的。台湾本身在最新近的历史上属于日本而不是中国，其本地人事实上既不是中国人也不是日本人。"[1] 由于台湾当局和共产党政府两者都认同台湾是中国的一部分，这样的论述肯定引发双方的愤怒，也可能正是这封信激起北京对布伦戴奇的猛烈抨击，并做出退出奥林匹克运动的决定。

类似的错误一直延续到 1979 年。例如，国际奥委会终于尝试去解决谁能代表中国问题时，却在其发出的执委会声明文件中仍将中国大陆称为"民主中华人民共和国"（Democratic People's Republic of China）。[2]

国际奥委会总体上始终没重视过中国及其文化。除了似乎总记不住这个国家的官方名称外，它也对中国委员的名字束手无策。董守义的名字在所有国际奥委会的文件中都频频被拼写错。[3] 布伦戴奇的继任者基拉宁男爵也克服不了这个问题。在与加拿大就台湾参加 1976 年蒙特利尔奥运会所进行的激烈争论

---

〔1〕 IOC Archives, République Populaire de Chine, juridique, 1947—1975, folder Peking: 1952—1958.

〔2〕 IOC executive board, press file, The China Question, March 10 - 11, 1979, IOC Archives, Chinese Taipei, correspondence, 1979. 基拉宁甚至在他的回忆录上也用了错误的名字，见 Killanin and Rodda, *My Olympic Years*, 110。

〔3〕 基拉宁在回忆录中称他为"Shou Yi-Tung"，见 Killanin and Rodda, *My Olympic Years*, 108 - 110。

中，他写错了台湾代表团领队的名字，将丁善理的英文名字"Lawrence S. Ting"说成"Richard Ting"，甚至在他的回忆录上仍错用这个名字。基拉宁写到，他请丁善理考虑加拿大人的妥协，丁"相当不悦地拒绝了，而我只好批评他的态度"。基拉宁从没意识到他错误地称呼了丁的名字，这在讨论如此严肃的事情时特别显得粗鲁无礼。[1]

后来的国际奥委会主席胡安·安东尼奥·萨马兰奇（Juan Antonio Samaranch）也无力摆脱这个弱点。萨马兰奇写给中国奥林匹克委员会主席钟师统有关何振梁当选国际奥委会委员的信中，不加留意地以名而不是姓来称呼钟师统——在这样的正规文书中非常不当。[2] 国际奥委会总干事莫妮克·贝利乌（Monique Berlioux）在写信给何振梁时也犯了同样错误，把他称为"振梁先生"。[3] 1988年2月11日，来自台湾的新委员在宣誓仪式开始前几分钟领到宣誓卡，却惊讶地发现上面的台湾称呼上出了严

---

〔1〕 国际奥委会并非唯一视而不见的一方，许多美国政客所犯的错误甚至更严重，举一个例子就足够说明：来自马萨诸塞州的共和党国会议员西尔维奥·孔蒂（Silvio O. Conte）介绍一项表示美国支持并鼓励实现国际奥林匹克比赛的目标和理想的国会决议，他在提及中国时犯了多个事实上的错误。他说中华人民共和国没有参加1952年奥运会，而事实正好相反。（98th Cong., 1ˢᵗ sess., H. Res. 366, in LA Sports Library, Amateur Athletic Association, Paul Ziffren collection, roll 3.）这些事实误区表明，国会的议员们不但不知所言，而且因太懒或者太傲慢而没有去对他们举的事实进行查证。有关此事的背景见 Killanin and Rodda, *My Olympic Years*, 134。

〔2〕 见 Samaranch's letter dated November 12, 1981, to Zhong Shitong, IOC Archives, République Populaire de Chine, correspondence, 1981。

〔3〕 见 Monique Berlioux to He Zhenliang, November 12, 1981, IOC Archives, République Populaire de Chine, correspondence, 1981。

重错误。[1]

布伦戴奇时期国际奥委会内部的决策机制错漏百出。布伦戴奇本身极其反对不同于他的观点，曾一度承认"国际奥林匹克委员会也许不算民主"。[2] 在台湾事务上，他几次在没有和其他委员商量的情况下做出决定（徐亨当选委员只是其中一个例子）。许多国际奥委会委员相信将中华人民共和国排除在奥林匹克之外是正确的，但是要和布伦戴奇在这方面作有建设性的讨论却很困难。只有在布伦戴奇 1972 年辞去当了 20 年的主席职位之后，国际奥委会才真正开始着手处理"谁能代表中国"这一棘手问题。布伦戴奇的继任者基拉宁承认："坦白地说，我认为一个有八亿人的国家不在奥林匹克运动之列是个错误。"[3] 基拉宁个人希望让北京重新加入国际奥委会，并更改台湾在国际奥委会中的称号。[4] 他埋怨："我任职国际奥委会的整个期间都甩不开中国问题。"在自己为中国问题沮丧了 20 年后，基拉宁打算改变。[5]

不幸的是，基拉宁的主席任期立刻就要面对"谁代表中国"问题的严峻挑战。1976 年，在他任内的第一届奥运会上，东道主加拿大拒绝让台湾以其当时的官方名称参赛。正如我们将在第六章详述的，从加拿大政府那里吸取的沉痛教训使基拉宁坚信，

---

〔1〕吴经国在其回忆录中反复提到此事，并收入了他的宣誓卡的复印件，上面有萨马兰奇的更正痕迹。在宣誓卡上，委员所在地名称列为"Chinese Taipei"。萨马兰奇在最后一分钟删除了名字，并允许吴经国在宣誓仪式上不读出委员所在地名字。见吴经国，《奥林匹克中华情》，50 - 54；吴经国，《奥运场外的竞技》，33 - 35。

〔2〕"Address by Avery Brundage", Mexico City, October 1968, ABC, box 249, reel 144。

〔3〕Alex Frere, "China, in a Quiet Way, Makes Olympic Gains", *International Herald Tribune*, May 8, 1974.

〔4〕Miller, *Olympic Revolution*, 174.

〔5〕Killanin, *My Olympic Years*, 108 - 111.

国际奥委会不能再拒绝承认北京在奥林匹克运动中的成员地位。

在加拿大人激烈辩论的同时，北京也开始为多年自我隔绝之后回归国际组织而做工作。也许是受到 1971 年乒乓外交成功的鼓舞，中国的国家体育运动委员会 1972 年 5 月向中央政府报告说，中国应该重返世界体育。周恩来"原则上同意"这个主张，而包括亚洲运动联合会在内的许多国际体育组织 1973 年起陆续接受北京为成员。[1] 1974 年，国际击剑协会、国际摔跤协会和国际举重协会也做出同样行动。中华全国体育总会秘书长宋中在 1973 年 8 月 7 日给亚洲运动联合会的信中写道：

> 蒋介石集团仍然在亚洲运动联盟当中非法代表中国，篡夺了中国的席位。中华全国体育总会要求亚洲运动联盟，根据其章程第六款所规定，即一个亚洲国家只有一个体育组织被承认，立即废止蒋介石集团不适当的成员资格。在此前提之下，中华全国体育总会提出亚洲运动联盟的成员资格申请，并将履行作为一个成员的义务。[2]

在一定程度上，这封信的论调与北京之前和国际体育组织的沟通大同小异，但包含了一个新而有力的策略：在排挤台湾的条件下寻求成员地位。另外，北京还通过外交活动来争取在国际体育组织中的成员资格。1974 年，第七届亚运会在 1971 年与北京

---

[1] 梁丽娟，《何振梁》，71。

[2] ABC, box 58, reel 34.

建交的伊朗举行，正是伊朗的帮助使北京取代了台湾在亚洲运动联合会中的席位。[1]

在这个背景下，中华全国体育总会在 1975 年 4 月向国际奥委会递交申请，要求让北京重返奥林匹克大家庭。国际奥委会回应北京说"很高兴"接到北京的申请，但由于当时的争论没有结果，无法进一步处理北京的成员地位问题。[2]

然而，国际奥委会不能无限期推迟北京回归奥林匹克运动这件事。1979 年 1 月 1 日，连美国和中华人民共和国也实现了外交上的相互承认，而联合国也认同台湾是中国的一部分。事至如此，每个人都期待国际奥委会与北京建立关系。解决"谁代表中国"问题、让北京重归奥林匹克的压力日渐堆积，而北京再次催促国际奥委会出手。幸运的是，这次事态也要轻松得多——北京政府比以前要开放，并着力实现国际化。

## 一个中国，多个成员

也许因为北京在态度上的转变，国际奥委会突然加速为长期存在的"谁代表中国"问题寻求解决办法。1977 年 9 月 14—19 日，基拉宁到访北京以试水深，这是国际奥委会主席第一次访问中华人民共和国。尽管基拉宁和中国政府官员作了"坦率而认真的讨论"，但他并没有找到即时的解决方案，也没有从北京方面

---

〔1〕 梁丽娟，《何振梁》，71 – 79。

〔2〕 Zhao Zhenghong to Killanin, April 9, 1975. IOC Archives, République Populaire de Chine, correspondence, January-June, 1975.

获得积极回应。[1] 这个结果很可能与时间上的不巧有关，基拉宁的大部分时间花在听中华全国体育总会的路金栋有关中国体育现状和台湾事务重要性的冗长讲话，[2] 而路金栋显然没有做重要决策的权力。

在这种形势下，国际奥委会只能自己想办法处理北京的成员身份问题。在 1978 年 5 月会议上，一场严肃而激烈的辩论爆发了。国际奥委会主席在会上告知各委员，北京已经提出申请，在台湾不再得到奥林匹克运动委员会认可的情况下加入委员会，这个条件与北京加入亚洲运动联合会时提出的类似。身为西班牙外交使节的胡安·萨马兰奇在随之而来的讨论上强调"必须尽其全力去让中华人民共和国获得承认"，并建议第一步是让在台湾的奥委会更改名号。[3] 苏联委员康斯坦丁·安德里亚诺夫提醒大会，中华人民共和国代表世界四分之一的人口，应该参加奥运会。他还指出，除了联合国外，所有专项国际体育组织也已经认可了中华人民共和国——"唯一的例外是国际奥林匹克委员会"。安德里亚诺夫提议，国际奥委会承认中华人民共和国委员会并立刻撤销对在台湾的委员会的认可。[4] 但许多其他的委员不同意这种做法。

---

〔1〕 Report by M. Kiyokawa at the IOC sessions at Athens on May 20, 1978, in IOC Archives, République Populaire de Chine, correspondence, 1978。基拉宁后来也访问了台湾，见 the memo on the meeting between the IOC president and the prime minister of Taipei, October 19, 1979, in IOC Archives, République Populaire de Chine, juridique, Comités Nationaux Olympiques, 1979—1980。

〔2〕 路金栋与基拉宁谈话的记录见 Confidential report on visit of Killanin to the PRC, IOC Archives, République Populaire de Chine, correspondence, 1977。

〔3〕 IOC Archives, Minutes of the Eightieth Session of the IOC, Athens, May 17-20, 1978, 41.

〔4〕 同上，112-113。

国际奥委会似乎仍在此事上停滞不前。后来，该次大会决定成立一个委员会去继续研究这个问题并进行汇报。[1] 不过，在这次会议上，国际奥委会还是就台湾事务实现一项成果，即改变了其宪章中关于国家奥委会所提交名称的部分。新的第 24 条规则写明："为了促进奥林匹克运动在世界各地的开展，国际奥委会将认可有资格以该名字称呼自己的国家奥委会，它们应该是与国际奥委会规章制度相符的、根据原则的内在含义而设立的委员会，并且在可能的情况下有合法地位。"[2] 此后不久，国际奥委会主席要求台北研究第 24 条规则并采取必要行动。[3]

基拉宁为负责了解北京与台湾的形势及其对国际奥委会影响的委员会指派了兰斯·克洛斯（Lance Cross）、安东尼·布里奇（Anthony Bridge）和亚历山德鲁·斯佩尔科（Alexandru Siperco）等人，三人都在 1978 年 10 月 16—21 日访问了中华人民共和国，但只有克洛斯和布里奇后来在 1979 年 1 月 22—27 日访问了台湾。参考一下"谁代表中国"问题在国际奥委会的历史，或许就不会为三个委员意见分歧之大而感到出奇，以致他们最后选择发出两份报告而不是一份联合报告。克洛斯和布里奇基于他们对大陆和台湾的访问而提交的共同报告中，责备斯佩尔科拒绝去台湾，"使之因此而丧失了对全局有透彻理解的机会"。两人在报告中写道："很明显，从一开始到我们讨论的整个过程"，北京"强硬地坚持""只有一个中国的"政策，而台湾是中国的一个

---

〔1〕 IOC Archives, Minutes of the Eightieth Session of the IOC, Athens, May 17 – 20, 1978, 112 – 113.

〔2〕 同上，52。

〔3〕 同上，42。

省份。他们的报告指出，北京拒绝他们在奥林匹克大家庭中同时有"北京和台湾"的奥林匹克委员会——中国奥林匹克委员会（北京）和中国奥林匹克委员会（台北）——而台湾方面则"准备接受同时有一个中国奥林匹克委员会（北京）和一个中国奥林匹克委员会（台北）的折中方案"。这使克洛斯和布里奇相信，鉴于台湾的"优势和对奥林匹克运动的诚恳态度"，"把这个成员逐出奥林匹克大家庭将是对正义的歪曲，这一做法将为国际奥林匹克运动带来不可弥补的损害"。显然，他们也注意到"有很多证据表明，（北京的）中华全国体育总会（奥林匹克委员会）是一个国家机构，而非国际奥委会宪章所要求的独立个体。还有证据显示在体育机构内进行着全天性运动训练，其目的在于准备和发展'精英'运动员。由于上述理由，我们建议在考虑任何入会申请之前，其递交的章程必须完全符合国际奥委会宪章的要求"。按照这个精神，报告提议：

1. 国际奥委会一定要处理中国问题，把它与所有政治考虑分离，把它作为国际奥委会的职责来看待，而国际奥委会是一个非政府国际组织，其行动不受任何政府、准政府或包括联合国在内的组织的左右，而只遵循国际奥委会宪章的规定。中华人民共和国和"中华民国"之间的政治问题应由其政府处理并在将来做出自己的决定，而国际奥委会的职责则是保证世界上每一位运动员有机会参加奥林匹克运动，而不必理会其种族、宗教或者政治信仰。

2. "中华民国"奥林匹克委员会维持其现有的成员资格，而中华全国体育总会（奥林匹克委员会）应被告知其可以在这些条件下获许成为成员：a）修改其章程，使之完全、完整地符合国际奥委会宪章的要求；b）他们的管辖区域将特别地排除在"中华民国"现时管辖的区域之外。

3. 如果以上提议不获接纳，则成立两个奥林匹克委员会来管理两个分离地理区域的奥林匹克运动的事务，其名称分别为中国奥林匹克委员会（北京）和中国奥林匹克委员会（台北）。[1]

无论克洛斯和布里奇的报告中的发现和建议有多好，它并没有提供一个可行的解决方案——北京、台北和国际奥委会之间的分歧太难化解。更糟糕的是，委员会中的第三位成员斯佩尔科强烈反对克洛斯和布里迪奇的结论。在其 1978 年 10 月 24 日独立提交的名为《访问中华人民共和国》的报告中，他坦率地承认与另两位委员会成员之间在对"事实考察任务"理解上存在分歧，说他认为他们的任务不应"只限于东道主在官方组织的会议上记录的观点，而还要表述从我们已有的不同的讨论中收集到的某些信息和观点，还有我们在访问中所获得的印象"。斯佩尔科请同在国际奥委会的委员同事们考虑：首先，认可同一个国家的两个奥林匹克委员会是与现有规定相违背的；其次（以新的方式

〔1〕 IOC Archives, Minutes of the Eighty-first IOC Session, Montevideo, April 5 – 7, 1979.

运用了前主席布伦戴奇的论据），联合国现在已经认可中华人民共和国代表全中国，包括它的省份台湾；第三，当前国际奥委会的规章上没有"领土"概念。斯佩尔科最后总结："国际奥委会显然正面临"不同的国际机构对"（中华人民共和国）国内组织的认可和重新确立权利的快速发展过程"。归纳起来：

> 国际奥委会不是领导其他国际体育组织，而看上去落在一场不可逆转的革命后面，这对它的声誉毫无益处。还要考虑一个事实，即如果国际奥委会不在蒙特维的奥执委会会议上重新认可中华人民共和国，它将要在 1980 年奥运会上处于尴尬地位，因为这意味将要拒绝已被其他（国际机构）的大多数认可的中华人民共和国参加比赛。这一事实可能比国际奥委会之前预期的羞耻还要雪上加霜，并将危害国际奥委会的权威地位。[1]

基拉宁或许曾希望这个事实考察委员会将为北京进入奥林匹克大家庭铺平道路，但事与愿违，委员会成员间为此争执起来。1979 年，国际奥委会投入了相当的时间和注意力在中国问题上。当年 3 月的执委会会议期间，执委会在 3 月 10 日几乎整天都在讨论中国议题。根据会议记录，基拉宁在会议开始时声明，"他感到大家都知道早在 1952 年，他就反对'台湾'以'中华民国'的名义加入奥林匹克运动。国际奥委会在战后不久接受了这

---

[1] Confidential letter to Killanin from Siperco, October 24, 1978, IOC Archives, Chinese Taipei, correspondence, 1978.

个做法，而他说，该决定仅仅从政治而非体育的观点而得出，这是很令人遗憾的"。[1] 他现在请求国际奥委会花费必要的时间去为这早前的错误所造成的僵局找出解决方案。

在 1979 年 4 月 6 日和 7 日的会议上，中国问题又被整整讨论了两天。最初，国际奥委会邀请了来自北京和台北的代表出席会议，听取他们的论述。有趣的是，当国际奥委会让双方坐到一起讨论事情时，北京拒绝而台湾同意了。而当北京改变主意时，台北又决定不和北京坐到一起，而是要求开一个只和国际奥委会进行讨论的会议。基拉宁拒绝这么做，而是决定同时邀请北京和台北参加 1979 年 4 月在蒙得维的亚举行的执委会会议。会上，台湾代表团被要求明确说出台北是否接受"中华奥林匹克委员会，台北"的称号，代表团团长丁善理"承认他们事实上准备接受这个名称"。斯佩尔科于是问：台北如果不声明拥有超出台湾和附近岛屿的管辖权，为什么仍声称有权使用旧旗帜、名称、歌曲等等国民党中国的标识。丁善理回答：如果其他国家使用它的旗帜、名称和徽章，他就看不到有什么理由台湾不能使用这个名称。当国际奥委会问台北代表团是否准备和来自北京的代表坐到一起时，讨论的气氛进一步冷却下来。台湾方面答复："他们是接受邀请到大会来要求独立身份和管辖区域的，而不打算参加其他讨论。"此后，台湾代表团离开会场。[2]

其后，北京代表团在宋中、何振梁和楼大鹏带领下参加了国际奥委会的会议。北京再次坚持只有中华人民共和国才能代表中

---

〔1〕 IOC Archives, Minutes of the IOC executive board, Lausanne, March 9 – 10, 1979.

〔2〕 IOC Archives, Minutes of the Eighty-first IOC session.

国，并表示有兴趣重返奥林匹克运动，前提是台湾被除名。当有国际奥委会委员问及何振梁为什么北京容许香港留在奥林匹克大家庭而台湾却不可以时，何振梁强调，"台湾和香港的状况"有"极大的区别"——香港"是一个'历史遗留问题'，它的状况是由条约造成的"。当被问及北京是否愿意容许"中华民国奥林匹克委员会"改名时，何振梁回答，中国只能有一个国家奥林匹克委员会，而只有北京被国际奥委会认可在奥林匹克大家庭中代表全中国时，北京愿意接受台湾使用另一个名字，作为暂时的妥协。当国际奥委会委员大卫·麦肯齐（David McKenzie）问是否无论台湾使用什么名字，北京都坚持以从奥林匹克运动中驱逐台湾的奥委会作为北京申请认可的前提条件时，何振梁回答："问题不在于驱逐一个奥委会而接收另一个，而是代表权的问题。"北京只能接受"中国奥林匹克委员会"供自己使用，而台北使用"中国台湾奥林匹克委员会"的称号。[1]

这时，国际奥委会的委员对北京和台北所持的立场有了更清楚的认识，于是就轮到他们去找出解决办法了。42 名委员和主席参加了在其后的辩论，这么多委员卷入一件单个事务，在国际奥委会历史上算得上是空前的。可是由于他们所提出的不同观点和意见太多，全体大会再次陷入僵局。

最后，委员们建议执委会准备一个解决方案供大家投票。苏联委员维塔利·斯米尔诺夫尤其觉得国际奥委会已经到了非做决定不可的时刻，他提醒每个人，苏联认可中华人民共和

---

〔1〕 IOC Archives, Minutes of the Eighty-first IOC session.

国，并把台湾看作一个省。这番话立刻引来对 1976 年蒙特利尔奥运会台湾被拒参赛之事仍记忆犹新的麦肯齐的发问，他问斯米尔诺夫的话是否"意味着对所有国家奥委会参加莫斯科奥运会的保证将被打破"。那位苏联委员回答说不，"他只是表达他对北京回归奥林匹克运动的看法"，而"所有被认可的国家奥委会都可以参加"莫斯科奥运会。基拉宁担心在委员会分歧仍然很大的情况下，年会投票"会将大门关闭多年"，导致问题得不到真正解决。面对这一僵持状态，基拉宁问有多少委员要在本届会议上就中国问题做出决定，大多数委员（44 名）表示希望了结此事。

执委会于是在当晚举行会议商讨可行的决定。经过漫长的讨论，执委会以一票弃权、一票反对通过方案，既重新接收中国奥林匹克委员会，又继续认可这个委员会的总部在台北，所有有关名称、歌曲和旗帜的事情将尽快解决。这个方案在第二天、即 4 月 7 日向国际奥委会提交，各委员对其中的用词甚至实质进行了辩论，有的亲台委员建议进行细微的修改。虽然有些国际奥委会委员强烈抗议没有机会在这样重要的事情上完整地表达自己的观点，修正方案还是以 36 票对 30 票通过，从而推翻了执委会原有的方案。会议的气氛此时变得敌对，基拉宁因当中的微小改动而不悦，公开表示"他对委员们对执委会信任的缺乏感到失望"，并且相信大会本身"在刚刚做的决策上犯了错误"。经过更严肃的讨论和协商，大会后来同意让执委会及其主席拥有最终决定如何解决"谁能代表中国"问题的权力。

国际奥委会执委会感到形势特别紧急，在 1979 年 10 月日本名古屋的会议上通过有关台湾的历史性解决方案。台湾的奥委会将使用"Chinese Taipei Olympic Committee"的名称,并且不能使用其自有的旗帜、歌曲和徽章;此外,所有新旗帜、歌曲和徽章都要获得国际奥委会执委会的通过。台湾的奥委会章程也要在1980年1月1日前根据国际奥委会的规章进行修改。[1]

在名古屋协定之后,台湾面临没有旗帜、歌曲供其奥林匹克代表团使用的问题。[2] 徐亨在瑞士对国际奥委会提出诉讼,指控其决定非法,基拉宁于是让国际奥委会委员凯万·哥斯柏尔(Kevan Gosper)尝试有没有可能在他1979年与何振梁在中国会面的议程中讨论北京使用别的旗帜和歌曲的问题。[3] 何振梁回答:"当您像我们重建国家一样倾注了这么多的心血时,您就不会为任何别的歌曲而肃立,也不会跟着别的旗帜行进。我们是中国人,我们有时间。"[4] 也就是说,中华人民共和国不会退让,台湾方面必须进行调整。

令国际奥委会庆幸的是,北京政府在邓小平的领导下变得务实得多,也和国际奥委会一样希望将这些问题解决掉。邓小平并非体育和体育政策的行外人,在法国的几年勤工俭学让他深深迷上足球,而在"文化大革命"之前,他就掌管体育方面的政策。

---

[1] IOC Archives, Minutes of the IOC executive board meeting, Nagoya, Japan, October 23-25, 1979.

[2] 即使是名称之争的解决对国际奥委会来说也不怎么合法,因此徐亨正式起诉了国际奥委会。见台湾藏《徐亨先生访谈录》,69-85。

[3] 详见 Henry Hsu to Killanin, December 11, 1979, IOC Archives, République Populaire de Chine, correspondence, September-December 1979; Henry Hsu to the IOC members, 1980, IOC Archives, Chinese Taipei, correspondence, 1980.

[4] Gosper with Korporaal, *An Olympic Life*, 191.

邓小平最终重掌权力与其出席 1977 年 7 月 30 日中国青年队与香港队的足球赛同期发生。[1]

　　作为中国的领导人，邓小平要让他的国家尽快重新建立国际关系，包括参与奥林匹克运动。他深入参与了与国际奥委会之间的谈判，并在北京重返奥运上亲自做出了所有关键决定，包括有关台湾使用旗帜和歌曲的问题。[2] 1979 年 2 月 26 日，邓小平接见一位日本记者，记者问："1980 年奥运会将在莫斯科举行，中国是否有兴趣参赛，并在将来主办奥运会？"邓小平回答："首先要解决台湾的资格问题。这个问题解决了，当然我们要成为奥运会的成员。"1981 年初，台湾终于向国际奥委会提交了新的旗和徽的设计，当中华人民共和国的官员争辩是否接受这些新设计时，邓小平亲自指示，北京将接受台湾的新设计，也同意他们在运动员赢得金牌时使用奥林匹克会歌。[3] 得益于北京的认同，国际奥委会于是顺利地采纳了台湾的设计。

　　台湾在这些事态的发展过程中并非完全被动。台湾意识到国际奥委会批准的英文名称"Chinese Taipei Olympic Committee"不可变动（徐亨撤回了诉讼），但在其中文译名中耍了花招，北京坚持它要叫"中国台北"，而台北就译成"中华台北"。这一字之差在两岸之间引起激辩：根据亲身参加了谈判的吴经国回忆，它意味着台湾是否从属于北京的中国奥林匹克委员会。为了找出

〔1〕 中共中央文献研究室，《邓小平年谱》1：167。
〔2〕 何振梁，《全面走向世界》，收于国家体育政策法规室，《中华体坛四十春》，32 - 33。
〔3〕 梁丽娟，《何振梁》，226 - 229；并见伍绍祖主编，《中华人民共和国体育史》，253。

解决办法，在香港举行了几次秘密会议，最后还是邓小平终于决定接受台湾的翻译。1989 年，北京和台湾签订了正式协议，允许台湾使用有争议的"中华台北"名称参加 1990 年北京亚运会。[1]

有关国际奥委会和其他国际体育联会中"谁代表中国"问题的最后解决很明显反映了邓小平的"一国两制"理念。众所周知，邓小平用这个理念来处理香港脱离英国殖民统治回归中国的问题，但很少人意识到这个理念首先用于解决奥林匹克运动中有关台湾的争端。通过采取务实的态度，尽力避免重犯以前的错误，来自海峡两岸的运动员得以参加奥运会和其他国际赛事。虽然台湾对强加给它的条件感到不悦，但能够参加国际体育比赛宣示了它在别的国际场合备受损伤的合法地位。即使在接受新条件的情况下，留在奥运会体现了台湾的利益。

1979 年和 20 世纪 80 年代初，北京和台湾可以同时派队参加奥运比赛，而在台湾的奥委会的地位在各个方面全部得到保留和尊重。[2] 与之前的零和博弈视角不同，这个最终解决方案带来了双赢结果。也许这个来之不易的国际奥委会模式还可以作为将来处理北京和台湾的政治关系的基础。

这条台湾处方还作为处理香港回归后在国际奥委会中的成员

---

〔1〕 吴经国，《奥林匹克中华情》，65，205 - 206；吴经国，《奥运场外的竞技》，97 - 105。北京虽然容许台湾使用"中华台北"称号，但在自己的媒体上称之为"中国台北"。宋世雄回忆道，他总是特意清楚标示"中国台北"以保证读对名称。根据他的解释，虽然"中华台北"和"中国台北"只有一字之差，但是一个"重要的实质性问题"，"不能混淆"。见《宋世雄自述》，208。

〔2〕 Pound, *Five Rings over Korea*, 42.

地位的模版使用。香港最早是在 1950 年被接纳为奥林匹克大家庭成员的，那时它还处于英国殖民统治之下。在北京的赞同下，香港继续留为奥运会成员，在回归之后两天，即 1997 年 7 月 3 日，它和国际奥委会签订了协议宣布："共同目标在于让香港人民作为一个单独和独立的个体继续参与奥运会和各地举行的运动比赛。"根据新方案，香港的奥林匹克委员会的名称在"香港"之前加上"中国"，香港队将在所有场合使用特别行政区（显示其与中华人民共和国关系的称号）的旗帜，中国国歌在官方场合、例如升旗和颁奖仪式上演奏。根据这份协议，保留原有的"HKG"缩写，而徽章则为紫荆花图案配上五环和"中国香港"四个中文字，全部在一个下面有"Hong Kong"和"CHINA"字样的圆环内。[1]

1983—2001 年担任国际奥委会主席的胡安·萨马兰奇有一次曾自我褒奖道："我们是世界上唯一将中华人民共和国和中华台北的奥林匹克委员会作为正式成员组合到一起的国际组织——无论是体育组织还是其他。"然而，回首国际奥委会处理"谁代表中国"问题的历程，这个组织似乎没有多少可以为此而自豪的。话说回来，国际奥委会和北京走过 1958 年到 1979 年之间颠簸起伏的早期阶段，终于联合起来并不断互相支持，这仍足以令人为之叹服。

---

〔1〕 IOC Archives, Minutes of the IOC executive board meeting, Lausanne, September 3–6, 1997.

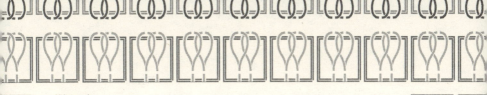

第五章

# 乒乓外交

我们伟大领袖毛主席把乒乓球一弹过去，就转动了世界。

周恩来，1972 年[1]

在现代，体育因其全球化特质和强大的吸引力，不时成为外交工具，而中国人则懂得在一个更高的层次上进行这种实践。正如此前论述过的，早在 1949 年之前，国民政府就利用体育来服务于更大的政治和外交目标。当毛泽东在 1949 年宣布中华人民共和国成立时，承诺要全面建立一个"新中国"，而在处理体育方面，新政权实质上沿袭了前政府的方式，但有一个差异：在毛泽东领导下，体育经常被用来培养与社会主义兄弟国家的政治同盟关系。

毛泽东本人对体育也有很深的了解。如前所述，毛泽东公开发表的第一篇文章就讲述体育对国家民族的重要性。而且毛泽东

---

〔1〕 伍绍祖，《中华人民共和国体育史》，243。

一生都乐于进行体育锻炼，尤其是散步、游泳和远足[1]。

虽然毛泽东在大多数情况下并不常出现在公众面前，但他还是几次接见了中国乒乓球队。[2] 他还有时接见外国到访的运动队伍，例如在 1956 年 2 月 6 日接见了来访的南斯拉夫青年足球队。[3]

在毛泽东的领导下，其他中国领导人更加投入去发掘和运用体育与外交的关系，周恩来总理在运用这一策略上尤为出色。即使公务极为繁忙，他也极少错过接见来访运动队伍的机会。有一次，他接见苏联国际象棋队后第二天向中国的体育官员解释，这些苏联象棋队员本身并不重要，他接见他们是为了显示中国人民对苏联人民"非常非常"友好。[4] 1963 年 3 月 17 日，周恩来邀请即将出发参加第 27 届世界乒乓球锦标赛的中国乒乓球运动员到他家吃晚饭。席间，他告诉他们"友谊重于比赛"。[5]

如此看来，在中国人与美国人开展著名的"乒乓外交"之前，毛泽东与周恩来已经实践"体育外交"。两人都经常从收音机收听中国乒乓球队与其他国家的比赛，兴致勃勃地跟踪赛程。实际上，他们都很认真地收听比赛广播。[6] 有一次，周恩来亲自告知中央电视台的体育评论员宋世雄，毛泽东很喜欢他报道比赛的方式。1970 年 8 月初，周恩来根据政治局常委会的决定，指

---

〔1〕 徐涛，《毛泽东在保健养生之道》，收于林克、徐涛和吴旭君，《历史的真实》，256－276。
〔2〕 庄则栋，《庄则栋与佐佐木敦子》，258。
〔3〕 刘树发，《陈毅年谱》2：695。
〔4〕 中共中央文献研究室，《周恩来年谱 1949—1976》2：584。
〔5〕 同上，2：541。
〔6〕 宋世雄，《宋世雄自述》，216。

示广播界工作人员，一场重要的乒乓球比赛要在收音机上现场直播，尽管在播报中播音员注意"政治"多于比赛本身。[1]

在另一场 1970 年 11 月在中国和越南之间进行的比赛中，周恩来再下达指示："告诉广播电台、电视台，要出友谊的镜头、友谊的声音、友谊的画面。"1970 年 12 月 10 日，当中国乒乓球队在罗马尼亚比赛时，周恩来甚至通知中央电视台要多给予罗马尼亚运动名将鼓励，还亲自检查媒体的报道计划。[2] 在毛泽东时代，与体育相关的一切似乎都要做到滴水不漏。

中国官员对体育相关的广播和报道的细致管理一直延续到后毛泽东时代。宋世雄在他的回忆录中提到，在工作中经常要为奥运会开幕式这样的大型节目准备书面广播稿，这样才能在开播之前获得政府的认可。[3]

## 布置舞台

自中华人民共和国成立之后，中国和美国就成为了死敌，相互间没有建立正式的外交关系。但到了 60 年代后期，两国都面临许多挑战，并意识到他们需要对方来一起处理这些问题。虽然理查德·尼克松（Richard Nixon）以其高调的反共言论著称，但他这时也开始努力寻找机会与北京打造更好的关系。

尼克松在 1969 年上任美国总统之前就非常关注中国。他于 1967 年在《外交事务》（*Foreign Affairs*）杂志上发表文章，主张

---

〔1〕　宋世雄，《宋世雄自述》，217；并见中共中央文献研究室，《周恩来年谱 1949—1976》3：386。

〔2〕　同上，218。

〔3〕　同上，206–207。

美国需要重新评估其对华政策："从长远来看，我们实在不能承担将中国永远排除在国际大家庭之外的后果，这将让它滋养幻想、心怀憎恨并威胁邻邦。在这个小小的星球上，让其 10 亿有可能变得最有能力的人生活在愤怒的隔离状态中是不可想象的。"[1]

在入主白宫之后，尼克松马上将对华措施放到其工作的首位，这当中有几点原因。首先，在竞选总统的时候，尼克松就向美国大众承诺如果当选，他就会让美国体面地撤出越南战争。而由于中国和越南有很深的渊源，所以与中国改善关系似乎对实现这个目标至关重要。尼克松还要想办法和苏联进行有效的谈判，因为这两个超级大国之间的双边关系已经成为美国总统在第二次世界大战之后最头痛的问题之一。尼克松相信，改善与中国的外交关系可以提高他与苏联较量时的地位。最后，尼克松甚为重视自己的政治家身份，渴望通过首先开启与中华人民共和国对话而为人所知，并因此赢得在国际事务上比他人更胜一筹的世界级政治家的声誉。

新的对话在 1969 年 2 月 1 日开启，当时尼克松让他的国家安全顾问亨利·基辛格（Henry Kissinger）找出一个与中国建立更好关系的办法。[2] 但要向中国人传达尼克松的友好信息必须十分小心谨慎，因为一旦失败，将丢了美国人的脸。更何况，美国和中华人民共和国没有建立正规的外交关系，而两国之间的不

---

〔1〕 Nixon, "Asia after Vietnam", *Foreign Affairs* 46, No. 1 (October 1967).

〔2〕 "Memorandum from President Nixon to his assistant for national security affairs, February 1, 1969", in *FRUS*, 1969—1976: China, 1969—1972, vol. 17 (2006) (hereafter *FRUS*, vol. 17), 7; 另见 Nixon, *RN: The Memoirs of Richard Nixon*, 545。

信任程度颇高。尼克松既有决心，行动上也有创造性，在将他与毛泽东可能存在的共同点通通想过一遍之后，他匆匆记下："RN（理查德·尼克松）和毛，两个人都有很好的群众基础，且在关于知识分子的问题上也有相似之处。"基辛格从 1969 年 4 月有关中共九大的报告中发现了更多潜在的共同之处；毛泽东似乎要在他的"文化大革命"中争取改造教育政策。尼克松在一页纸的边上写道："HK（亨利·基辛格）：注意到毛（也）与教育制度作斗争！"[1]

尼克松政府向中国发出了多个探路人，这一过程被当时的美国中央情报局探员、后来成为美国驻华大使的李洁明（James Lilley）形容为"一系列的"。[2] 开始时，荷兰派到北京的大使德尔科森（J. J. Derksen）算是做了次试探，他在 1970 年初告诉美国人愿意在保守绝对机密的同时传递信息。[3] 可惜他的表现让人失望。基辛格最后承认："我们在年初就开始尝试通过荷兰人打开一条通道，但我相信我们要有所进展，还得通过巴黎。"[4]

法国与台湾当局和中华人民共和国都有官方关系，台北在巴黎有一名驻外负责人。但尼克松和基辛格很快得出结论，巴黎是个从事超级机密外交行动的危险地方，他们的工作也很容易被泄

〔1〕 Kissinger, *White House Years*, 176–177.

〔2〕 Mann, *About Face*, 25.

〔3〕 "Memorandum from Kissinger to Nixon, February 5, 1970", *FRUS*, vol. 17, 176–178.

〔4〕 Kissinger memo to the president, subject: contact with the Chinese, September 12, 1970, National Security Archives, "China and the United States: From Hostility to Engagement, 1960—1998" (hereafter NSA: China and the U. S.).

露。尼克松只得另寻新地方。在热切期望的驱使下，他尝试了种种渠道。1960 年夏末，尼克松进行了总统任期的首个环球之旅，和许多国家的领导人讨论过中国，并请他们向北京传达其善意。1970 年 10 月，多国领导人聚首纽约，庆祝联合国成立 25 周年，这成为尼克松的一个大好机会。因为巴基斯坦在当时被北京和华盛顿都看作朋友，尼克松在 10 月 25 日与巴基斯坦总统叶海亚·汗（Yahya Khan）在白宫椭圆形办公室会面，并在会上告诉叶海亚·汗："我们开启与中国的磋商至关重要。"他还表示准备进行高层次接触。尼克松知道叶海亚·汗不久将出访北京，于是请他向中国领导人传递这个信息，叶海亚·汗表示同意。[1]

同样，尼克松与罗马尼亚总统尼古拉·齐奥塞斯库（Nicolae Ceausescu）在 10 月 26 日的会面中，告诉齐奥塞斯库他很希望与中华人民共和国建立高层次的政治和外交沟通。第二天，基辛格向齐奥塞斯库重申了这一点，说："如果中华人民共和国的领导人要通过您向我们传话，而您的大使就此和我沟通，我可以保证这些沟通将仅限于白宫以内。"齐奥塞斯库承诺："我们将把我们之间的谈话告知中国领导人，如果有新的沟通，我们将像以往一样转达给您。"[2] 这是美国总统第一次使用中国的官方名称，而尼克松将之称为"显要的外交信号"。1970 年 10 月，尼克松接受《时代周刊》（Time）采访，声明："如果我在死之前还有

---

〔1〕 "Memorandum of conversation on meeting between the president and Pakistan President Yahya, October 25, 1970", the Oval Office, NSA: China and the U. S.

〔2〕 "Memorandum of conversation between Kissinger and Ceauşescu, October 27, 1970", NSA: China and the U. S.

什么要做的话，那就是去中国。"[1]

尼克松以坚决的行动证实了他说的话。1969 年 9 月 9 日，他亲自指示驻华沙的美国大使直接与中国外交使节联系，表示他要开始实质性的谈话。[2] 在美国的请求下，会谈于 1970 年 1 月 20 日在华沙展开，会谈双方分别是美国大使沃尔特·斯托塞尔（Walter Stoessel）和中国驻波兰临时代办雷阳。在会谈中，斯托塞尔表达了美国政府与中华人民共和国改善关系的愿望。一个月后，斯托塞尔再次在白宫的直接指示下，提出两个进行更高层接触的要求，而雷阳始终没有给予承诺。[3] 到 1971 年 3 月 11 日，美国国务院秘密通知驻外使馆："用护照到中华人民共和国旅游的禁令在 3 月 15 日自动到期并不再续期。"而到北越、朝鲜和古巴的禁令则继续有效。[4] 这个善意的姿态在策略上非常明智，当北京在 1971 年 4 月邀请美国乒乓球队到访时，它的效用就显示出来了。

在尼克松努力向北京表示友好姿态的同时，毛泽东也认为与美国改善关系能带来战略上的利益。[5] 更重要的是，中国和苏联的关系变化，以致在 1969 年两国边界上出现军事冲突。毛泽

---

〔1〕　Nixon, *Memoirs*, 546.

〔2〕　"Stoessel, memorandum of conversation with Nixon concerning China and U. S. – China contacts, September 9, 1969", *FRUS*, vol. 17, 80 – 81.

〔3〕　Minutes of meeting No. 135, January 20, 1970, National Archives, RG 59, box 2189.

〔4〕　State Department confidential telegram, subject: dropping passport restriction on travel to communist China, National Archives, RG 59: general records of the Department of State, subject: numeric files, 1970—1973/entry 1613, box 2188.

〔5〕　有关从中国本土政治眼光如何看待中美重新接触的近期研究见 Yafeng Xia, "China's Elite Politics and Sino-American Rapprochement, January 1969 – February 1972," *Journal of Cold War Studies* 8, No. 4 (Fall 2006): 3 – 28。

东担心这个邻国的理据很充分：1968 年苏联入侵捷克斯洛伐克，其依据是所谓的"勃列日涅夫主义"，苏联人认为可以对任何敢于挑战苏联权威的社会主义国家动武。中国在很多领域公开挑战过苏联，而苏联公开谈论"亚洲集体安全体系"，实质上保留了对中国进行军事干预的可能性。苏联还问过美国，如果它打击中国的核设施，美国如何反应。[1] 此外，在 1969 年边界冲突之后，苏联在中国边界大量增兵，从 1970 年的 30 个师增加到一年之后的 44 个师。[2]

在苏联威胁的强烈驱动下，毛泽东和尼克松一样，开始重新考虑中美关系。他曾出色地打过游击战，知道北京不能同时做两个超级大国的死敌，而此时苏联人随时会发起进攻。即使中国人把尼克松与其前任林登·约翰逊（Lyndon Johnson）相提并论，称他们为"一丘之貉"，暗地里，毛泽东还是期待能与尼克松有所合作——这个希望受到美国派出的许多探路人的鼓舞。[3]

在毛泽东看来，与美国改善关系对中国有两大好处：在一定程度上抵御苏联的威胁，也增加了将台湾收归北京管治的可能

〔1〕 Kissinger, *White House Years*, 178 – 186.

〔2〕 Joseph Y. S. Cheng, "Mao Zedong's Perception of the World in 1968—1972: Rationale for the Sino-American Rapprochement", *Journal of American-East Asian Relations* 7, nos. 3 – 4 (Fall-Winter 1998): 251.

〔3〕 Mann, *About Face*, 16.

性。[1] 正是苏联对中国的虎视眈眈最终将这两个宿敌推到一起。[2] 毛泽东清楚中苏边界冲突对美国人的重要性，据说他在冲突期间跟私人助手评论说："中苏发生交战了，给美国人出了个题目，好做文章了。"[3]

　　作为中国对美国外交关系转向的一部分，毛泽东亲自审阅尼克松就职演说所写的评论员文章和演说本身的内容，并刊登在《人民日报》和《红旗》杂志这两份中国共产党最重要的宣传刊物上。[4] 1969 年，正当尼克松让基辛格找出通往中国的最佳途径时，毛泽东也召集四位元帅陈毅、叶剑英、徐向前和聂荣臻执行同样的任务。[5] 而毛泽东也像尼克松一样，亲自审查中国和美国在 1970 年早期在华沙的联络和对话。[6]

　　同样和尼克松一样，毛泽东通过他人向美国传递信息，其中之一是接见他的老朋友、美国记者埃德加·斯诺（Edgar Snow）并和他会谈。[7] 1970 年 12 月 18 日，毛泽东的助手在北京冰冷

〔1〕 例如，钱江关于乒乓外交的著作就从中苏边界冲突开始讲述。见钱江，《小球转动大球》。西方学者似乎同意这个观点，而我本人相信这只是部分正确。毛泽东认识到与尼克松就台湾问题达成协议的时机已到，这也是寻求中美重新接触的一个主要动机，甚至比前面提到的更重要。尽管基辛格在他的《白宫岁月》（White House Years, 749）和其他地方提到，在他 1971 年 7 月历史性访华行程中，只是短暂地在与周恩来的第一次会面时提及过台湾问题，但这一描述与有关会议过程的记录不符。实际上，台湾问题在北京与美国 70 年代的谈判中扮演了极其重要的角色，在发给白宫的每一条信息中，北京都传递了台湾问题对改善中美总体关系的重要性。

〔2〕 见 Kissinger, White House Years, 167–194.
〔3〕 吴旭君，《毛泽东的五步高棋》，249。
〔4〕 宫力，《毛泽东与美国》，195。
〔5〕 对这四位将军与中美关系的最出色研究当属熊向晖的《我的情报与外交生涯》，170–201。并见杜易，《大雪压青松》，208–212；及中共中央文献研究室，《周恩来年谱 1949—1976》3：301–302，305。
〔6〕 中共中央文献研究室，《周恩来年谱 1949—1976》3：341。
〔7〕 有关斯诺访问的部分内部消息见熊向晖，《我的情报与外交生涯》，202–235。

的清晨将斯诺叫醒去和毛泽东谈几个小时。在谈话中，毛泽东告诉斯诺，他欢迎尼克松来中国。1970 年 12 月 25 日，《人民日报》头版刊登一张斯诺与毛泽东在天安门城楼的照片，右上角是"全世界人民包括美国人民都是我们的朋友"的语录，这是周恩来总理细心安排的。

这都是精心设计的向尼克松传达的善意信息，正如毛泽东向身边工作人员提到与斯诺的谈话时吐露的，他想通过这次会面和照片"放个试探气球，要触动触动美国人的感觉神经"。[1] 斯诺的角色很清楚，用毛泽东自己的话说就是："我在和尼克松吊膀子，要找红娘啊。"[2] 可是，尽管斯诺是 30 年代第一个采访过毛泽东的西方记者并因此有了和毛接触的特权，但却是个向尼克松传话的错误人选，因为他没有和白宫接触的机会。结果，尼克松直到 1971 年春斯诺的采访被刊登出来时，才接收到毛泽东的信息。基辛格后来提到："毛泽东的信号被忽视的原因之一是中国大大地高估了埃德加·斯诺在美国的重要性。斯诺作为一个长期同情中国共产党的美国记者，被北京的领导人看成是在美国对中国问题的见解特别有公信力的人。然而，华盛顿却认为他是共产党的工具，并不打算在机密问题上信任他。"基辛格还承认中国人"高估了我们的领悟力，因为他们传递的信息如此间接，我

---

〔1〕 吴旭君，《毛泽东的五步高棋》，231。
〔2〕 吴旭君，《毛泽东的五步高棋》，238。

们粗枝大叶的西方思维方式完全无法抓住要点"。[1]　直到后来，尼克松和基辛格才明白毛泽东想表明，他和斯诺在 1970 年 10 月 1 日和 12 月 18 日的会面标志着中美关系已经得到他本人的关注。[2]

在和华盛顿开展新关系时，毛泽东还面临另一个问题，中国人多年来深受"美国是与中国敌对的帝国主义"观念影响，尤其是在"文化大革命"影响下开展务实的外交有难度。有一次，苏联总理柯西金（A. H. Kosygin）试图用热线打电话给毛泽东讨论边界冲突后每况愈下的关系，中国的接线员称他是修正主义者，没资格和伟大领袖毛主席谈话，然后把电话挂掉。[3]　因此，在这种环境下，毛泽东只能放慢速度为中美关系的新时代做准备。

同时，毛泽东也不打算放弃他在海外的革命形象，这使尼克松产生疑惑。毛泽东在 1970 年 5 月 20 日就美国轰炸柬埔寨的声明就是一个好例子。他的声明题为《全世界人民团结起来，打败美国侵略者及其一切走狗!》，当中声言："美帝国主义看起来是个庞然大物，其实是纸老虎，正在垂死挣扎。"出于地缘和意识形态的考虑，毛泽东自然支持柬埔寨。一份回忆录显示，基辛格

〔1〕　见 Kissinger, *Diplomacy*, 725 - 726；以及 Kissinger, *White House Years*, 698。在白宫的背景简报中，基辛格说："埃德加·斯诺意义不大，除了他在一生的（原文如此）文章中所传递的信息，这也是我们唯一能看到的，属于我们通过其他方式已经接收到的一般态度，这只不过证实了我们已经知道的一般性态度。"见 Nixon Project, Haldeman, box 82: Kissinger background briefing at the White House, July 16, 1971。

〔2〕　Kissinger, *White House Years*, 699.

〔3〕　这事属实，并在几个地方得到确认。见田曾佩和王泰平，《老外交官回忆周恩来》，298；及孔东梅，《改变世界的日子》，48 - 49。

似乎理解到毛泽东所面临的矛盾：他告诉尼克松，毛泽东的声明实际上"不同寻常地温和"，只给予印支地区的人民以"热烈支持"，"而连常用的中国是斗争的'大后方'这样的词句都没有。"[1] 但尼克松还是为之恼怒，说："这家伙看来好斗。我要让他们知道我们不玩这小鸡游戏。"[2] 他做出了显然过激的反应，将第七舰队中无须驻守越南的舰只全数部署至台湾海峡。而中国的激进分子继续发布对美国的谴责，这让情况对毛泽东和美国都更为不利。

如果说毛泽东领导下的中国人给尼克松发出了让人困惑的信号，那么美国人的反馈信息也同样让人抓不住重点，但两者根本的原因是不同的：对美国人来说问题在于没有统一的对华政策。大部分美国人习惯了对华怀有敌意，而打算转变态度的人不多。甚至连亨利·基辛格一开始也认为尼克松与中国建立外交关系的想法是"异想天开"。[3] 而且尼克松没有积极地为转向做宣传，反而尽量掩蔽对华行动，连国务院也被蒙在鼓里。此外，白宫和国务院当时存在严重的官僚斗争，这意味着基辛格和国务卿威廉·罗杰斯（William Rogers）也经常有冲突。这种情况使有关中国的信息混乱而自相矛盾，让中国人更难以理解美国政治到底如何走向。

这就难怪来自双方的杂乱信息让毛泽东和尼克松都对对方的提议特别小心谨慎。基辛格后来写道："事态发展证明制订对华

〔1〕 Kissinger memo to Nixon on Mao's statement on U.S. action in Cambodia, May 23, 1970, *FRUS*, vol. 17, 212–213.
〔2〕 Kissinger, *White House Years*, 695.
〔3〕 Mann, *About Face*, 19.

关系的新政策比将其付诸实施要容易。美国和中国之间隔离得那么完全，以致谁也不知道如何和对方联系上或者如何找到一句共同的话语去确信对方的友善背后没设陷阱。"[1] 虽然毛泽东和尼克松确实彼此需要，但双方都不得不谨慎地迈出每一步，带着微妙而重要的信息走向对方、互相试探，而这种试探一旦碰壁则会被否定和推翻。"[2] 经过二十多年的相互憎恨和不信任，要建立关系既不轻松也不容易。

只有一些不同寻常的东西才有可能给北京和华盛顿一个清晰的信号去继续前行，而这就是体育比赛。如前所述，毛泽东是个体育迷，尼克松也一样，还自称是"四分卫"，并把在越南海防港布雷称为"后卫行动"[3] 根据尼克松的幕僚长哈尔德曼（H. R. Haldeman）的日记，尼克松有次中断了和高级幕僚召开的预算会议去看老对手俄亥俄州和密歇根大学队之间的橄榄球赛[4] 有趣的是，尼克松虽然喜欢看比赛，但自己不参与运动，这和毛泽东不同。实际上，他是富兰克林·罗斯福（Franklin Roosevelt）之后最懒得动的一个美国总统。他曾告诉其体育咨询评议会："我真的讨厌为锻炼而锻炼……现在有个趋势，人们就只跷着脚坐着看电视，边吃饼干边喝东西，这就是他们参与体育的方式。我不认为这有什么不好。"[5] 无论如何，尼克松享受体

〔1〕 Kissinger, *Diplomacy*, 725.
〔2〕 Kissinger, *White House Years*, 685.
〔3〕 Dale Russakoff, "Team Rice, Playing Away", *Washington Post*, February 6, 2005, D1; Mandell, *Sport*, 233.
〔4〕 Haldeman, *Haldeman Diaries*, 110.
〔5〕 Mandell, *Sport*, 233.

育之美。当毛泽东真的提出两国间举行乒乓球友谊赛时，尼克松自然非常接受，并且立刻明白当中的含义和重要性。

### 毛泽东的主动行动

毛泽东自己固然喜欢体育，但他利用与美国进行乒乓球比赛去实现外交目标的主意却受到国内环境的影响。尤其是"文化大革命"严重损害了包括乒乓球在内的中国体育。几乎所有国际体育赛事都被禁止参与。

到 70 年代初期，北京加入的国际体育联会寥寥无几。对毛泽东和尼克松来说都算幸运的是，中华人民共和国保留了在世界乒乓球联合会、甚至是亚洲联合会的成员资格。然而，在"文化大革命"期间，中国还是错过了第 29 届和第 30 届的世界乒乓球锦标赛。第 31 届赛事于 1971 年 3 月 28 日到 4 月 7 日在日本名古屋举行，北京是否又再错过这次锦标赛？

总理周恩来明确认为中国应该出席，以此作为回归国际社会的一个行动，于是他在 1970 年 10 月起着手为代表团制订计划。作为第一步，周恩来亲自安排日本乒乓球协会主席后藤钾二在 1971 年初访问中国。当后藤钾二与中国的谈判由于台湾在亚洲乒乓球协会的成员资格而出现停滞时，周恩来亲自介入并达成最后协议。[1] 1971 年 2 月 2 日，《人民日报》报道，北京将确定参与第 31 届世乒赛。

周恩来继续亲自处理乒乓球队事务。他在 2 月 12 日观看了

---

〔1〕 中共中央文献研究室，《周恩来年谱 1949—1976》3：431。

中国队的训练，之后与队员会谈，鼓励他们在比赛中发挥水平。周恩来告诉他们，他们的参赛是一种"政治斗争"，要强调"友谊第一，比赛第二"的精神。3月8日，他再次接见中国队，重申政治是队员们的头等大事。他甚至在当晚给球队写了一封信，进一步鼓励他们，并对其努力的方向进行指导。[1]

1971年3月11日，在一次有外交部和体育界官员参加的会议上，周恩来就中国乒乓球队在日本与美国队碰面的事做了一个惊人的评论，他说："作为一个团体，我们总是要和他们接触的。如果美国队进步，也可以请他们来比赛。我们和美国队可以比赛，不能来往就不通了。"他接着问："我们的体育代表团不是去过西德了吗？那么美国能不能去？我们同日本的邦交还没有恢复，但体育代表团可以去日本……大家动动脑筋，得想想这个世界性的大问题。"[2]

周恩来在北京暗示了参加世乒赛的最终目标——扩展中美关系。而他又是一个传达这一信息的合适人选——即使他不一定能在政治决策上拍板，但他当时参与了与白宫的秘密沟通。此外，他知道毛泽东对改善中美关系有着浓厚的兴趣。

美国政府显然几乎马上就得知了北京将参加世乒赛。1971年2月3日，一位国务院官员阿尔弗雷德·詹金斯（Alfred Jenkins）向副国务卿马绍尔·格林（Marshall Green）递交了一份备忘录，上面提到中华人民共和国宣布参加即将举行的名古屋世界乒乓球锦

---

〔1〕　中共中央文献研究室，《周恩来年谱 1949—1976》，3：435，442；鲁光，《中国体坛大聚焦》，136－137。

〔2〕　钱江，《小球转动大球》，127－128。

标赛。备忘录还指出："这是 1966 年前主导国际乒乓球坛的中华人民共和国在'文化大革命'开始之后，第一次派国家队参加一项大型国际体育赛事。"詹金斯评价北京的决定是其目前外交进取姿态的必然结果，有着"清晰的政治动机"。[1]然而，当时还没有人察觉到这一决定对中美关系发展将产生重大影响。

摆在面前的还有各种各样的阻碍，柬埔寨的形势发展几乎扼杀了北京的计划。诺罗敦·西哈努克政府 1970 年 3 月被朗诺推翻，西哈努克被迫流亡北京。当他的流亡政府得知朗诺政权将到日本参加世乒赛时，就在 1971 年 3 月请求北京不要参赛以示抗议。中国因此面临艰难的选择。如果不参加这次比赛，其"人民外交"的规划将付诸流水，而且反悔也会得罪日本。但拒绝西哈努克的请求也会让周恩来陷入政治困境，因为极左势力已经多次批判周恩来不偏帮的务实对外政策。

朝鲜政府也表示对北京参加世乒赛有保留，这使情况更加复杂化。作为一种自我保护，周恩来让中国队的球手们讨论在新出现的情况下他们应不应该参赛。周恩来可能希望球手们会要求参赛，从而给他以支持，然而大部分队员、包括明星选手庄则栋选择不支持参赛。他们的决定是可以理解的，因为在"文化大革命"期间，他们受到极"左"势力的干扰，说他们不积极革命、不关心政治。包括周恩来在内的每一个人如果成为极左势力的目标，后果都不堪设想。

周恩来明显对队伍讨论的结果感到失望，但他自己不做出决

---

〔1〕 Jenkins memo, National Archives, RG 59: general records of the Department of State, subject numeric files, 1970—1973, entry 1613, box 2187.

定，而是请毛泽东来最终定夺。周恩来在 1971 年 3 月 15 日中国队计划出发去日本的前两天，向毛泽东做了报告，解释当前的情况并让他做最后决定。毛泽东在当天回复："我队应去。"[1] 问题解决了。

3 月 16 日晚，周恩来在人民大会堂为中国队举行送别宴，就世界事务和朝鲜、柬埔寨的态度做了一次较长的讲话。他再次要求代表团紧跟"友谊第一，比赛第二"的精神。[2] 在代表团出发前，政府发出由毛泽东亲自审阅过的、有关如何在世乒赛上对待美国人的指引：当队员与美国人相遇时，不许首先和他们打招呼及交谈；中国球手与美国球手比赛时，不准和他们互换国旗，但可以握手。[3] 除此之外，中国球手庄则栋不被选派与柬埔寨球手对垒，作为北京支持西哈努克的信号。

有了这些明确的指引，加上日本人为中国队安排了单独的酒店和巴士，中国队与美国队之间的任何沟通只能由美方发起，而美国人的确有过几次主动的表示。3 月 28 日，《体育画报》（*Sports Illustrated*）的美国记者理查德·迈尔斯（Richard Miles）给中国队一封信，表达了他采访其领队和世界冠军庄则栋的期望（中方没有回应）。3 月 28 日和 29 日，几名美国记者和中国乒乓球队官员宋中握手，表达了访问中国的渴望。同一份报告指出，3 月 30 日中国代表在世界乒乓球大会上公开指责美国借支持台湾在世界乒乓球联合会的成员资格来制造"两个中国"的阴

---

〔1〕 周恩来给毛泽东的信的完整内容以及毛泽东的批语见鲁光，《中国体坛大聚焦》，139 - 141。并见中共中央文献研究室，《周恩来年谱 1949—1976》3：443 - 444。

〔2〕 鲁光，《中国体坛大聚焦》，142 - 143。

〔3〕 同上，146。

谋。但在大会小休的时候，美国队的领队格雷厄姆·斯廷霍文（Graham Steenhoven）和拉福德·哈里森（J. Rufford Harrison）保持友好态度，并问中国队是否愿意让美国队像其他被邀请过的球队一样访问他们。这份报告的可靠性可以从美方得到证实。虽然拉福德·哈里森后来否认他或者斯廷霍文亲自索求邀请，但他也的确向一位来自密歇根口述历史项目的访问者说过，他记不得中国人在世乒赛上曾经主动接近美国人，并承认："我们偶尔去接触他们。"他还坦承在乒乓球协会第一次会议结束时，在中国人因台湾问题谴责美国人之后，他称赞了中方翻译英语水平高。在涉及美国球手是否表明他们要抓住这个机会去中国时，他回答：

> 是的，也不是……如果像格伦·科恩（Glenn Cowan）这样的人物到宋中或者一位翻译等什么人面前说"我们想去中国，请给我们发邀请"，那不能算美国队索求邀请，而是美国队中的一个人索求邀请。要是斯廷霍文或者我到中国人那儿说，"我们想知道我们队有没有可能在回程的时候访问中国"，这就是另一回事。这就属我们队索求邀请，这事没发生过。我们没有叫他们发邀请。我不清楚谁做了这事，但我想的确有人说过想去中国。[1]

---

〔1〕 Bentley Library, J. Rufford Harrison files, box 19/original.

在为口述历史所做的详细的访问中，斯廷霍文谈及去中国的邀请时说："事实上，我们肯定说过：'咳，我们想去。'我确认有人说过这话。"他还谈到在得知加拿大和柬埔寨等代表队被邀请时的感受：用斯廷霍文的话说，他们队"妒忌得要命"。在中国人因为台湾在世界乒乓球联合会会籍之事而责备美国人之后，他和其他美国人都没有在会议上回应。在茶歇时，他碰巧站在宋中及其翻译旁边。"我想是时候说些什么了，于是就主动跟他们说，每当我参加这样的大赛时，就会带上些肯尼迪半美元（Kennedy half dollar）硬币；如果他们肯接受，我会很高兴给他们每人一个作为美国纪念品，如果不能接受的话，我就不会给，以免冒犯他们。然后他们说可以接受……就这样，我和中国人就在那一天以友好的姿态进行了第一次接触。"斯廷霍文还解释说美国球手特别留意中国队："如果你想看最好的，那就是你该学本领的地方。"[1] 从这些叙述来分析，美国人应该肯定在锦标赛一结束后就多次表达了有兴趣访问中国。

不管幕后发生了什么事，一个戏剧性的公开事件很快就让世界聚焦到美国和中国球队之间出现的联络。4月4日，美国球手格伦·科恩跳进中国队的巴士。庄则栋后来描述，当这个年轻的美国嬉皮士突然出现在巴士上时，一开始没人和他说一句话。但庄则栋想起了毛泽东在1970年曾告诉斯诺，中国希望与美国政府和人民的关系回暖。于是他站起来，通过翻译告诉科恩，即使美国政府对中国有敌意，中国人民和美国人民还是朋友。为表达

---

[1] Bentley Library, Steenhoven materials, box 19.

这种友谊，庄则栋送给科恩一个小礼物——一块织锦。科恩竟然还得到世界冠军庄则栋的礼品，极其兴奋，第二天赠给庄则栋一件 T 恤衫作为答谢，并表示希望有一天能访问中国。[1]

基辛格对此事的态度有点儿刻薄：他在自己的回忆录上提到，庄则栋的姿态一定在之前就获得官方许可，因为"如果中国人来名古屋不是为了和美国人交好，是不会同意他这么做的。中国人最出众的才能之一就是让精心计划好的事情看上去像偶然发生似的"。[2] 可是，庄则栋和科恩之间的互动实质上完全出乎计划之外。毛泽东本人也是从西方媒体上得知此事，而他在听到这条新闻之后亲自指示，中国队在比赛期间与北京的电话联系从三次增加到五次。毛泽东还让他身边的工作人员每天把外国报纸有关中国队的报道详细读给他听。[3]

一份发自中国外交部和国家体委、日期标为 4 月 3 日的秘密报告令周恩来得知，来自哥伦比亚、牙买加和美国的乒乓球队表达了在世乒赛后访问中国的愿望。出于"扩大我国的政治影响及为我体育队访问拉美开辟道路"，哥伦比亚和牙买加的乒乓球队将会获得邀请，但美国队的情况就要复杂得多。报告中提到，"美国队的一些人对我代表比较殷勤，美国队首席代表和记者曾六次同我方接触，表示友好。"但是，"我们考虑，美左派和有

---

〔1〕 中央电视台访问庄则栋的记录《庄则栋：亲历乒乓外交》，2006 年 4 月 18 日，《新闻会客厅》节目。

〔2〕 Kissinger, *White House Years*, 709。基辛格的描述是根据 1971 年 7 月 16 日合众国际社报道，作者 Arnold Dibble。

〔3〕 毛泽东当时有严重视力问题，靠身边工作人员给他读资料。见吴旭君，《毛泽东的五步高棋》，240。

影响的政界人物均尚未访华，由乒乓球队打头阵，政治上不是很有利。可（令在日本的中国选手）告美国队，现在访华时机还不成熟，相信今后会有机会的。"周恩来同意报告的建议，但又补充："并可留下他们（美国球手）的通信地址（以便访华机会成熟时联络），但对其首席代表在接触中应表明，我们中国人民坚决反对'两个中国'、'一中一台'的阴谋活动。"他在 4 月 4 日将报告连同他的批语递交给毛泽东作进一步指示。[1] 4 月 6 日，经过三天的犹豫，毛泽东同意了不邀请美国球队的建议，事情似乎到此为止。

然而情况在当天深夜出现了戏剧性转变。根据毛泽东的身边工作人员吴旭君的忆述，毛泽东那天晚上似乎都在沉思，在吃了安眠药之后，开始昏昏欲睡。然后突然低声对她说，她得马上打电话给外交部，告诉他们他最终决定邀请美国人来访。

此刻正是 4 月 7 日黎明之前，世乒赛就在这一天闭幕。吴旭君要执行毛泽东的指示就必须尽快行动，但她又不禁觉得进退两难——毛泽东之前说过，他在吃了安眠药之后的话不算数。她是否应该忽略毛泽东的新指示，就这么错过一个重要的外交机遇？还是冒着毛泽东并不真的想邀请美国人访华的风险照办？

吴旭君决定先把毛泽东的命令放一放，看他是不是认真的再说。当毛泽东发现吴旭君没有按他的话做时，立刻催她赶快行动，因为时间已经不多了。吴旭君小心地问他是哪个命令，他复述了一遍是要邀请美国队，并说即使他吃了药，她也要去办这

〔1〕 国家体委和外交部，《关于哥伦比亚、牙买加和美国乒乓球队访问中国的请求以及美国记者访问我乒乓球队的请求的报告》，中华人民共和国外交部，1971 年 4 月 3 日。

事。在得到确认之后，吴旭君马上打电话给外交部和周恩来，请其将这消息急传到日本。可以理解，她第二天还在为这件事有些紧张，担心毛已经忘记发生了什么，直到毛泽东承认在之前的晚上给过她这一指示，她才真正松一口气。[1] 在吴旭君的协助下，毛泽东在最后一刻做出指示欢迎美国乒乓球队访华，改变了中美关系的命运。[2]

在日本的宋中一收到来自北京的指示后迅速行动，于 11 点 30 分来到美国队下榻的酒店找到哈里森，宋中询问："你会如何回应你们的球队和官员访问中国的邀请？"中国人的这句话非常高明，如果美方给予积极回应，邀请就随之而来；如果回答不尽如人意，就不会有任何正式的邀请发出。但是美国人为这个机会而雀跃，哈里森唯一的担忧只是费用——这是不难理解的，因为为球队出资的美国乒乓球协会资金紧缺（部分队员甚至要借钱来实现日本之行[3]）。宋中回答说，中方愿意出资。[4] 4 月 7 日晚上七点半，美国队正式接受中国的邀请，附加条件是中国支付每位球手 170 美元的返程机票，中方表示同意。[5]

15 人组成的美国乒乓球队在 4 月 10 日抵达中国，4 月 17 日离开。他们的访问是真正划时代的，这是自 1949 年以来第一个官方认可的美国代表团访问中国。他们访问了北京、上海和杭

---

〔1〕 毛泽东通过吴旭君发出邀请的故事见吴旭君，《毛泽东的五步高棋》，245 – 247。并见中共中央文献研究室，《周恩来年谱 1949—1976》3：449。

〔2〕 有关毛泽东所扮演的角色详见周溢潢，《中美乒乓外交背后的毛泽东》，《人民日报》，2003 年 12 月 19 日，15。

〔3〕 例如 15 岁的选手朱迪·波辰斯基要从银行借 900 美元来实现日本之行。

〔4〕 Bentley Library, J. Rufford Harrison files, box 19/original.

〔5〕 官方报告，日期不详，中华人民共和国外交部档案馆。

州，举行了两场友谊赛。周恩来作为一位出色的主人，亲自过问美国队访问的每个细节，连基辛格也在后来称此行是"一件轰动国际的大事；它捕捉了世界的想象力，这与周恩来细致的国事管理息息相关"。[1]

周恩来甚至周到地考虑到了美国人应该看到什么娱乐节目。在美国人访问的时候，北京只上演样板戏《红灯记》《智取威虎山》和《沙家浜》，周恩来希望这些特别的美国客人去观看更引人入胜的革命芭蕾舞剧《红色娘子军》。剧中，一位出身贫寒的中国婢女逃离恶霸地主的魔掌去参加中国红军的一支女子分队，在斗争中认识到她的苦难和仇恨只是被地主阶级和国民党压迫所造成的深重苦难的一部分。它被中国人认为是一部现代舞剧经典，当时访问中国的外国人都毫不例外地被安排去观看这部芭蕾舞剧的演出或者至少是其中的片断。一份有关尼克松 1972 年访华之行前事宜的美国国务院备忘录写到："尽管这芭蕾舞剧的情节是出于宣传共产主义，但尼克松总统夫妇观看的那些片段中反国民党的主题，应该没有太大问题。不过在最后一幕，全体演员大喊：'打倒国民党反动派！'这会是个问题。在这芭蕾舞剧上没有反美内容和含义。"[2]

周恩来决定安排美国乒乓球手观看这个芭蕾舞剧，并试图让正在忙于准备国外演出的芭蕾舞剧团专门为美国人表演。他甚至

〔1〕 Kissinger, *White House Years*, 709 – 710.

〔2〕 Department of State, memorandum for Henry Kissinger, December 22, 1971, Nixon Project, White House special files, staff member and office files, Dwight Chapin, box 31, folder China—general information.

提出演出日期定在 4 月 13 日。[1] 可惜计划落空了——由于后勤问题，剧团无法进行这场表演。

最后，美国人被安排在 4 月 14 日观看此行的唯一一场表演，即反映中国解放战争时期内容的《智取威虎山》。故事从一名共产党员打入一群与国民党军队勾结的土匪内部展开。美国国务院在一份给基辛格的、有关中华人民共和国表演艺术的备忘录中提到，《智取威虎山》"包含强烈的反蒋宣传，也有反美宣传的成分，不适合总统或者尼克松夫人观看"。[2]（美国队最后还是在返美途中在广州观看了《红色娘子军》。）

周恩来甚至还监督印发给中方接待人员关于美方行程安排文件的实施，当中用粗体字强调中国观众在观看友谊赛时要为美国球队鼓掌。[3] 还有，中国和美国的球手要在赛前握手，并且手拉手走向球台，以体现"友谊第一"的精神。自然，周恩来还仔细安排了中美乒乓球友谊赛如何播出。在北京比赛举行前，周恩来审阅并修改了播音员宋世雄用于比赛直播的草稿。[4] 在他看来，美国队的访问是一项重大外交事件，绝不容许有疏漏。

在动身前往中国之前，美国领队斯廷霍文告诉队员："我们

---

〔1〕 周恩来办公室有关是否向美国人表演《红色娘子军》的电话记录，1971 年 4 月 10 日晚上 8：30（原记录错写为 3 月 10 日，应为 4 月 10 日），中华人民共和国外交部档案馆。

〔2〕 Department of State memorandum for Henry Kissinger, December 22, 1971, Nixon Project, White House special files, staff member and office files, Dwight Chapin, box 31, folder China—general information.

〔3〕 见美国乒乓球队访问的正式行程表，中华人民共和国外交部档案馆。

〔4〕 宋世雄，《宋世雄自述》，223。

在比赛中获胜的机会不大，但我们能有一个愉快之旅的机会极佳。"[1] 斯廷霍文关于旅途愉快的估计是对的，但他也太低估了中国队"友谊第一"的愿望。在周恩来的精心安排下，美国队赢了几场比赛，令他们惊喜不已，而中国队输得十分高明，让人难以察觉。其中一名参赛的中国球手郑敏之后来回忆道："我知道［和美国队的比赛］和我之前参加的任何比赛都不一样……我知道它们的意义以及我的责任。我知道我不单单是在打球，更重要的是，我在实现通过一般外交渠道难以实现的效果。"[2]

美国队访问的高潮是在 1971 年 4 月 14 日与周恩来见面——被基辛格描述为"大部分驻北京的西方外交人员都无法得到实现的愿望"。[3] 在这个精心编排的会见中，周恩来告诉美国客人："有朋自远方来，不亦乐乎。"他还说中国人民和美国人民过去曾经相互友好，但他们的合作关系在 1949 年之后中断了。现在，"你们这次应邀来访，（重新）打开了两国人民友好往来的大门"。[4] 周恩来甚至还回答了 18 岁的长发球手格伦·科恩的问题——关于对美国嬉皮士看法，睿智的回答让科恩的母亲感动之极，通过一家香港旅行社向周恩来寄去玫瑰和一封电报表达感激："科恩和队友在中国受到热情款待，这要十分感谢周总

〔1〕 Bentley Library, Tim Boggan files, box 1: "Ping-Pong Oddity by Tim Boggan", unpublished manuscript, 76。波甘是长岛大学的英语副教授、美国乒乓球协会的副主席和著名的 1971 年访华美国队的成员。

〔2〕 Bruce Weber, "Ping-Pong Diplomacy Revisited", *NYT*, July 26, 1997.

〔3〕 Kissinger, *White House Years*, 710。并见《同美国乒乓球代表团的谈话》，中华人民共和国外交部档案馆；及中共中央文献研究室，《周恩来外交文献》，469–475。

〔4〕 "Foreign Ministry's Note to Friendly Countries' Embassies in China about the Visit of the American Table Tennis Team to China"，日期不详，中华人民共和国外交部档案馆。

理。"当中国外交部从旅行社得知这份礼物的消息时，立刻向周恩来请示。周恩来同意外交部的建议接受感谢电报，但让科恩母亲不必再为鲜花寄钱来了。[1]

北京邀请美国乒乓球队访华的消息一传出，美国媒体就紧追不舍。美国乒乓球协会的副主席提姆·波甘（Tim Boggan）收到了《时代》（*Time*）、《生活》（*Life*）、《新闻周刊》（*Newsweek*）、哥伦比亚广播公司（CBS）、《纽约时报》（*New York Times*），甚至奥地利报纸等发来的"许多花样百出的约访"。他后来回忆道，每个公司都要同样的东西："无论如何都要（我）写点什么，无论我什么时候，在哪里，都有拍照、录音机、电报、电话。"[2] 几乎每个队员都有约访袭来，来自俄勒冈的15岁队员朱迪·波辰斯基（Judy Bochenski）从中国回来后频频上电视节目，并被选中参加1971年6月在波特兰举行的"玫瑰大游行"，和鲍勃·霍普（Bob Hope）以及阿波罗11号的一名宇航员等名人一起分享明星荣耀。俄勒冈州议会甚至在1971年5月投票选出一个"朱迪·波辰斯基日"，并给她以"皇家礼遇接待"。[3] 根据波甘的回忆，当美国队从中国内地返程途经香港时，有600名记者前来报道他们的故事。嬉皮士科恩经过这次精彩行程后兴头甚高，甚至信心十足地说："我想我非常容易地在周恩来和尼

---

〔1〕 "Foreign Ministry's Report about Cowan's Mother's Plan to Send Premier Zhou Flowers and Message"，1971年4月23日中华人民共和国外交部档案馆。

〔2〕 Bentley Library, Boggan files, box 1: "Ping-Pong Oddity," 63.

〔3〕 见朱迪·波辰斯基1971年访华回国后的叙述，收于Bentley Library, USTTA-Kaminsky, 1972, box 3。

克松之间斡旋。"[1]

然而，并没有多少美国人理解中国主动邀请美国队访华一事的真正意义。当斯廷霍文被问及中国是否利用美国乒乓球队做宣传时，他回答："不，绝对没这回事！我敢肯定他们只是想和我们交朋友。"[2] 他当然没有意识到，毛泽东出色地用他们来开启他与尼克松之间的一场更大的赛事。甚至连美国国务院也没有抓住毛泽东的真正用意，把这看成是"北京努力向世界表现出其让人愉悦一面的工作的一部分，目的在于今年秋天能进入联合国。"[3] 他们显然没有全局眼光，正如周恩来指出的：这小小的乒乓球是用来推动全球政治这个大球的。[4]

### 美国的反应

参议员爱德华·布鲁克（Edward W. Brooke）是立刻认识到这个行动之重要的少数人之一。他在 1971 年 4 月 15 日的参议会上声称："最近向美国乒乓球队发出的邀请以及他们始终友好而高质量的接待，比一百个外交声明都要更响亮、更清楚地说出中国大陆对与西方建立更正常化关系的渴望。乒乓球对中国人的重要性好比橄榄球和篮球加在一起之于美国人。"他将这次访问称

〔1〕 Bentley Library, Boggan files, box 1："Ping-Pong Oddity", 239 – 240.

〔2〕 Bentley Library, Boggan files, box 1："Ping-Pong Oddity", 251.

〔3〕 "Memorandum from Holdridge to Kissinger, on possible significance of PRC invitation to U. S. table tennis team to visit China, April 9, 1971", *FRUS*, vol. 17, 289 – 290.

〔4〕 来自中国有关乒乓外交时期的最新材料见熊向晖，《我的情报与外交生涯》，236 – 259。

为"一件有历史意义的大事"，标志着"一代人的困局被打破"。[1]

毛泽东1971年4月邀请美国乒乓球队的决定令世界惊讶。苏联尤为担心，警告华盛顿说北京的乒乓外交是一个诡计，怕美国人会"中计"。[2] 副国务卿马绍尔·格林承认："中国将邀请15名或以上的美国人到中国大陆，这让我们感到意外。毕竟，这是21年来首次有这么个团体去那儿，而且这乒乓球赛有许多群众观看。我们现在每天都接到美国人打来的电话，问我们可不可以让他们访问中国。"[3] 基辛格回忆说，白宫收到毛泽东决定让他的乒乓球队和美国人比赛的消息时"吓了一跳"。[4] 尼克松坦承说："这个消息让我既惊讶又高兴，我从来没料想到中国会通过乒乓球队来发起行动。我们立刻同意接受这个邀请。"[5]

惊讶是肯定的，但尼克松和基辛格也立刻领会了毛泽东邀请的意图。基辛格写道："从许多方面来看，紧随乒乓外交后的几个星期是整个漫长曲折过程中最令人抓狂的。只有总统和我能完全明白周恩来的举动，因为只有我俩清楚北京和华盛顿之间沟通的全部情况。我们知道会有大事情发生，但难以想出它会通过什

〔1〕 Nixon Project, Haldeman files, box 77: Statement of Senator Edward W. Brooke on the floor of the Senate, April 15, 1971.

〔2〕 Confidential telegram from American embassy in Canberra to Department of State, April 1971, National Archives, RG 59: general records of the Department of State, subject numeric files, 1970—1973, entry 1613, box 2188.

〔3〕 Department of State, memorandum of conversation, April 20, 1971, National Archives, RG 59: general records of the Department of State, subject numeric files, 1970—1973, entry 1613, box 2678.

〔4〕 Kissinger, *White House Years*, 709-710.

〔5〕 Nixon, *Memoirs*, 548.

么渠道浮出水面，或者更精确地说，会通过什么形式发生。"[1]
基辛格进一步评价：

> 就像中国人的所有举动一样，它有那么多层的含
> 义，以至其光鲜的表面其实最不重要。邀请那些美国年
> 轻人的意味再明显不过，标志着中国决定和美国改善关
> 系；更深一层，它比通过任何渠道进行的任何沟通更能
> 保证那现在肯定会被邀请的使者会踏上友好的土壤。这
> 是给白宫的一个信号，说明我们的行动受到注意。球员
> 不可能代表某一政治倾向的事实使这个策略在中国人眼
> 中更具吸引力。中国可以达到其目的，同时避免美国人
> 尖锐的评论。[2]

尼克松非常清楚在北京走出了高明的第一步之后，美国人必
须跟进。根据基辛格的观察，中国人的姿态传递"给我们一个微
妙的警告：如果中国的主动出迎被冷落的话，北京会用河内现在
的做法，运用人民对人民的手段，通过动员群众来施加压力、实
现目标。"[3] 让尼克松感到幸运的是，中方的行动正中他的下
怀。通过这个邀请，中方明确了他们努力改善关系的想法。毛泽
东和尼克松千方百计要找的最佳"红娘"原来是小小的白色乒
乓球。

---

[1] Kissinger, *White House Years*, 711.
[2] Kissinger, *White House Years*, 710.
[3] 同上。

尼克松为毛泽东的乒乓引子而兴奋，因为这一高明的行动将帮助他迈向他所设想的中美关系的伟大一页，实现他有关世界新秩序的蓝图。尼克松的幕僚长哈尔德曼在其日记开头描述了由中方行动开启的令人兴奋的进程。例如他写到，在 4 月 12 日星期一，基辛格和尼克松一致认为："我们的全部政策和中国现在的活动都将有助于动摇苏联的地位，勃列日涅夫将不得不以某种方式向和平走出重要一步，这将有利于我们在战略武器限制谈判达成协议以前举行相关峰会。"[1] 有一份有关 4 月 17 日的手记中，哈尔德曼再次提到，尼克松认为他的对华措施实现了"任何其他人都没能做到的成果"。根据尼克松的观点，通过乒乓行动，"中国让我们对付苏联人时有了机动的空间，现在我们不再无路可退。"[2]

考虑到这些进展对尼克松所期望的有关苏联和越南政策的潜在影响，基辛格告诉尼克松："可能在两个月前我们还觉得这是不可想象的。"政府在老挝和其他地方所采取的行动证明是失败的，"而现在中国人出动了，乒乓球还有某些更重要的东西将它掩盖得一干二净"。随之而来的"将会有极端重大的意义"。基辛格认为："一切都将水到渠成。"他甚至预言："如果我们把这事办好，就可以在今年内结束越南战争。"[3] 白宫将中国因素放到如此重要的地位，以至所有与这一地区相关的外交政策似乎都呼之欲出。

〔1〕 Haldeman, *Haldeman Diaries*, 271.

〔2〕 Nixon Project, Haldeman files, box 43, Haldeman handwritten notes, April-June 1971.

〔3〕 Phone conversations between Nixon and Kissinger, April 27, 1971, NSA: China and the U. S. See also *FRUS*, vol. 17, 303 –308.

尼克松为事态向积极的方向发展而感到自豪，而且绝不让别人抢了他的风头。[1] 他和他的白宫幕僚最关注的是："对华政策的所有转变都是我们的功劳，国务院的人别想沾光，他们在这事上当然什么贡献都没有，事实上还阻碍总统所走出的每一步，因为他们害怕每向中国靠近一点都会激怒苏联人。"[2] 哈尔德曼在和亚历山大·黑格（Alexander Haig）谈话时提到，尼克松自己表明"在描绘尼克松时，你一定要说明他总像冰山一样，你只能看到顶端。你绝不能以为表面的就是一切，真正的力量潜藏在表面之下。他谈这个时联系到了苏联和中国"。[3]

尼克松对自己的中国政策非常自信，也陶醉于毛泽东乒乓外交所带来的成功中，以至于当副总统斯皮罗·阿格纽（Spiro Agnew）冒失地批评美国媒体对于美国人访华的正面报道时，他大发雷霆。[4] 尼克松对华所采取的行动，阿格纽被蒙在鼓里，他也只是在与媒体所进行的一场不作记录的对话中表达了自己的观点。然而当尼克松得知副总统的批评时，怒不可遏。对此，哈尔德曼在日记中写道：

> 总统要他别走邪门歪道，说他完全理解错误。基辛格曾提出（新闻秘书）朗·茨格勒（Ron Ziegler）说副总统只是表达个人观点。但总统不这么认为，而同意茨格勒所提的，即副总统授权他说副总统方面与总统的对

〔1〕 Nixon Project, Haldeman files, box 43, Haldeman handwritten notes, April-June 1971.

〔2〕 Haldeman, *Haldeman Diaries*, 271.

〔3〕 同上，283。

〔4〕 Nixon, *Memoirs*, 549.

华政策没有分歧。副总统完全认同总统所作的行动。他说，他显然不理解中国人整个行动的全局，不理解这理所当然地是与苏联的博弈。我们在利用中国人去设法撼动苏联人……总统再次说到阿格纽在这儿表现的素质很有危害。[1]

尼克松对副总统的评论生气之极，以致立刻让哈尔德曼找个可能的人选任新副总统。[2]

为了保持劲头，尼克松让美国乒乓球队从中国回来后马上到白宫做客。总统特别顾问约翰·斯卡里（John Scarli）是第一个让尼克松对这主意萌生兴趣的人。早在 4 月 12 日当美国队刚抵达中国时，斯卡里就写了一份有关尼克松如何将这次访问"为己所用"的备忘录。[3] 基辛格反对这个策略，认为尼克松不应"在我们有更多的了解之前夸大中国的事"。[4] 但尼克松坚持这么做，虽然没法将整支美国队请到白宫来，但决定尽快与斯廷霍文见面。乒乓球队星期天晚上回到美国，白宫在星期二就打电话给斯廷霍文，告知他第二天将与尼克松见面。在就此次会面而给尼克松写的备忘录中，基辛格写道："您见斯廷霍文先生将向美国人和中国人表明您本人对斯廷霍文先生的队伍成功开启非政府联络之门感兴趣。"他指出，周恩来总理在中国接待了斯廷霍文

---

〔1〕 Haldeman, *Haldeman Diaries*, 275.

〔2〕 Haldeman, *Haldeman Diaries*, 275.

〔3〕 John Scali to Dwight Chapin, April 12, 1971, Nixon Project, White House central files, subject files: P. R. China, box 19, PRC 1/1/71 –5/31/71.

〔4〕 Haldeman, *Haldeman Diaries*, 273 –274.

及其球队，建议要"谈到几点"：

> 您希望向斯廷霍文先生及媒体就美国乒乓球队中国
> 之行所保持的庄重而有效的风格表达您的欣赏。您明白
> 中国人接受了斯廷霍文先生的邀请，将派队到美国。中
> 国客人将受到欢迎。您期望中美两国感兴趣的人们能形
> 成有规模的交流，从而创造条件让您实现与北京外交关
> 系正常化的长期目标。[1]

1971 年 4 月 21 日，斯廷霍文到白宫见尼克松，基辛格和斯
卡里也在场，虽然后来斯廷霍文说，他没被介绍给这两人，而他
们"一直没说一句话"。相反，他和尼克松交谈甚欢，甚至带几
分幽默。尼克松问斯廷霍文一个乒乓球要多少钱，斯廷霍文答道
买一个大约要 25 美分，这之后就向尼克松汇报了中国之行。会
后，斯廷霍文复述了一段轻松的对话："'我知道您想去中国。'
他说：'是的，我很想去。'我说：'好，你得成为美国乒乓球队
协会会员才能去那儿。'他说：'好，我愿意当名誉会员。'——
为此，我们当场损失了 10 美元的会员年费。"[2] 尼克松和斯廷

---

〔1〕 Nixon Project, Haldeman files, box 77, file Kissinger, April 1971; Kissinger memo to
the president April 20, 1971, subject: meeting with Graham Barclay Steenhoven, head of the U. S.
table tennis team recently in China, April 21, 1971.

〔2〕 当时的会费为每年 10 美元。后来，当美国乒乓球协会尝试与其他国家进行另一版
本的乒乓外交时，他们提醒尼克松他是协会的名誉会员，以借此寻求他的帮助。在发给尼克
松的电报（文件上找不到日期）上，提姆·波甘问总统能否支持美国乒乓球队访问苏联的
计划，并提醒尼克松他是"美国乒乓球协会的唯一终身会员"。见 Bentley Library, USTTA-
Kaminsky, 1972 files〔Yaroslav Kaminsky was the Washington, D. C., coordinator for the Chinese
Ping-Pong visit in 1972〕, box 3。

霍文谈了差不多一小时，白宫还邀请他参加白宫记者会回答问题。[1]

尼克松恨不得能在北京的行动之后马上向前推进，指示基辛格和其他幕僚研究进一步改善关系的可行外交方案，并"探讨能在多大程度上扩大新近的进展"。[2] 4月14日，尼克松宣布了多项美国对华政策的重大变动：结束长达二十年的对华贸易禁令，美国现在准备向来自中华人民共和国的游客发放签证。货币控制将放松，准备在北京使用美元，美国石油公司往来中华人民共和国运送石油的限制将中止，其他贸易限制也将取消。尼克松进一步承诺："在对这些在我们的贸易和旅游限制上所作变动的后果进行应有的考虑之后，我会斟酌实施哪些追加步骤。"[3] 两天后，即4月16日，尼克松告诉美国报纸编辑协会，他将乐于访问中国，[4] 似乎表现得极其紧迫。根据基辛格回忆，尼克松受到了乒乓外交发展的极大鼓舞，"他现在要跳过派使节的阶段，以免抢了他亲自出行的风头"，尽管北京还没正式邀请他。基辛格不得不提醒尼克松"未经准备以总统身份访问中国太过危险"。[5]

中方此时也开始更坚决地行动，周恩来在4月21日回应了

〔1〕 The White House press conference of Graham Steenhoven, April 21, 1971, transcript, Nixon Project, Scali files, box 3.

〔2〕 National security study memorandum 124, April 19, 1971, NSA: China and the U.S.

〔3〕 Statement by the president, the White House, April 14, 1971, NSA: China and the U.S.

〔4〕 The president's remarks at a question and answer session with a panel of six editors and reporters at the society's annual convention, April 16, 1971, NSA: China and the U.S.

〔5〕 Kissinger, *White House Years*, 711.

尼克松在 1970 年 12 月 16 日通过巴基斯坦捎来的信息，再次明确北京"愿意在北京公开接待美国总统特使""或者甚至是总统本人以进行直接会面和磋商"。[1] 此后，所有的信号都变得清晰而直接，重要信息的交换频繁起来。4 月 29 日，尼克松在记者会上宣布："现在我们已经破冰，是时候试水了。"[2] 尼克松争分夺秒，在 4 月 28 日到 5 月 20 日间请巴基斯坦总统叶海亚·汗三次捎给周恩来重要消息。4 月 28 日的消息中，尼克松向北京表示他在亲自处理与中国的磋商，并受到周恩来的"积极、有建设性和主动的"信息的鼓舞。他又在 5 月 10 日告知周恩来，由于两国关系正常化的重要而紧迫，准备接受邀请去北京，基辛格将首先前去安排日程。在 5 月 20 日给北京的信息中，尼克松承诺他的政府将不会和苏联缔结任何对抗中华人民共和国的协议。[3] 5 月 29 日，周恩来回复说毛泽东欢迎他到访，而自己也"热切地期待着在不久的将来在北京同基辛格博士会晤"。[4] 基辛格把这个信息称为"在第二次世界大战结束之后美国总统收到的最为重要的消息"。尼克松兴奋之极，冲到家中的厨房拿来一瓶酒，和基辛格相互碰杯祝贺，庆祝他们在"历史性的重要时

---

〔1〕　周恩来的信息并没有在 1971 年 4 月 27 日传到白宫，见 "Message from Premier Chou En Lai dated April 21, 1971," NSA：China and the U. S. ; and Nixon, *RN: The Memoirs of Richard Nixon*, 549。

〔2〕　Haldeman, *Haldeman Diaries*, 283.

〔3〕　The complete message from Nixon to Zhou, which Kissinger handed to Hilaly on May 10, 1971, can be found in the National Security Archives and *FRUS*, vol. 17, 300 – 301, 312 – 313, 318 – 320.

〔4〕　Handwritten message from Premier Zhou Enlai to President Nixon, May 29, 1971, NSA：China and the U. S.

刻"的成功。[1]

基辛格的行程很快就准备就绪。尼克松6月4日再次通过巴基斯坦渠道告知中方，基辛格将在7月9日抵达中国。[2] 北京6月9日收到这消息两天后，即6月11日，周恩来回复说同意基辛格提出的访华日期，北京将"相应做好一切必要的安排"。[3] 6月19日，叶海亚·汗总统指示他在华盛顿的大使："请向我们的朋友（基辛格）保证，我们将做好绝对周密的安排，他在这事上不需要有任何担心。"[4]

就这样，基辛格于7月9日如期抵达北京。周恩来在和基辛格的首次会谈中，对乒乓球赛的后续影响给予了高度评价。他提醒基辛格："最近，我们邀请美国的乒乓球代表团来中国……他们能够见证，中国人民热情接待美国人民的这次访问。我们也收到了美国乒乓球协会的一再邀请，要求我们派代表团去美国。我们认为，这说明了美国人民希望热情接待中国人民。"[5] 1972年2月21日，当尼克松本人抵达北京时，毛泽东解释他为什么要采用"乒乓外交"这步棋：

我们两家怪得很，过去22年总是谈不拢，现在从

[1] Nixon, *RN: The Memoirs of Richard Nixon*, 552.

[2] Message for the government of the People's Republic of China, June 4, 1971（上面有一手写字句，表明信息为第五稿并于当天5点30分递给希拉里（Hilaly），NSA。并见 *FRUS*, vol. 17, 340.

[3] Zhou Enlai to Nixon, June 11, 1971, NSA: China and the U. S.

[4] Handwritten letter to Kissinger from ambassador of Pakistan, June 19, 1971, NSA: China and the U. S.

[5] Memorandum of conversation between Kissinger and Zhou, July 9, 1971, *FRUS*, vol. 17, 364.

打乒乓球起不到 10 个月，如果从你们在华沙提出建议
算起两年多了。我们办事也有官僚主义，你们要搞人员
往来这些事，搞点小生意，我们就是死不干，包括我在
内。后来发现还是你们对，我们就打乒乓球。[1]

毛泽东清楚地说明，正是乒乓球最终让双方会面了。中国的
乒乓外交是 20 世纪后期最关键的进程之一。

这时的白宫在与中国重新接触的动向方面总体来说比较有信
心。基辛格在向北京就台湾问题上作出重大让步之后，于 1971
年 8 月 21 日做了一个没有记录在案的报告，当中提到：

必要性让我们和中国人走到一起，而必要性将支配
我们关系的未来。我们不是中国人的人质。他们在开始
和我们改善关系时作了某些重大的让步，他们放弃了他
们的革命原则。除非我们毁掉一座中国城市，否则他们
不会取消（尼克松的）访问。革命纯洁性的原则现在
对他们来说已经不复存在。这种情况就像一个女孩不会
为 10 美元和你睡觉，但会为 100 万美元这么做。我们
没有为中国的开放付出任何代价，而我相信将来也不会
付出什么。[2]

[1] Minutes of Mao's meeting with Nixon, February 21, 1971, NSA: China and U.S. 并见 *FRUS*, vol. 17, 681–682。

[2] Nixon Project, White House special files staff member and office files, Alexander Haig files, 1970—1973, box 49.

基辛格在报告中试图在整件事上表现出机智果敢的一面。北京很快就实现了其乒乓外交的重要回报——中华人民共和国取代台湾当局成为中国在联合国的唯一代表，而这并不是尼克松所愿意的。[1] 尽管如此，也正主要是由于这一外交突破，尼克松全力以赴寻求在美国与中国之间建立稳定的关系。走向这个目标的第一步当中，就是要对应地举行体育外交的美方活动。

## 美国回请

学者们对毛泽东1971年春发起的"乒乓外交"有过充分的描述，但本书是第一部运用所有来自中国和美国的材料以为世人重新解读这个复杂故事的著作——这特别体现在1972年春中国乒乓球队访美之前及期间美方的种种动作。还在"乒乓外交"的第一步行动进行过程中，这第二步就已经萌动。当美国队接到访华邀请时，其主管们、美国政府还有私人机构都意识到美国人访华接下来自然而然是中国人回访美国。因此，当中方的邀请传到美国时，美国国务院立刻评判："我们把这个邀请和美国队接受邀请看作是积极的发展。它显然与总统和国务卿都曾表达过的愿望相符，即美国和中国人民之间可以有更多的联系……我们将乐于看到这个国家的一支或者多支体育队伍回访。我们估计总体上在签证方面不会有困难。"[2] 美国政府有意邀请中国乒乓球队

---

〔1〕 尼克松不想得到背叛台湾的谴责，见 Nixon Project, White House special files, staff member and office files, Haldeman files, box 85: memo from Pat Buchanan to Haldeman, October 11, 1971。在备忘中，布坎南（Buchanan）引用一位重要共和党保守派人物私下讲的话："我可以勉强接受北京之行……但驱逐台湾将是我的卢比孔河（底线——译者）。"

〔2〕 Bentley Library, Steenhoven files, box 20, State Department press briefing.

到美国访问的消息立刻传到正准备出发去北京的美国队那儿，然而给中国队的任何邀请都要通过美国乒乓球协会发出。[1] 换句话说，即使美国国务院认为中国乒乓球队访美非常重要，它发现如果此行由政府出资，这将让事情变得过于政治化。

但正如前面提到的，美国乒协资金不足，可以说没办法资助中国队来访。在这个关键时刻，美中关系全国委员会这个私人的非营利性教育机构向美国乒协伸出援手，由它来资助并组织中方的访问。

这个委员会是为了促进中国和美国之间的理解和合作而成立的，访问对它和对美国乒协来说在时间上都属巧合。1966年委员会成立的时候有近两百位成员，当中有知名学者、商业领袖和前政府官员，包括费正清（John King Fairbank）、威廉·邦迪（William Bundy）和乔治·鲍尔（George Ball）等。很多成员都是亚洲方面的专家和学者，其中1971—1972年的主席亚历山大·埃克斯坦（Alexander Eckstein）是研究中国经济的权威、密歇根大学的经济学教授。在委员会建立后的几年里，它通过给国会的报告以及在全国各地的演讲悄悄地为重新审视中国政策奠定基础。接待中国人来访为大众接受有关美国与中国关系的教育也提供宝贵的机会，也让委员会及其工作受到前所未有的关注。

然而这一机会差点错失。1971年4月8日，就在美国乒乓球队离开东京（经香港）前往北京的前一天，《新闻周刊》的菲·威利（Fay Willey）从该杂志东京分社得知美国乒协在找私人基

---

〔1〕　Bentley Library, Boggan files, box 1: "Ping-Pong Oddity", 65–66.

金以邀请中国队回访，她于是立刻与美中关系全国委员会的项目主任道格拉斯·默里（Douglas Murray）联系。在《新闻周刊》的帮助下，委员会迅速通过美国在香港的总领事馆向美国队发电报，表示愿意为中国队回访提供支持。[1] 委员会成功做出所有必要的决定并在当天向美国队传话，这只能说是个奇迹。以委员会执委会主任普雷斯顿·斯科耶尔（B. Preston Schoyer）名义发出的电报上写着："理解您有关回请中国体育队的考虑。如果必须而又合适的话，美中关系全国委员会期望能为支持中国队访美筹集资金，要是他们接受邀请的话。"委员会在 4 月 15 日向美国队发出第二封电报，再次明确其承诺。[2]

这一介入对后来中国队之行可谓再重要不过了。梭耶在 1971 年 4 月 29 日给委员会董事会成员的一份秘密备忘中写道："斯廷霍文告诉我们，如果没有我们的电报所作的保证，回访的邀请——现在已经被接受了——就不会发出。"[3] 美国队副领队哈里森也承认美国乒协绝不可能凭一己之力实现这个访问："我们什么钱也没有……我们完全依靠美中关系全国委员会。"[4] 斯廷霍文在 1974 年 9 月 26 日写信给埃克斯坦道："没有您的肯定和协助，中国队访美之行将不会发生，而我也不会经历一生中的这些变化。"[5]

---

〔1〕 电报收于 Bentley Library, Steenhoven files, box 20。

〔2〕 Bentley Library, Eckstein papers, box 4.

〔3〕 Bentley Library, Eckstein papers, box 3：exchange with the PRC, athletic exchanges, table tennis.

〔4〕 Bentley Library, Harrison files, box 19.

〔5〕 Bentley Library, Eckstein papers, box 3：exchange with the PRC, athletic exchanges, table tennis.

资金支持有了保障，斯廷霍文于是可以向中国队发出邀请，北京接受了。1971 年 6 月 25 日，斯廷霍文以美国乒协主席的身份写信给中华人民共和国乒乓球协会主席宋中：

> 美国人民对你们来访问美国的消息反响非常热烈。我们收到许多希望你们代表团访问美国各地的邀请，因此无论你们选择去哪里，都会有朋友等着见你们，并且乐于接待你们。我们想让你们知道，我们欢迎你们在队伍中加派任何人，包括官员以及报刊、电台和电视台的代表。如果你认为我们应该会面以便更详细地讨论你们到美国希望参观的地方，我可以去任何你们认为合适的地方。我们最诚挚地希望能完全表达出我们对在难忘的中国之旅中所感受到的礼遇、友好和周到的感激之情。[1]

斯廷霍文的坦率没有得到相应的回应，中方不愿确定访问的时间。美中关系全国委员会在绝望中甚至建议白宫为尼克松访华派出的筹备组（以适当隐晦的方式）和中国领导人提出时间安排问题。但白宫似乎对这个角色有些为难，基辛格办公室的一位职员约翰·霍尔德里治（John Holdridge）给基辛格写道："我个人认为，我们就不参与到邮差的角色中。中国人正力图将这种联络严格限制在非政府基础上，我们不应加入行动让事情复杂化。"

---

〔1〕　Bentley Library, USTTA, Kaminsky 1972 files, box 3.

霍尔德里治却也表明："在下一个预备会议中（如果有合适的机会），找某个人就访问时间来个低层次的询问也许可以接受。"[1]

但中方首先开口了。1972 年 1 月 6 日，周恩来在与白宫筹备组会面时告诉总统的国家安全副助理亚历山大·黑格和同行的人："我们愿意在明年春暖花开的时候到那儿回访。"[2] 可惜周恩来的信息太笼统，正如斯廷霍文描述的："我不知道花儿什么时候开，是在缅因州还是加利福尼亚州。所以我们还把握不了他们什么时候来这儿。"[3] 事实上，中方直到 1972 年 3 月 15 日才将他们的出行计划通知美国乒协。宋中致电给斯廷霍文称中国代表团一行 20 人另加 6 名记者将在 4 月 10 日抵达。[4] 中国代表团最后是在 4 月 12 日抵美并于 4 月 29 日离开的。周恩来亲自挑选了访问美国和加拿大的乒乓球手。[5]

美国乒协和美中关系全国委员会还有一个担心，就是白宫在中国队到访时会限制他们的独立性并抢风头。1971 年 5 月 17 日，两个组织组成的联合委员会在纽约举行了第一次会议，他们从那时起就强调："我们独立于白宫，白宫将保持非直接地接收信息。"[6]

对一些人来说，白宫似乎只是最小限度地参与了这件事。例

---

〔1〕 John Holdridge to Kissinger, November 19, 1971, Nixon Project, Scali files, box 3.

〔2〕 Nixon Project, Chapin box 32, minutes of China meetings.

〔3〕 Bentley Library, Steenhoven files, box 20.

〔4〕 同上。

〔5〕 周恩来似乎为访问感到高兴，在乒乓球队 1972 年春结束美国及其他国家之行回国后，他邀请队员们到他家晚宴。见中共中央文献研究室，《周恩来年谱 1949—1976》3：515 - 516；并见李玲修和周铭共，《体育之子荣高棠》，326 - 328。

〔6〕 Bentley Library, USTTA Kaminsky 1972 files, box 3, meeting minutes.

如，当哈里森后来被问及美国政府在 1972 年中国乒乓球队访美中所扮演的角色时，他回想了一下说："实际上什么都没有。"不过，这可能是因为他有意贬低白宫的作用或者对白宫的介入之深不了解，因为白宫从一开始就在幕后扮演着其中一个重要的角色，这是很清楚的。[1] 尼克松本人就实质上参与了，他不仅邀请斯廷霍文到白宫以表示其本人对乒乓外交的投入，而且还在同一天指派特别顾问约翰·斯卡里作为自己的个人代表处理中国队访问事宜。尼克松还安排底特律的律师威廉·戈塞特（William Gossett）作为斯廷霍文的非正式顾问，由斯卡里指导戈塞特处理预期访问的各方面事情，以保证一切顺利。[2]

尽管美国国务院中有些人相信，重要的是美国不要表现得太渴望中方到访，以免中方得出"他们处于主动地位"的结论，尼克松还是想让访问尽快成行，想方设法实现目标，包括写信给斯廷霍文和与美中关系全国委员会商谈。[3] 在 1971 年 4 月 21 日与斯卡里的一次通话中，尼克松表明他要中方的访问"很快"就能实现，因为这将"产生最大的影响……引起当下媒体界的关注，也因为若出于某种原因推迟的话将有可能导致不能成行"。为了避免有人谴责尼克松将中国队访问政治化以及产生白宫在主导这场演出的印象，尼克松指示"所有安排都要隐蔽进行"；斯卡里的作用在于"协调幕后所有事务，让另一个人站到前台，或许找个既与总统关系密切但又不在政府里的人"。根据斯卡里对

---

〔1〕　Bentley Library, J. Rufford Harrison files, box 19, original interview transcript.

〔2〕　John Scali to John Dean, May 19, 1971, Nixon Project, Scali files, box 3.

〔3〕　Memo for China file, April 22, 1971, Nixon Project, Scali files, box 3.

那次通话的记录，尼克松接下来说，"可能我（斯卡里）应该走到前台，要看基辛格和我决定谁最适合"。尼克松还指示斯卡里说美国要提供"完全一样"的机会让他们在全国各地游览，就像美国乒乓球队在中国经历的一样。他还告诉斯卡里自己"将十分高兴能与中国人见面"。在通话的最后，尼克松甚至向斯卡里提示基辛格会与他联络"商讨初步事务"。[1] 从这次通话中，我们可以相当清楚地了解尼克松的想法以及他让访问尽快实现的渴望。

在尼克松的授权下，斯卡里积极投入从 1971 年春季开始的协调中国代表团访问的工作中。斯卡里与美中关系全国委员会和美国乒协进行了几次会谈，来为中国队之行做计划，以获得与中方沟通的控制权。在发现斯廷霍文自行给中国乒协发了一封电报时，斯卡里直白地告诉他："在没征询过我的非官方建议的情况下，请别追加发送电报或者信件，这样做明智些。"（斯廷霍文承诺以后会提前征询意见。）[2] 斯卡里在一份 1972 年 1 月 17 日的备忘中向尼克松保证：

> 我亲自检查所有安排，希望能预见所有问题，包括安全问题。遵照您的指示，这次访问将会是体面但又友好的，将会有时间观光和与普通美国人接触。我建议将到威廉斯堡短暂参观补充到在华盛顿逗留期间的安排中

〔1〕 Scali, telephone conversation with the president, 3：00 pm, April 21, 1971, Nixon Project, Scali files, box 3.

〔2〕 John Scali to John Holdridge, July 23, 1971, Nixon Project, Scali files, box 3.

去，访问旧金山时也看情况安排参观斯坦福大学校园。

还有，我建议了斯廷霍文在电报中表示很希望中国队在去加拿大作类似访问时先来美国，加拿大的访问暂定在4月份。我将继续向您汇报所有进展。[1]

尼克松在斯卡里的备忘上亲笔写下"好——好计划"，而白宫很快就认可了全盘策略。[2]

除了斯卡里，还有其他几名白宫的重要人物深入参与了中国队访问一事。基辛格与美中关系全国委员会的官员会面，以确认中国代表团访问的资金到位。[3] 基辛格的一位助手理查德·所罗门（Richard Solomon）与埃克斯坦曾是密歇根大学的同学，他在1972年3月20日协同斯卡里与两组织的联合委员会举行会议，讨论行程和时间安排。在两个小时的会议中，所罗门试图让斯廷霍文明白有必要劝服中方，从安全和其他问题考虑纽约市不是此行的最佳起点。斯卡里在给黑格的会议备忘中写道："因为他不懂世故的鲁莽行事风格，他（斯廷霍文）将需要细致的指导和帮助。"[4]

另一件要澄清的事是时间安排。斯卡里有一次请联合委员会确保中国代表团在4月24日结束行程，以便让媒体的注意力转

［1］ Memo for the President from John Scali, subject: Chinese table tennis visit, January 17, 1972, Nixon Project, White House special files, staff member and office files, Ronald Ziegler, box 35: trip story material—China.

［2］ Memo to Scali from Bruce Kehrli, January 24, 1972, in ibid.

［3］ Scali to Kissinger, March 14, 1972, Nixon Project, Scali files, box 3.

［4］ Scali to Haig, March 20, 1972, Nixon Project, Scali files, box 3.

移到尼克松随即进行的对苏联访问上。但中国队下一站将是墨西哥，而他们访墨的计划已经定好，所以不会在 4 月 29 日之前到那儿。[1]

像斯卡里这样的白宫资深官员全面参与到中国代表团访问的安排中，让联合委员会感到不安和困扰。另一位白宫职员杜威·克劳尔（Dewey Clower）为中国客人在全国提供了安保措施，并且检查宾馆住宿和其他安排，他在其备忘录中评论道："在美国乒协、美中关系全国委员会部分成员和由约翰·斯卡里代表的'政府'之间仍存在相当程度的厌恶。这个联合委员会意识到需要政府参与以确保协调和安全，但拒绝任何一位高级别的官员（指约翰·斯卡里）参与其中，因为他的一纸文书就可能左右决定。委员会认可我的角色也欢迎我，他们意识到我会低调处事而且不会抢他们的风头。"但有约翰·斯卡里作为"总统的代表"在行程中，他们觉得情况将会不一样。[2] 联合委员会在 1972 年 4 月 5 日给斯卡里发了一封信，促请他明确"有关各方全都同意需要保持这次访问的整体是一次非政府的、人民与人民之间的交流"。因为联合委员会认为，这是一次私人访问，而美国政府应该保持低调。[3]

斯卡里意识到他遇上了大问题，决定通过直接和强硬的方式

---

〔1〕 White House memo, March 27, 1972, subject: table tennis visit, Nixon Project, Scali files, box 3.

〔2〕 W. Dewey Clower memo to Dwight L. Chapin, April 8, 1972, Nixon Project, White House central files, subject files, P. R. China, box 19.

〔3〕 信中指出，政府联络人"不应把位置抬得太高，以至要成为仪式上的礼宾司或者要求公众高度关注"。见 Robert W. Gilmore（chairman of joint committee）to Scali, April 5, 1972, Nixon Project, Scali files, box 3.

来解决。在 4 月 6 日和美中关系全国委员会主席埃克斯坦的电话
谈话中，斯卡里告诉对方，作为总统的代表，他的任务是亲自与
美中关系全国委员会和美国乒协进行协调，并传达"他（尼克
松）的个人问候给中方。这么做是由于政府的架构——只有像我
这个层次的人方能指挥取得各种必需的资源去部署具体的安全措
施，而现场决策的权威始终是确保部署实施的一部分。我不知道
你们有多少经验来为外国代表团安排节奏紧凑的行程。"埃克斯
坦被彻底怔住了，含糊地说了些个人没有这方面经验之类的话，
让斯卡里借题发挥以安全事务为由让联合委员会接受他的意见并
让他参与中国代表团的访问之行——总之，他是个资深的白宫顾
问，并且"很清楚我不能让总统办公室蒙羞"。通话记录显示那
可怜的教授在此刻无言以对。[1]

　　白宫用同样的策略让斯廷霍文屈服。在所用的各种方法中，
斯卡里有次提示斯廷霍文接听白宫代表打来的电话：

　　　　斯卡里先生获得总统的授权，不仅转达官方的问
　　候，同时也作为你们的组织和美国政府的联络……总统
　　将感激您给予斯卡里先生及其同事的所有合作……坦白
　　地说，我很受困扰，因为我们的人在努力与您的组织和
　　美中关系全国委员会建立让人满意的联络时不断遇到困
　　难。这次访问在表面上是"人民与人民之间"的交流，
　　但我想您也意识到中国和美国政府都直接参与其中并把

---

[1] Transcript of Scali conversation with Professor Eckstein, April 6, 1972, Nixon Project, Scali files, box 3.

它看得远超出一场乒乓球表演赛。为了让中美关系步入新阶段保有更广阔的前景，我相信您作为一个爱国公民将仔细听取斯卡里先生所说的每一句话，而他将在访问之行中按指示提供协助。我也希望您在行程中的行动和安排绝不会与总统办公室相违背。你们的人和美中关系全国委员会所表现出的合作和理解的程度将直接影响总统在访问的华盛顿部分的参与程度。我愿美中双方都能参与在白宫举行的所有活动，但我必须坦率地告诉您，也有可能会向总统建议，出于外交理由和缺乏合作他最好单独迎接中国代表团。我想您也明白美中关系全国委员会在将来资助和支持其他交流活动时所扮演的角色也与其和我们的联络人员在此行中的合作程度息息相关。[1]

斯卡里的话题显然是为一位白宫要员而设计。为了确保联合委员会与斯卡里合作，尼克松本人给斯廷霍文写了一封信，在信中首先表达：

感谢您和您的组织在美中关系全国委员会的支持下所做的安排，使中华人民共和国乒乓球队能顺利访问我们的国家……为了表示我本人对这个中国和美国人民之间重要的文化交流的兴趣，我指派特别顾问约翰·斯卡

---

[1] Nixon Project, Scali files, box 3.

里作为我的私人代表去欢迎来自中华人民共和国的客
人，并协助您和美中关系全国委员会做工作以使他们的
行程更舒适便捷。[1]

　　不管白宫和联合委员会的关系有多紧张，真正的对抗是不可
能的。他们相互需要，而斯卡里的高贵身份对处理中国队访问的
最大问题即安全问题尤为重要。美国亲台湾的集团和右翼组织是
最主要的安全威胁，而北京对此显然十分担心。北京驻美国代表
黄华在与基辛格会谈时表明："我们非常感激美方对我们的乒乓
球队访问时的安全和其他事务的关心。我们希望，正如我们双方
都表示过的，这次访问将有助于增进我们两国人民之间的理解和
友谊。"[2]

　　"美国胜利大游行"（United States March for Victory）组织就
为白宫和联合委员会制造了这样一个安全问题。大游行的主管卡
尔·麦金泰尔（Carl McIntyre）在 1972 年 2 月 4 日写了一封信给
斯廷霍文，通知说他的组织邀请一个来自台湾的团体来美国参
观，时间正好是中华人民共和国的代表团要来的时候。[3] 当白
宫得知麦金泰尔的计划时，指示基辛格的国家安全委员会助理约
翰·霍尔德里治和美国驻台北"大使馆"联系，通知他们在中
华人民共和国代表团到访并离去之前，不要给那个台湾的团体发

---

〔1〕　Nixon to Steenhoven, April 11, 1972.

〔2〕　Memorandum of conversation between Huang Hua〔PRC Ambassador to the UN〕and Kis-
singer, New York, April 12, 1972, *FRUS*, vol. 17, 884.

〔3〕　Bentley Library, Steenhoven files, box 20; McIntyre files.

签证。"如果这些签证已经发出，请将其注销。"[1] 但这些幕后介入不能阻止右翼的威胁，麦金泰尔的追随者公开威胁要在中国队访问的各个地方进行滋扰，麦金泰尔对《华盛顿邮报》(*The Washing Post*) 说："我们将在所有那些地方挂旗帜、布置游击抗议者。"[2]

麦金泰尔和他的组织后来的确在中国乒乓球队访问期间制造了麻烦，他们组织游击抗议者带着反华口号标语，从一个城市到另一个城市紧跟中国代表团。另一个自称为"突破"(Break-through) 的右翼分子团体也让白宫和联合委员会感到头痛。斯卡里后来向尼克松汇报，这个团体在某个地方从阳台上向中国人投掷挂在降落伞上的死老鼠，并且高呼反华口号。台湾当局的旗帜也不时出现在中华人民共和国代表团所到之处。[3]

斯卡里在计划阶段的最早期就为安全问题做了大量工作，并得到尼克松的支持。开始时他曾计划利用国务院的保卫力量，但国务院指挥下的人力并不够，在司法上也不适合接受这种任命，而且不具有佩戴武器、逮捕、拦截攻击人以及履行这项任务所必需的其他职责。斯卡里的另一个选择是美国法警愿意接受这个任命，但他们在处理全国性游历访问方面没有经验。斯卡里于是尝试利用情报机构，清楚表明情报机构参与是"总统的意愿"。[4]

---

〔1〕 White House memo, February 14, 1972, Nixon Project, Scali files, box 3.

〔2〕 Stanley Karnow, "China Ping-Pong Team Starts U. S. Tour Soon", *Washington Post*, April 4, 1972, A2.

〔3〕 John Scali, memorandum for the president, April 17, 1972: subject: progress report on the U. S. tour of the Chinese table tennis team, Nixon Project, Scali files, box 3.

〔4〕 Memo from Butterfield to Haldeman, March 28, 1972, Nixon Project, Haldeman files, box 93, Alex Butterfield, March 1972.

但情报机构是否具有合法权力去执行这样的任务，这又是一个问题。

随着访问日期越来越近，形势也越来越紧逼。白宫幕僚亚历克斯·巴特菲尔德（Alex Butterfield）建议哈尔德曼绕过有关情报机构的法律限制，重新启动被解散了的国务院保卫力量，将其作为实际执行保护的主要力量。用巴特菲尔德拐弯抹角的话说就是"由特工部门做中国人的安保工作的可能性极小。"[1] 但可以考虑另一个解决方案：让国务卿给司法部发出指令，要求使用执行法警作为外交政策的延伸。不过，可以明确的是，如果要动用特工部门来保护来访的中国代表团，那么尼克松必须发布一个行政命令，而这将被证明是存在问题的。[2]

这种官僚内斗和缺乏合作使安全问题直到4月初中国代表团即将到来时才得到解决。斯卡里被这乱局弄得烦恼不堪，急发一份备忘给亚历山大·黑格声称："如果在未来48小时内不解决在中国乒乓球队访问期间由谁来对其进行保护的问题，我们就将陷入一场外交灾难。"他还在这份备忘中坚持道："如果我应该对这次访问负责的话，我用最严厉的用词来敦促大家今天就采取行动，这样我们才能做出决定。依靠本地警察保护这个选项在我看来将完全不能胜任，只会招惹而不是避免意外发生。"[3] 就在第二天，国务院不情愿地同意承担保护中国代表团的任务。虽然斯卡里抱怨"国务院明显对这份派给他们的任务不大高兴"，保护

〔1〕 Memo from Butterfield to Haldeman, March 28, 1972, Nixon Project, Haldeman files, box 93, Alex Butterfield, March 1972.

〔2〕 Butterfield to Kissinger, March 31, 1972, Nixon Project, Scali files, box 3.

〔3〕 Scali to Haig, April 3, 1972, Nixon Project, Scali files, box 3.

的事总算有个着落。[1] 国务院将在情报机构的协助下为中国客人提供保护，安全官员会在整个访问行程中向斯卡里汇报情况。国家安全委员会的理查德·所罗门和白宫幕僚杜威·克劳尔将全程陪伴中国代表团，以确保他们在 4 月 12—30 日访问期间一切安好。[2]

解决了棘手的保安问题，白宫和尼克松急不可待地领受他们自己的乒乓外交的荣耀。但所有计划的细节仍需要整合，1972年 4 月 11 日，白宫幕僚长哈尔德曼追问："中国乒乓球队与总统见面的具体计划如何？我要尽快得到。"[3]

尼克松对中国队的到访非常兴奋，思量可否在白宫的乒乓球室来一场乒乓球表演赛，作为他与中国队会面安排的一部分。[4]为了进一步宣传他自己的乒乓外交，尼克松考虑邀请内阁成员及其配偶等观赏那场短暂的表演赛。[5] 但他的亲密搭档并非人人都欣赏他这个想法，基辛格、黑格、朗·茨格勒和查克·科尔森（Chuck Colson）不赞成；斯卡里记录："他们倾向于认为这样做

---

〔1〕 Scali to General Haig, April 4, 1972, subject: protection for Chinese ping pong team, Nixon Project, Scali files, box 3.

〔2〕 Scali to Bruce Kehrli, April 10, 1972 subject: Chinese table tennis team. Nixon Project, Scali files, box 3.

〔3〕 Haldeman to David Parker, April 11, 1972, Nixon Project, White House central files, subject files, P. R. China, box 19.

〔4〕 在密歇根大学口述历史项目的一次访问中，斯廷霍文说，当美国队在中国时，他问球队能不能见到周恩来，然后说："据我所知，而且我还很确信，不会有中国人要求见尼克松。在我和尼克松的讨论中，他表示如果有机会将愿意和他们会面。" Bentley Library, Steenhoven files, box 19。

〔5〕 Dwight Chapin to Stephen Bull, David Parker, and Ronald Walker, subject: PRC ping pong visit, March 20, 1972, Nixon Project, Scali files, box 3.

不体面，哗众取宠。"斯卡里本人也表达了保留意见。[1]然而尼克松似乎对举行表演赛的想法很着迷，最后当然得到落实。斯卡里算是屈从，评论道："有一点可以肯定，这将是电视和报纸会大举报道的不寻常的新闻事件。"[2]

尼克松白宫接见中国代表团的最后计划经过细致精心的安排，以体现"友谊之花绽放"。周恩来总理曾在 1972 年 1 日告知美方，中国队将在花开的时候访问美国。白宫的玫瑰园正值花开时节，在实地安排上也将张扬百花盛放的情景。总统的讲话会提到"友谊的花蕾绽开"，拍照时会用广角镜拍出在玫瑰的背景下总统被中国球手簇拥着观看就在他们面前举行的乒乓球表演赛。尼克松将向中国代表团作简短的欢迎演讲，然后请球手们到放在玫瑰园草坪上的乒乓球桌打一场表演赛，然后全部人一起参观白宫。[3]

一切准备就绪，当中国代表团在 1972 年 4 月 12 日访问完加拿大之后终于抵达底特律时，约翰·斯卡里以尼克松私人代表的身份欢迎他们来到美国。他说："当周恩来总理提示我们说你们将在花开时节来到我们的国家时，他也许没有意会到密歇根州的春天来得有多晚。但我可以向你们保证，在我们国家参观时，你们将在许多地方看到鲜花绽放，这是我们关系改善的标志。"[4]

---

〔1〕 John Scali to Dave Parker, April 3, 1972, subject: Chinese table tennis visit to the White House, Nixon Project, Scali files, box 3.

〔2〕 Scali to David Parker, April 10, 1972, subject: president's meeting with Chinese table tennis delegation, Nixon Project, Scali files, box 3.

〔3〕 Memo from Stephen Bull to Haldeman, re: greeting PRC table tennis team, April 17, 1972, Nixon Project, Haldeman files, box 94: Ronald Ziegler, March 1972.

〔4〕 Bentley Library, Eckstein files, box 4: National Committee, ping-pong, miscellanies.

然而，尼克松在 1972 年 4 月 17 日决定再次轰炸河内和海防，这对他预计 4 月 18 日举行的乒乓球表演赛带来障碍。在访问白宫计划最后脱稿前，幕僚们意识到面对新情况他们不得不有所修改。斯卡里写信给基辛格说："考虑到越南的情况，迪克·所罗门（Dick Solomon）和我都建议取消访问时的乒乓球表演赛部分。在现在的环境下举行这样的活动会让中国政府难堪。在北越受袭的时候，照片和传媒报道中国人在白宫打乒乓球，这会迫使中方要解释他们为什么在总统下令轰炸北越时还和他亲近。"[1]

斯卡里的保留意见被证明是正确的。事实上，中方差不多因为轰炸而要取消整个白宫访问。中国的 4 月 18 日清晨（华盛顿特区时间 4 月 17 日傍晚），周恩来聚集外交部核心工作人员举行紧急会议，他们决定中国队应口头通知美方说将拒绝在白宫见尼克松。但当周恩来将这个决定告知毛泽东时，毛泽东否决了。在毛泽东看来，这次访问被称为是"人民与人民之间"的接触，而拒见尼克松将显得无礼，因为中国领导人之前曾在美国队访问时与他们见过面。尽管尼克松下令轰炸北越，中国队和尼克松见面以及向美国赠送大熊猫的计划仍然要如期进行。[2]

在中国队访问之后，斯卡里在写给尼克松的报告中说，这个行程大致上进展顺利，除了"右翼团体在沿途边上抗议所发出的杂音之外"。斯卡里告诉尼克松："中国人好像在将其大部分政治压力引向行程中遇到的华裔美国人。一位华裔翻译被告知密歇

〔1〕 Scali to Kissinger, April 17, 1972, subject: Chinese ping pong tours, Nixon Project, Scali files, box 3.
〔2〕 中共中央文献研究室，《周恩来年谱 1949—1976》3：520。

根大学是个'坏机构'，因为它的'立场不正确'——指那儿出现的'台湾独立'运动领导人彭明敏。"[1] 但斯卡里总体上满意国务院所提供的保安措施，写了一封正式公函给国务卿威廉·罗杰斯（William Rogers）赞扬他那个部门的保安官员。[2]

在访问行程结束之后，参与接待中国代表团的三方之间继续潜藏着怀疑和敌意。美中关系全国委员会觉得美国选手、甚至美国乒协的官员似乎都"颇为幼稚，忽视中方访问的真正意义和重要性，而局限在他们的乒乓球小世界中"。[3] 美国乒协方面归结认为中国队访问的工作太多，参与人员也太多。而政府各参与部门中，白宫和国务院就如何支付有关中国代表团访问的费用引起争执。巴特菲尔德在 1972 年 4 月 17 日写给基辛格的备忘录中写道："美国政府为中国乒乓球队访问行程提供直接和间接支持所做的工作的财政支付应当由国务院承担。"[4] 而国务院则抗议说"这些账单不属于国务院的责任范围"并拒绝支付。[5] 让情况变得更加有趣的是，白宫和美中关系全国委员会发生纠纷，因为委员会在中国代表团离开之后将账单寄给约翰·斯卡里和杜威·克劳尔。1972 年 7 月末，斯卡里收到美中关系全国委员会寄来的 826.76 美元账单，这是他陪伴中国队访问期间住宿的费用。杜威·克劳尔也收到一份账单。斯卡里在写给巴特菲尔德的备忘中

〔1〕 John Scali, memorandum for the president, April 17, 1972, subject: progress report on the U.S. tour of the Chinese table tennis team, Nixon Project, Scali files, box 3.

〔2〕 Scali to William Rogers, May 2, 1972, Nixon Project, Scali files, box 3.

〔3〕 Anthony J. Shaheen to Harrison, August 13, 1979, Bentley Library, Harrison files, box 19.

〔4〕 Butterfield to Kissinger, April 17, 1972, Nixon Project, Scali files, box 3.

〔5〕 Memo from Jeanne Davis of the president's office to Theodore Eliot, Department of State, June 10, 1972, Nixon Project, Scali files, box 3.

表示他认为数目听上去正确，建议白宫"支付那鬼账单并为这独特的、让人沮丧的经历写上'结束'，这经历毕竟对一次成功的访问来说是不可避免的"。[1] 而巴特菲尔德却让斯卡里去谈判。[2] 斯卡里于是写信给美中关系全国委员会抱怨："我记起在行程之前曾和你们委员会的成员开过一个会议，会上大家明确同意全国委员会将支付我和我的组员们在行程中的酒店、餐饮和其他临时产生的费用。"他请委员会"再次斟酌寄出这张账单的做法，根据我们的协议摆平费用"。[3] 美中关系全国委员会的斯科耶尔回复说没人"记起有关于你和杜威的费用的讨论"。他继续说："如果我表现得啰嗦的话，请原谅，但我们还有相当大一笔乒乓球赤字要还清，所以必须尽一切可能收集资金。"[4]

可是不管这事后的财务口角有多恶心，总体上说，乒乓外交的第二步行动是成功的。乒乓代表团是中华人民共和国1949年以来派去美国的第一个正式使团，而它的访问激起了美国人对中国的强烈兴趣。由毛泽东主动突破引出的1972年中国乒乓球队成功访美使两国之间文化交流迅速扩展。

### 新纪元开始

1971—1972年的乒乓外交行动是中国外交和国际化的关键性发展，成为了后来外交策略的一个典范。例如在1984年，中

---

[1] Scali to Butterfield, August 1, 1972. Nixon Project, Scali files, box 3.
[2] Bruce Kehrli to Scali, August 4, 1972, Nixon Project, Scali files, box 3.
[3] Scali to Schoyer, August 7, 1972, Nixon Project, Scali files, box 3.
[4] B. Preston Schoyer [executive director of the national committee] to Scali, September 11, 1972, Nixon Project, Scali files, box 3.

国和韩国开展"网球外交",标志着两者重新走近。它们之间的比赛是韩国运动员第一次在中国土地上参赛,尽管两国早前已经在国际体育赛事中有过接触。[1]

这些比赛成为了中国进一步融入国际社会努力的一部分。多年来中国和朝鲜是亲密盟友,所以当中国邀请韩国运动员到中国境内比赛时,其象征意义相当巨大的。《纽约时报》报道,1984年戴维斯杯在中国昆明举行期间,"八名韩国球员在中国大陆击球的意义在一个每个行动实质上都产生政治影响的国家是不容忽视"。连日本首相中曾根康弘也意识到比赛的重要性:他告诉一个议会委员会昆明网球赛是亚洲一个重要赛事,并表示在他即将进行的北京访问期间,他将鼓励中国和韩国之间开展更多的交流。在汉城,韩国外交部部长李源京预言网球赛后中国和韩国的非政治联系将成为一个必然趋势。他的预言是正确的。中国和韩国利用同在韩国举行的1986年亚运会和1988年奥运会铺平了建立外交关系的道路,这一目标在90年代初得以实现。[2]

乒乓外交是毛泽东和尼克松的一项重大成就,尽管他们两人都在掌权期间饱受国内各种负面因素的困扰。乒乓球赛不仅挽救了这两个领导人的政治遗产,而且更重要的是在整个世界都动荡不安的70年代让两国走到了一起。小小的乒乓球只值25美分,却扮演了一个独特而重要的角色,不但加速了中国的国际化,而且改变了中美关系并在20世纪后期重新塑造了世界政治格局。

---

〔1〕　"Tennis Diplomacy between China and South Korea", *Christian Science Monitor*, March 5, 1984.

〔2〕　Christopher Wren, "China's Quiet Courtship of South Korea", *NYT*, March 11, 1984, A5.

第六章

# 蒙特利尔奥运会

## ——政治挑战奥林匹克理想

> 我们欢迎来自台湾的运动员。我们希望他们会来比赛。我们不会因为性别、种族，或者国别与地区而区别对待。我们要说的是，我们不让一些运动员到加拿大来……（是因为）他们假装代表中国，而实际上并不是。我认为在这里的任何一个人，只要他笃信一个中国的原则，不管他是哪个党派的，都会支持这个政策。[1]

加拿大总理皮埃尔·特鲁多（Pierre Trudeau）1976 年在众议院的讲话

◇ ◇ ◇

1976 年奥林匹克夏季运动会从 7 月 17 日至 8 月 1 日在蒙特利尔举行，这对渴望向世界展示最好一面的加拿大人来说本应是一个欢乐的时刻。但在奥运会开始之前，加拿大政府却受到了几乎一致的指责，这些指责甚至来自像澳大利亚、英国、德国和美国这样的亲密盟友。国际奥委会讨论是否要取消赛事，而美国则认真地考虑是否要抵制此次运动会。一向在国际上声誉良好、形象无瑕的加拿大不仅备受国外媒体，甚至国内媒体的凶狠抨击。是什么事情令加拿大政府招惹来这样的麻烦？答案是：谁应该在1976 年奥运会上代表中国？

围绕蒙特利尔奥运会的争端显示了体育在增加中国于国际上

---

[1] "Olympics and Taiwan", Canada Archives, RG 25, vol. 3062, file 103.

被重视的程度以及在世界上建立国家身份上所扮演的重要角色。虽然中华人民共和国不是奥林匹克运动的成员，但北京下决心将体育赛事与其国际地位和合法身份联系起来。与此同时，在70年代早期就逐渐在外交上被边缘化的台湾当局利用其在奥林匹克大家庭的成员身份吸引世人注意其作为独立政治实体的存在，并敦促国际社会思考中国的真正身份。这两个观点围绕蒙特利尔奥运会猛烈地碰撞在一起，几乎毁了奥林匹克运动，将外交冲击波射向全球。

### 加拿大人的困境

当蒙特利尔1969年申请承办1976年奥运会时，加拿大政府给予了支持，并表示会欢迎所有成员国参加。加拿大外交部长米切尔·夏普（Mitchell Sharp）在1969年9月29日写给国际奥委会的一封信中声明："我愿向您保证，各国奥委会代表团和国际奥委会认可的国际体育联合会将可以按常规自由进入加拿大。"[1] 国际奥委会接受加拿大的承诺，于1970年5月12日正式选定蒙特利尔为主办城市。

大约五个月后，1970年10月13日，加拿大正式承认中华人民共和国（比美国政府几乎早了九年），并与台湾当局断交。加拿大是少数几个认可北京的西方大国，如同此后与中华人民共和国建立外交关系的每个国家一样，加拿大向北京保证会尊重"一

---

　　〔1〕　Sharp letter to Brundage, November 28, 1969, IOC Archives, Affaires politiques aux jeux Olympique d'Eté de Montreal 1976: correspondence, rapports, etc., SD5 rapport de James Worrall.

个中国"政策，并承认中华人民共和国是中国唯一的合法政府，而台湾是中国的一部分。也许当时没人想到，在加拿大与中华人民共和国的新关系下举办奥运会将引来这么多问题。那时，台北在奥林匹克大家庭的成员地位相当稳固，中华人民共和国则在1958年退出之后一直没有回归奥林匹克运动。

但加拿大分别在1969年给予国际奥委会和1970年给予北京的承诺可以说水火不容，必然导致纠纷。1974年，距离蒙特利尔奥运会只剩两年，加拿大外交部意识到台湾参加这次奥运会将是一个"重要而可能引起尴尬的事件"。[1] 台湾参赛本身不是一个问题，毕竟它是国际奥林匹克运动正式认可的成员。问题在于台湾是以"中华民国"的名义被认可的，如果加拿大政府容许台湾以这个名义参赛，当然会激怒北京。而中华人民共和国也十分明确地向加拿大表明台湾"中华民国"的名义参赛存在严重困难。[2] 1975年11月，一位高级体育官员告诉在北京的一位加拿大外交官："如果〔加拿大〕允许蒋匪帮打着其'国旗'走进奥林匹克竞技场，此举对于我们的双边关系将是一个大问题——

---

〔1〕 Draft memo from Allan MacEachen to prime minister, "Taiwanese Participation in the Montreal Olympic Games", December 12, 1974, Canada Archives, RG 25, vol. 3056, file 36, pt. 2.

〔2〕 1969年2月，当加拿大和中华人民共和国在斯德哥尔摩开始进行外交关系谈判时，后来的加拿大驻瑞典大使阿瑟·安德鲁是加拿大的首席谈判官。他后来评说，从一开始，中方与加拿大建立外交关系的条件就完全集中在"一个中国"问题上；中方坚持加拿大要与台湾当局断绝外交关系，并承认北京是中国唯一合法政府。在许多个月中，安德鲁都在听北京的对手论述这些条件，而加拿大一再重申自己的立场。最后，安德鲁建议，暂时中止谈判，直到双方找到新的讨论话题。中方在提出异议前再次问他，他现在是否明白北京在台湾问题的立场。安德鲁回答："我要是不明白的话就肯定是个聋子。"加拿大最终接受北京有关台湾问题的立场。谈判详见 Mitchell Sharp, *Which Reminds Me…A Memoir*, Toronto: University of Toronto Press, 1994, 203 – 207。

我们两国的人民以及其他国家的参赛者都会理所当然地感到愤慨，并且我们两国的关系将会受到严重损害。"[1]

北京的语气很快变得更有对抗意味。1976 年 5 月 17 日，中华人民共和国大使给加拿大外交部发出官方函件声明台湾"绝对没有权力以任何名义参加"。[2] 这样中华人民共和国的官方立场就是台湾在"任何情况下"都应被拒绝参加奥运会；它的参赛是"无法容忍"的。[3]

这个提醒对加拿大政府来说大可不必，加拿大外交部在这些表态前很早就熟知北京的立场。一份由该部在 1974 年 12 月为总理准备的秘密备忘录就预言，如果台北被获准以"中华民国"的名号参加奥运会的话，北京"最起码会非常愤怒"，而这怒火将"影响到"中华人民共和国和加拿大之间的"大部分双边事务"。参与了和国际奥委会所进行的台湾问题讨论的加拿大驻奥地利大使比斯利（A. J. Beesley）1976 年 2 月向渥太华发信建议："是时候、也应该了解一下中华人民共和国是否将这看作我们双边关系的一个实在的基准了。"[4] 外交部回答说，没有必要去"了解一下"中华人民共和国；台湾问题会影响双边关系是

〔1〕 Confidential memo for minister, "The Problem of Participation of the 'Republic of China' and the People's Republic of China in the 1976 Olympic Games", April 20, 1976, Canada Archives, RG 25, vol. 3056, file 36, pt. 2.

〔2〕 Chinese Canadian embassy to External Affairs Department, May 17, 1976, Canada Archives, RG 25, vol. 3056, file 36, pt. 3.

〔3〕 External Affairs to Canadian Beijing embassy, June 14, 1976, Canada Archives, RG 25, vol. 3056, file 36, pt. 3.

〔4〕 Beesley confidential telegram to External Affairs, February 9, 1976, Canada Archives, RG 25, vol. 3056, file 36, pt. 1.

很明显的事。[1] 加拿大驻华大使馆也在一封给外交部的加密电报中证实："似乎已经很清楚，中华人民共和国决定如果台湾当局获准参加奥运会，就会牺牲加中双边关系。"[2]

加拿大政府知道，如果台北在 1976 年奥运会上作为"中国的代表"入场的话，北京将作激烈反应并会严厉反击。当时加拿大经济问题严峻，物价暴涨，因此总理特鲁多非常看重与中国的贸易，政府没法承担与北京关系不稳的后果。《华尔街日报》（*The Wall Street Journal*）声称，这些担心塑造了加拿大就台湾参加奥运会之事采取的政策。之后的一篇社论中，作者解释道："去年加拿大对台湾贸易中有 1.44 亿美元赤字，而对北京贸易则有 3.20 亿美元盈余。如果情况倒过来的话，台北就很有可能继续以'中华民国'的名义参加奥运会。"[3] 《纽约时报》也报道，加拿大之所以拒绝台湾当局以"中华民国"名义参赛"与中华人民共和国政府所达成的重大经济合约是相关的……单是小麦，加拿大在 1975 年就向中国大陆销售了 3.07 亿美元。"[4] 这些观察说到了点子上，与北京的稳定关系是特鲁多政府所谓"新外交政策"的一个重要基石和关键要求。[5] 让蒙特利尔奥运会来妨碍这个更大的计划，风险实在太大。

---

〔1〕 External Affairs department, confidential telegram to Beesley, February 16, 1976, Canada Archives, RG 25, vol. 3056, file 36, pt. 2.

〔2〕 Telegram to External Affairs, November 26, 1975, Canada Archives, RG 25, vol. 3059, file 53.

〔3〕 "The Tarnished Olympic Games", *Wall Street Journal*, July 13, 1976, A16.

〔4〕 Steve Cady, "Taiwan Seems Loser in Olympics Dispute", *NYT*, July 12, 1976.

〔5〕 For details, see Donald Macintosh and Michael Haws, *Sport and Canadian Diplomacy*, Montreal: McGill-Queen's University Press, 1994.

　　既然台湾以"中华民国"的名号参赛会令加拿大难堪，有一个选择就是干脆不准台湾参加。然而这个选择会惹来国际奥委会等组织的严厉批评。另一个被外交部称为"最不情愿"的选择是公开将比赛政治化，从而打破其在 1969 年所作的承诺。[1]为了免于被迫在两个坏选项中作出选择，外交部在 1974 年 12 月的备忘录中建议加拿大帮助中华人民共和国和国际奥委会达成协议，在 1976 年奥运会之前成为奥林匹克运动的成员。这样一来，加拿大就可以在蒙特利尔奥运会之前使"两个中国"问题视线转移；中华人民共和国的成员地位起码在代表中国的目标上比台湾有优势。[2]

　　外交部于是根据这个抢先策略，在 1975 年和 1976 年初通过其各国大使馆为北京在奥林匹克运动中的成员资格四处游说。加拿大外交人员接到指示去和其他国际奥委会成员国的政府接触，力图发动一个在奥林匹克大家庭中以中华人民共和国取代台湾当局的运动。加拿大政府和国际奥委会保持密切联系，以第一时间得悉任何新发展；它甚至积极推动国际奥委会主席基拉宁男爵访问北京去弥合国际奥委会与中华人民共和国之间的分歧。为了确保国际奥委会理解加拿大进退两难的境况，外交部请求在 1975 年 4 月 23 日于多伦多和基拉宁举行会议。一份会前准备的机密备忘录建议："您可能要一开始就声明，从加拿大政府的角度来看（他会明白当中的意思），在政治上当然更希望看到中华人民

----

〔1〕　Draft memo from Allan MacEachen to prime minister, "Taiwanese Participation in the Montreal Olympic Games".

〔2〕　同上。

共和国而不是台湾出席奥运会。"[1] 在会议上，加拿大外交部官员告诉基拉宁："加拿大处于两难境地，即对国际奥委会忠诚还是对北京忠诚。"加拿大向国际奥委会清楚表明："由于台湾当局和中华人民共和国都认为只有一个中国，建议国际奥委会在考虑如何处理与双方的关系时，斟酌邀请中华人民共和国加入国际奥委会，支持中华人民共和国建立一支也代表台湾的、全中国的队伍的要求。"[2]

基拉宁回应说，他不肯定中华人民共和国是否会参加1976年奥运会，"因为国际奥委会没有足够的时间去就其正式申请和相关文件做出决定"。换句话说，国际奥委会在故意拖延。一位与会的外交部官员阿瑟·安德鲁（Arthur Andrew）报告说："国际奥委会方面似乎没有下多少特别的工夫去接纳中华人民共和国，以使其有资格参加1976年奥运会。"基拉宁就北京的成员资格所作的唯一承诺就是他会在国际奥委会年会和执委会会议上了解情况，"从这些会议上对动向有一定把握之后，他才能就如何处理中国问题有所预见"。[3]

在这种情况下，加拿大官员意识到"除了和基拉宁男爵保持紧密联系之外，别无他法"，只能希望事情能向好的方面发展。[4] 尽管加拿大政府明显对国际奥委会主席的悲观消极做法

〔1〕 D. Molgat confidential memo, "Your Meeting with Lord Killanin: The China/Taiwan question", July 16, 1975, Canada Archives, RG 25, vol. 3056, file 36, pt. 2.
〔2〕 Arthur Andrew confidential memo, "Olympic Games 1976: Meeting in Toronto, April 23, 1975 with Lord Killanin", May 2, 1975, Canada Archives, RG 25, vol. 3062, file 105.
〔3〕 同上。
〔4〕 同上。

感到失望，但他们仍对中华人民共和国加入奥林匹克运动抱有一丝希望。

1976 年初，加拿大外交部官员带着几分期待和几分焦躁来到奥地利再次和基拉宁会面。会议在 2 月 7 日举行，与会的有外交部官员斯克拉贝克（E. A. Skrabec）、加拿大驻奥地利大使比斯利和国际奥委会加拿大委员詹姆斯·沃拉尔（James Worrall），他们的讨论大部分围绕"两个中国"问题。这次加拿大官员们成功地让基拉宁明白到，加拿大政府对台湾参赛会严密把关。基拉宁反击说他很看重加拿大政府在申办蒙特利尔奥运会时所做出的承诺，加拿大不能因为决定认可中华人民共和国就收回对国际奥委会的承诺。让加拿大官员更失望的是，基拉宁现在相信国际奥委会不会在短期内解决北京与台北的问题，甚至可能到 1980 年莫斯科奥运会时也解决不了。[1]

事后看来，在北京对台立场强硬的同时，国际奥委会没能力处理"谁代表中国"问题的情况下，加拿大方面的策略显然注定要失败，与基拉宁的会面并没有想象中的重要。詹姆斯·沃拉尔后来写道："加拿大政府期待国际奥委会就批准中华人民共和国加入奥林匹克运动之事做出决定，这将可使其免除让来自台湾的队伍以国际奥委会认可的名号参赛的责任。这期待没有实现而国际奥委会也没做出决定，加拿大政府因此左右为难。"[2]

1976 年 2 月之后，加拿大政府在处理中国出席的问题上出现了转变，不再依靠与国际奥委会的合作，而是自己想办法解

---

〔1〕　Beesley, confidential telegram to External Affairs, February 9, 1976.

〔2〕　James Worrall, confidential report to Killanin, "Olympic Games, Montreal 1976".

决。外交部在 1976 年 4 月 20 写成的一份秘密备忘录中总结道：
"国际奥委会在蒙特利尔奥运会之前解决这个问题的最后良机是
它在 2 月因斯布鲁克冬季奥运会期间召开的大会上。"但由于国
际奥委会和中华人民共和国甚至完全没提出讨论这事，"加拿大
面临困难"。[1]

有趣的是，国际奥委会主席自己也确认了加拿大政府的结
论。在一封日期标为 1976 年 4 月 30 日、给其信任的国际奥委会
日本委员清川正二的密信中，基拉宁写到：

> 我不得不自认，我不相信在蒙特利尔之前会有什么
> 进展，尤其是考虑到中国当前的政治形势……我不会幻
> 想有可能（给台湾）强加任何称号。我也不会做出任
> 何正面的行动，因为我相信这将带来负面的影响，国际
> 奥委会中的大部分、国家奥委会中的大部分和国际体育
> 联合会中的大部分都迫不及待地要承认中国，却要面对
> 如何处理台湾的困局……我将中国放在优先处理事务表
> 的最上方，但我认为我们必须绝对保持各方面的
> 平衡。[2]

显然，基拉宁感到自己和加拿大方面一样进退两难，国际奥
委会就是无法在蒙特利尔奥运会之前处理中国的问题。基拉宁的

---

〔1〕 Confidential memo for minister, "The Problem of Participation of the 'Republic of China' and the People's Republic of China in the 1976 Olympic Games".

〔2〕 Kallanin to Masaji Kiyokawa, April 30, 1976, confidential, IOC Archives, République Populaire de Chine, correspondence, 1976.

策略就是现在什么都不做。

然而加拿大政府等不起——它必须发出呼唤，而且要快。国际奥委会期望加拿大守住承诺，让参加的队伍以其官方名号参加蒙特利尔奥运会。中华人民共和国则当然希望加拿大反对来自台湾的队伍在任何情况下参赛，以符合"一个中国"的政策。1976 年 4 月，在一年多来让北京和国际奥委会达成协议的努力一无所获之后，加拿大政府决定采取折衷方案。

### 折衷准则

折衷方案这样操作：不阻止台湾参赛，取而代之的是，加拿大政府要求台湾的代表队绝对不能使用"中华民国"的名号以及相关的旗帜或者歌曲。[1] 从加拿大政府的角度看，折衷之处在于"这样的条件虽然不能完全满足中华人民共和国和加拿大体育管理部门的要求，但起码可以为它们所接受。"[2] 1976 年 4 月 27 日，早在 1974 年就讨论过类似办法的加拿大外交部长阿兰·马克伊臣（Allan MacEachen）正式批准这个折衷方案为加拿大政府的官方政策。该部在一份给总理的备忘中解释了其中的理由：如果政府允许台湾在蒙特利尔以国际奥委会认可的"中华民国"之名参赛，国际奥委会当然高兴，但这"会破坏加拿大和中华人民共和国的商务和政治关系"。而如果政府选择禁止台湾参加，虽然可能加强加拿大和中华人民共和国的关系，但国际奥

---

〔1〕 Confidential memo for minister, "The Problem of Participation of the 'Republic of China' and the People's Republic of China in the 1976 Olympic Games".

〔2〕 Draft memo from Allan MacEachen to prime minister, "Taiwanese Participation in the Montreal Olympic Games".

委会可能会取消比赛。因此，总理应该接受折衷准则，它的潜在损害是最小的，并且绝对"是最具防卫能力的，无论这个夏天会出现什么情况"。[1] 总理皮埃尔·特鲁多批准了这个方案。

加拿大政府是在探听到北京会接受这个政策（虽然不是十分高兴）的前提下做出这个选择的，认为这是加拿大政府在这种情况下能做到的最佳措施。外交部的一份秘密备忘录表明，政府将有关台湾之事的每一个行动通知了北京："描述我们对台湾参加的立场的记录发送给了在渥太华和北京的中华人民共和国当局。"同样是这份秘密的外交部备忘指出："我们和我们驻北京的大使都有同感，中国将能够接受我们的折衷方案，只要在方案的执行中不发生变故。"尽管北京的回应重申了中华人民共和国要求台湾当局"在所有情况下"都不应被允许参加蒙特利尔奥运会的立场。[2]

1976 年 5 月 28 日，加拿大政府正式书面通知国际奥委会，在台湾的奥委会在任何情况下都不被允许以这个名号进入加拿大，它的成员也不能使用其旗帜和歌曲。[3] 后来，马克伊臣宣布："加拿大政府在涉及这一事务上的基本立场事关我们的整个中国政策，并反映了我们的国家主权的要求。加拿大政府的立场

---

〔1〕 Draft memo from M. Sharp to prime minister, May 21, 1976, Canada Archives, RG 25, vol. 3056, file 36, pt. 3.

〔2〕 External Affairs confidential memo, June 24, 1976, "Taiwan and Olympics", Canada Archives, RG 25, vol. 3056, file 36, pt. 1.

〔3〕 Mitchell Sharp to the IOC, May 28, 1976, Canada Archives, RG 25, box 3056, file 36, pt. 1.

已经定了下来。"[1] 6月初，外交部在接到国际奥委会的正式回应之前就已经与人力和移民部合作，确保台湾代表团在加拿大和国际奥委会达成协议之前不能进入该国。[2] 加拿大政府将台湾人用于参加奥运会的身份证件作废，并于1976年6月9日将有关决定通过台湾当局驻华盛顿的"大使馆"转告。[3]

加拿大政府决心执行，但要公众接受这个政策将会是个挑战，而要国际奥委会接受就更加困难。首要一条，加拿大方面如何说明这个政策与其向国际奥委会的承诺不相违背？加拿大政府采取策略的是解释该承诺在夏普1969年的信中作出了限定，即将"依照正常规章"允许参赛为前提条件。政府不打算向一个私人组织出让其主权，不管这个组织受到多大的尊崇。[4]

这个讨论随之而来的自然是声明说基拉宁和国际奥委会没有将这个限定当一回事，也就从没有让加拿大方面解释当中的意思。基拉宁后来解释道，他以为夏普的限定是指"霍乱传染之类的事"。[5] 然而，早在1974年，加拿大政府就归结出这个用语对于广泛的承诺"或许会提供某种限定要素"以应所需。[6] 在外交部官员于1975年4月23日与基拉宁举行会议之前，加拿大

〔1〕 Telex from Allan MacEachen to the IOC president, June 27, 1976, Canada Archives, RG 25, box 3056, file 36, pt. 1.

〔2〕 Draft letter to minister of manpower and immigration from Allan MacEachen, June 1976, Canada Archives, RG 25, box 3056, file 36, pt. 1.

〔3〕 External Affairs Department, confidential memo, June 24, 1976, "Taiwan and Olympics".

〔4〕 Background materials for secretary of state for External Affairs, Canada Archives, RG 25, box 3056, file 36, pt. 1.

〔5〕 Mary Janigan, "How the Taiwan Issue Erupted", *Toronto Star*, July 17, 1976.

〔6〕 Draft memo from Allan MacEachen to prime minister, "Taiwanese Participation in the Montreal Olympic Games".

方面一份秘密备忘录建议，如果基拉宁问加拿大在北京和台北之间更希望前者参加奥林匹克运动，这是否意味着加拿大有可能不许可台湾运动员入境，"我们建议您也许应回答是的，当然了，因为考虑到参加的事与夏普先生之前的承诺有密切关系，即到加拿大参赛要'依照正常规章'"。[1] 基拉宁没有想过要问这问题，但策略没有因此改变。这个短语在 1969 年写入时与中国没有关系，现在却成为加拿大政府为其立场辩护的依据，说明其台湾政策没有违背它对国际奥委会的承诺。

为这个立场护驾的第二条防线是从 1970 年起加拿大就只承认一个中国，即中华人民共和国。加拿大欢迎台湾参加奥运会，只是不能以"中华民国"的名义。但国际奥委会一点也不认同这个说法，在 1976 年 5 月底得知加拿大的立场时，就埋怨这个政策"与奥林匹克规则完全矛盾，与蒙特利尔获得奥运会主办权时所应遵循的条件完全相反"。基拉宁还声称加拿大方从没告诉过他，台湾将获得不同对待，他为加拿大以"最后时刻"方式通知他有关台湾入境参赛的事而"难过"。[2] 他甚至声明即使是他到 1975 年 4 月才知道这种情况，他会立即开始为 1976 年奥运会找新的举办地点。在他看来，加拿大官员在 1975 年 4 月和 1976 年 2 月与他举行会议时忘记向他表明对台湾的立场。

基拉宁并非真的为台湾而斗争，他担心的是加拿大的动作会严重损害一直以来为保持奥运会和国际体育运动不受政府干预的

---

〔1〕 D. Molgat confidential memo, "Your Meeting with Lord Killanin: the China/Taiwan question", July 16, 1975, Canada Archives, RG 25, vol. 3056, file 36, pt. 2.

〔2〕 External Affairs draft minute of the meeting with Killanin, June 30, 1976, confidential, July 2, 1976, Canada Archives, RG 25, vol. 3056, file 36, pt. 1.

努力。[1] 加拿大的行动对国际奥委会来说是个严重事件，因为一个"基本的奥林匹克原则……面临险境"。[2] 一方面，基拉宁向加拿大官员抱怨，他们的政策代表"政府直接干预"奥运，这是"不可容忍"的。他补充说，在这样的环境下，"奥运会举不举行是一个问题"。基拉宁痛斥加拿大"在虚假的伪装"之下赢得奥运主办权，对奥林匹克运动造成了致命的伤害。[3]

加拿大政府与国际奥委会越来越明显地处于冲突状态，但双方都希望能在大赛被台湾问题搞垮之前找出一个折衷方案。1976年6月30日，外交部的安德列·比索内特（P. Andre Bissonnette）和斯克拉贝克应基拉宁的要求与他在法兰克福会面。会上，基拉宁提醒加拿大方他们所作的承诺是蒙特利尔取得奥运会举办权的前提条件，即奥林匹克运动的所有成员都可以自由进入加拿大。他告诉加拿大方，如果他早知道加拿大会失信，蒙特利尔就不会在申办中胜出。比索内特反驳说，如果加拿大政府早知事情会变得如此糟糕，"我们也许就不会支持蒙特利尔申办"。作为基拉宁对加拿大有关"最后时刻"行动的指责的回击，加拿大官员坚称他们的政府早在1975年4月起就几次提醒过他有关台湾的问题。[4]

基拉宁坚称自己忆述的正确，而加拿大方坚持自己的话更可

---

〔1〕　IOC President to Sharp, June 8, 1976, and IOC: Affaires politiques aux jeux Olympique d'Eté de Montreal 1976, both in Canada Archives, RG 25, vol. 3056, file 36, pt. 1.

〔2〕　IOC to members of the IOC international federations, July 1, 1976, Canada Archives, RG 25, box 3056, file 36, pt. 1.

〔3〕　External Affairs draft minute of the meeting with Killanin, June 30, 1976, confidential, July 2, 1976, Canada Archives, RG 25, vol. 3056, file 36, pt. 1.

〔4〕　同上。

靠，因为有会议记录为据，会议在这一点上出现胶着状态。由于明白双方对中国参赛问题的理解和处理方法对我们来说很重要，就让我们细察一下详情。

### 国际奥林匹克委员会的观点

基拉宁的确相信加拿大方没有在较早前的场合向他详细说明他们的台湾政策，在詹姆斯·沃拉尔正式通知他加拿大政府的决定之后，他在 1976 年 5 月 28 日一份给国际奥委会执委会的秘密备忘录中报告，沃拉尔在 5 月 27 日打电话给他，传达了加拿大政府在台湾问题上的决定，这个决定沃拉尔本人也刚在 5 月 26 日得知。在通话中，基拉宁问沃拉尔，为什么加拿大"这么晚"才提起台湾事务。这位国际奥委会主席声称，在他此前与加拿大外交部于 1975 年 4 月和 1976 年 2 月举行的两次会议中，加拿大政府都没有向他表明加拿大会以自己的方法来处理台湾问题。[1]

沃拉尔想方设法证明基拉宁的说法，在 1976 年 10 月 1 日提交给基拉宁的、有关台湾事务的秘密报告中，他摆出了当中的要点：加拿大打破自己的承诺，并且没有及时通知国际奥委会。沃拉尔认为："有关'限定'的词句现在完全由加拿大政府来阐释，实际上就不过是操作上的细节罢了。……如果遣词造句保留了某种改变政策主张的权利，这个政府应该坦率地说明。"沃拉尔回忆，他也参加了 1975 年 4 月 23 日的会议，当时的讨论属

---

[1] Killanin confidential memo to the IOC executive board, May 28, 1976, IOC Archives, Affaires politiques aux jeux Olympique d'Eté de Montreal 1976: correspondence, rapports, etc., SD5 rapport de James Worrall.

"一般性的"，且只"提及南非和台湾参加蒙特利尔奥运会的可能性"。这种一般性的讨论在沃拉尔看来是不可能让国际奥委会当作任何一种加拿大政府有关台湾立场的正式政策声明。实际上，基拉宁和沃拉尔本人都以为，那两位来自外交部的与会官员并不打算指出加拿大政府有政策上的转变。[1]

至于1976年2月的会议，沃拉尔也有出席，会上也再次讨论了台湾问题。然而，沃拉尔认为，加拿大政府的代表显然无权对台湾政策（像后来在1976年5月的会议所表述的）进行正面的陈述，而他们也确实没有做过这样的陈述。根据他的理解，加拿大政府和国际奥委会的这两次会议中，不能接受说加拿大政府向国际奥委会"通报"或者"通知"了其后来所持的立场。事实上，如果这个政府要做正式通报的话，"可以简单地由总理或者外交部长写信给国际奥委会主席并说明他们的政策"。[2]

律师出身的沃拉尔用自己的专长，在这份备忘上从困境中挽救了国际奥委会，也许也挽救了他自己。毕竟，作为国际奥委会在加拿大的委员，他的声誉岌岌可危——他身负保持主办国和国际奥委会之间顺畅、有效沟通的重任，现在事情进展不顺利，他从个人利益出发，也要将罪责推到加拿大政府身上。基拉宁的境地也差不多。1976年10月14日，基拉宁写信给沃拉尔，感谢他的报告，表示"同意所有"他在备忘上写的、有关台湾事务的

〔1〕 James Worrall, confidential report to Killanin, "Olympic Games, Montreal 1976: Commentary on Status of Republic of China Olympic Committee", Toronto, October 1, 1976. IOC Archives, Affaires politiques aux jeux Olympique d'Eté de Montreal 1976: correspondence, rapports, etc., SD5 rapport de James Worrall.

〔2〕 同上。

"事实和观点"。[1] 基拉宁在 1976 年 10 月 12 日写给国际奥委会执委会的一份秘密备忘录中写道："我现在得到一份来自詹姆斯·沃拉尔的机密报告，完全证实了有关台湾的立场和我当时所说过的话。我希望这将保存在维迪（Vidy，国际奥委会总部）的封存档案中，以备将来加拿大国家档案公开，这事再次被提起。我不希望将它广泛传播。"[2] 基拉宁还在他的回忆录中声称，他直到 1976 年 5 月才得到加拿大方面有关台湾不能参加奥运会的表示。[3]

国际奥委会版本的最大问题在于，无论是基拉宁还是沃拉尔都没有做会议记录，后来也没有相关的记录汇编。而加拿大外交部则详细录入了其官员在会上所说的每一句话。

### 加拿大方面的版本

当外交部声明有 1975 年 4 月会议的内部备忘录来反驳基拉宁的版本时，这并非虚构，虽然由于当时该部拒绝向任何人出示这些文件，让这看起来有点值得怀疑。实际上，与会的外交部高级官员阿瑟·安德鲁在 1975 年 5 月 2 日向外交部递交了一份详细的备忘录。在这份备忘录中，安德鲁清楚表明，加拿大官员在那天的会议上和基拉宁讨论了台湾问题以及加拿大承认中华人民

〔1〕 Killanin to Worrall, October 14, 1976, IOC Archives, Affaires politiques aux jeux Olympique d'Eté de Montreal 1976: correspondence, rapports, etc. , SD5 rapport de James Worrall.

〔2〕 Killanin to IOC director, confidential, October 12, 1976, IOC Archives, République Populaire de Chine, histoire, 1952—1986.

〔3〕 Killanin, *My Olympic Years*, 133.

共和国的事。备忘录叙述了沃拉尔直接问，夏普 1969 年信中有关运动员参加奥运会的批准上所说的"依照正常规章"是什么意思。安德鲁回答："最浅白地说，这意味着我们保留禁止霍乱患者参赛的权利，而比这个更复杂的情况将只会由部级部门作为国家政策处理。没有官员能提前指定政府如何据此操作。"[1] 加拿大官员在此清楚地表明，如果部级部门认为加拿大的国家政策受到影响，台湾就有可能被拒之门外。另一份日期标为 1975 年 5 月 2 日、同样有关与基拉宁的会议的机密备忘报告："基拉宁男爵力图促使我们保证让台湾出席，但我们告诉他，这将由部级部门做出决定，我们现在不能说事情将如何发展。在作答时，我们请他放心，政府总理竭尽全力，渴望能确保奥运会成功举行。"[2]

　　从这两份备忘可以清楚看到，加拿大政府在 1975 年春天曾提醒基拉宁，台湾参赛问题严重，没法保证它能真的出席蒙特利尔奥运会。可是国际奥委会没有理会这个信息，而是选择忽略这个紧急问题，直到无可挽回。沃拉尔在 1976 年 10 月给基拉宁的机密备忘中声称，国际奥委会对加拿大外交部有关 4 月会议的备忘录的内容毫不知情，"但应该指出的是，这最多可以作为一个自我服务的文件，它是由单方写成用来阐释自己的话的，因此不能归为加拿大政府给国际奥委会的任何正式通知"[3] 不过，加

〔1〕 Arthur Andrew confidential memo, "Olympic Games 1976: Meeting in Toronto, April 23, 1975, with Lord Killanin", May 2, 1975, Canada Archives, RG 25, vol. 3062, file 105。

〔2〕 External Affairs department, confidential memo for the minister, "1976 Olympics: Meeting with Lord Killanin", May 2, 1975, Canada Archives, RG 25, vol. 3062, file 105。

〔3〕 Worrall, confidential report to Killanin, "Olympic Games, Montreal 1976"。

拿大政府也没有理由在 1975 年 5 月初就准备好有偏颇的备忘录，因为有关讨论内容的争议一年之后才爆发。沃拉尔在自己写的备忘中承认会上的确有提出过限定词句的问题，但他声言这"不能作为对应承担责任的免除"。[1]

正如前面章节探讨过的，国际奥委会长期以来就没有能力直截了当地处理诸如"谁代表中国"这样的复杂事务。从 20 世纪 50 年代早期起，国际奥委会就对围绕"谁代表中国"而产生的问题闭眼不管，没有系统的、有预见性的措施。现在加拿大方面自行处置这事，国际奥委会仍无法甩掉其迟钝和无能之态，去担起其在这问题上应有的角色。

国际奥委会要改变固有的、被动处理棘手问题的做法，需要一段时间。在加拿大政府的声明之后，国际奥委会在 1976 年 6 月 30 日召开了第一个重要会议，继续进行谴责。除了责备加拿大在"最后时刻"表态，基拉宁还在会上指责加拿大正开启一个危险的先例。加拿大官员回应说，事实上，国际奥委会本身也在 1960 年罗马奥运会创了先例，迫使台湾要参加奥运会的话就要使用别的名字。在激烈的交锋中，国际奥委会第一副主席威利·道默（Willi Daume）说，如果不接受"中华民国"的名字，唯一的选择就是取消本届奥运会。比索内特回答："放弃我们针对台湾的政策将意味着没有政策，这是不可想象的。"[2] 双方都越来越表现得不会让步，以至 5 月底声明之后的第一次重要会议

---

〔1〕同上。

〔2〕External Affairs department, draft minute of the meeting with Killanin, June 30, 1976, confidential, July 2, 1976, Canada Archives, RG 25, vol. 3056, file 36, pt. 1.

以全面僵局告终。

由于台湾代表团计划在 7 月 9 日下午到达加拿大，加拿大政府通过其在华盛顿的大使馆提前发出警告，说他们用作入境文件的奥运认证卡已经被作废。加拿大官员表示，在和国际奥委会就来自台湾的奥运代表团入境的适当条件达成协议之前，不欢迎他们来加拿大。加拿大甚至直白地警告，如果台湾试图绕开正常规章和手续，有可能会陷入困境。[1]

当加拿大政府一步接一步阻止台湾以"中华民国"的名号参加奥运会时，国际奥委会认识到要让奥运会办得成，就要集中力量找到解决方案。在 7 月 10 日与加拿大官员举行下一次会议上，国际奥委会表示愿意讨论折衷办法。比索内特、斯克拉贝克和格兰·梭尔特列弗（Glenn Shortliffe）这三位来自外交部的高级官员参加了会议，而国际奥委会则由主席基拉宁和部分执委会成员代表。会议再次呈现紧张状态，基拉宁"控制住情绪"问加拿大政府的代表是否改变了立场，回答是："当然没有"；加拿大只是遵照其"一个中国"的国家政策。这时，基拉宁问加拿大能不能接受罗马的方法，也就是用"台湾"这一名称，但准许用自己的旗帜。比索内特回答说，关键在于是否指"中国"，并问罗马的用词是什么。基拉宁还没来得及回答，国际奥委会第一副主席威利·道默就抢着提出新选项，即来自台湾的代表团在国际奥委会的保护下参赛，队伍使用奥运五环旗，在"国际奥委会"或者"由国际奥委会授权"的标志下出场，并且不

---

〔1〕 Canadian embassy in Washington to Ottawa, confidential and Canadian eyes only, July 9, 1976, Canada Archives, RG 25, vol. 3056, file 36, pt. 3.

奏任何乐曲。基拉宁补充说，来自台湾的代表团实际上是一支"中立"队伍。加拿大官员立刻欣然接受这个办法：他们告诉基拉宁，他们倾向于中立的选项，而加拿大政府不能接受罗马的方法，准许台湾使用自己的旗帜。[1]

值得注意的是，外交部在会议上对罗马方法所持的立场与加拿大外交部长阿兰·马克伊臣 1976 年 7 月 5 日告诉英国下议院的不同。当时马克伊臣说："请记住，让台湾运动员完全按照他们参加 1960 年罗马奥运会的方法、遵从国际奥委会批准的条件和规则来加拿大获准参赛，这是有可能的。我们所要求的全部就是他们将 1960 年为意大利所作的考虑也套用到加拿大上。"[2] 同一天举行的新闻发布会上，马克伊臣再次声明："我们要求在这种情况下采用 1960 年奥运时用过的方法，当时在国际奥委会的坚持下，受到质疑的运动员以台湾代表的身份出赛意大利。"[3] 也许外交部官员在会议上决定利用国际奥委会的弱势，他们只是挑了个对方提供的更好选项。

这个"中立"选项在同一天由国际奥委会向台湾提出。[4] 当天下午，国际奥委会执委会通过决议，接受加拿大方面有关台湾方面不带任何"中国"名义参加奥运会的建议，将在国际奥

---

[1] Minutes of meeting with Killanin, July 10, 1976, Canada Archives, RG 25, vol. 3056, file 36, pt. 3.

[2] Canadian External Affairs department memo, "Olympics and Taiwan," Canada Archives, RG 25, vol. 3062, file 103.

[3] Press conference of the secretary of state for External Affairs, July 5, 1976, Canada Archives, RG 25, box 3056, file 36, pt. 1.

[4] Confidential minute of meeting with Killanin, July 10, 1976, Canada Archives, RG 25, vol. 3056, file 36, pt. 3.

委会的旗帜下出席。这对国际奥委会来说是一个艰难的决定，也是一个挑战性的时刻，甚至考虑过要取消比赛或者将"奥林匹克运动会"的名称从大赛中除去。但最终执委会的成员归结出，他们没有更好的选择，而奥运会必须继续举行。执委会于 7 月 11 日发表声明，对加拿大政府的决定表达了一致的强烈抗议，并解释道"看在超过一百个国家的运动员经过多年准备，去参加这个世界青年的盛会，而蒙特利尔市、加拿大奥林匹克委员会和组委会按照国际奥委会的要求履行了职责的份上"，执委会"别无选择，只能向第 78 届大会建议，本届奥运会必须继续举行"。[1]

但台湾方面不照办。正如基拉宁在 7 月 13 日国际奥委会年会开始时汇报的，台湾方面断然拒绝不在自己的称号、旗帜和歌曲下参赛。[2] 基拉宁还告知大会，这处境可能有违两个原则：加拿大政府违背自己在申办奥运会时的诺言，违反国际奥委会的基本原则。他于是请大会对执委会的决定进行投票。

很多国际奥委会委员的确对加拿大政府的干预及坚持将其对华政策置于奥运会之上感到愤怒，其中一位委员雷根纳尔德·亚历山大（Reginald Alexander）建议，鉴于加拿大政府令国际奥委会非常难堪的事实，国际奥委会应通知特鲁多，他的政党在国会的所有成员必须禁止染指奥运场地和所有与奥运会相关的社会职务。另一名委员古纳尔·埃里克森（Gunnar Ericsson）评论说，这是国际奥委会第一次向政治压力让步，他认为大会应该接受执

---

〔1〕　IOC Archives, Minutes of the Seventy-eighth IOC Session, Montreal, July 13 – 17, 19, 1976.

〔2〕　基拉宁报告说他 1976 年 6 月 27 日与来自台湾的国际奥委会委员徐亨及在台湾的奥委会副主席在慕尼黑会谈过，并告知他们加拿大政府的立场。

委会的决定，但要在抗议之下。还有人主张，如果来自台湾的代表团要在奥林匹克的旗帜下出场，那么其他的代表团也应被允许这么做，以作为对在台湾的奥委会的同情。还有委员认为，国际奥委会接受加拿大政府的政策等于签署了"自己的死刑执行令"。部分委员甚至建议将奥运会移至美国或墨西哥举办，或者干脆取消。

尽管群情汹涌、提议纷飞，国际奥委会大会还是认识到取消蒙特利尔奥运会为时已晚，最终一致同意比赛如期举行，并通过执委会的决定，让台湾代表团"获得在奥林匹克旗帜下、演奏奥林匹克乐曲并使用奥运五环牌或白牌、或者干脆不举牌入场的殊荣"。但国际奥委会不会将这个方法强加给台湾，台湾可以自行定夺是否接纳这个决定。[1] 看上去国际奥委会作了让步，而加拿大政府得胜，可是一场强大的公关风暴正吹向加拿大政府。

## 各方谴责和美国的反应

加拿大政府有关台湾的决定即使在加拿大也不受欢迎。加拿大奥林匹克协会强烈反对加拿大政府的政策，它在 1976 年 7 月 7 日的一份声明中声称，1970 年对中华人民共和国的承认不能"取代加拿大政府在 1969 年所作的坚定承诺。这份承诺很清晰且保证让国际奥委会认可的所有奥委会的代表自由进入加拿大，当中没有包含任何政治上承认或意味着有这种义务，这完全是奥林匹克的事"。声明进一步指出，加拿大政府没有提前与他们联系

---

〔1〕 基拉宁报告说他 1976 年 6 月 27 日与来自台湾的国际奥委会委员徐亨及在台湾的奥委会副主席在慕尼黑会谈过，并告知他们加拿大政府的立场。

去说明有什么问题，而是在最后时刻将事情摆出来。声明称政府的立场"严重地而且难以容忍地损毁了对加拿大政府的信心"，这"在加拿大人民和加拿大奥委会引起恶劣反响，而加拿大奥委会曾对政府的话充满信心和信任，并借此推动加拿大申办奥运会"，因此加拿大奥委会"完全支持和赞同国际奥委会在此事上的立场"。[1] 许多加拿大报纸专栏也批评政府错误处理台湾事务，而且几乎所有西方大国也对加拿大提出谴责。《经济学人》（*The Economist*）将这个决定称为"非法"，而加拿大自己的媒体痛呼其意味着"耻辱和几乎一致的对加拿大的斥责"。[2]

但最严重的谴责来自加拿大的强大邻居美国。美国奥委会发表强烈抗议声明，并敦促加拿大政府立刻重新考虑其行动。它甚至威胁如果国际奥委会宣布这个运动会不是"正式"的，美国可能退出。[3] 许多美国人写信抗议加拿大政府的决定，包括参议员罗伯特·塔夫特（Robert Taft），他在给总理特鲁多的信中埋怨："如果我们不能为了各个地方作为个体的人民，将体育、艺术、科学和其他这样的活动留在个体领域内，那我不能相信'文明'一词还剩下多少意义。"[4] 美国媒体对加拿大的立场采取一致谴责的态度，《纽约时报》刊发了许多批评加拿大的社论，其

〔1〕 IOC Archives, Affaires politiques aux jeux Olympique d'Eté de Montreal 1976: correspondence, rapports, etc., SD4/communiqué de press et response, 2–7 July 1976.

〔2〕 Donald Macintosh and Michael Hawes, *Sport and Canadian Diplomacy*, Montreal: McGill-Queen's University Press, 1994, 37.

〔3〕 IOC Archives, Minutes of the Seventy-eighth IOC Session.

〔4〕 Taft to Trudeau, July 15, 1976, IOC Archives, Letters de protestation concernant la question des dux Chine aus jeux Olympiques d'Eté de Montreal, 1976.

中一篇写到，国际奥委会被主办国"愚弄"了。[1] 加拿大驻华盛顿大使馆被这一行为震惊，认为加拿大政府在美国公众面前被定义为"最原本、最深重的罪人"。[2]

当有关加拿大的台湾问题政策的论战爆发时，美国政府马上制订了一份回应。早在 1976 年 7 月 2 日，一份白宫幕僚备忘录就提到有"现实的可能性"蒙特利尔的运动会将不是正式的奥运会，如果国际奥委会收回授予比赛的权利的话。这种情况一旦发生，美国奥委会很可能决定不派美国代表团对参加这个未经批准的、非正式的赛事。[3] 国务院也在 7 月初就蒙特利尔奥运会发表的首个重要声明说："奥运会是个体之间而不是国家之间的竞争，而谁参赛——哪些运动员参赛——应由国际奥林匹克委员会决定。我们不相信任何政治考虑应参与到决定中。所以我们希望事情能够得到解决。"[4] 1976 年 7 月 6 日，白宫让国务院提供一份有关蒙特利尔奥运会的台湾问题的信息备忘录。国务院第二天提交了报告，认为加拿大方有关台湾的决定"部分是受到中华人民共和国在过去九个月几个强有力的手段的促使"，还指出美国对国际奥委会影响有限，因为国际奥委会执委会中没有美国委员，而在整个大会中只有两票。[5]

---

〔1〕 "The Flickering Flame", *NYT* editorial, July 19, 1976.

〔2〕 McKinney confidential telegram to Ottawa, July 13, 1976, Canada Archives, RG 25, vol. 3056, file 36, pt. 3.

〔3〕 Ford Library: White House office of editorial staff Robert Orben, box 64/7/4/76, memo from Lynn May to Kim Cannon, July 2, 1976, subject: Summer Olympic Games in Montreal.

〔4〕 Ford Library: National security adviser, NSC Press and congressional liaison staff, files 1973—1976, box 5: press guidance, July 1 – 16, 1976.

〔5〕 Ford Library: State Department memo to the White House, "The Olympics: Chinese Representation Issue", White House central files, subject file box 5, 6/1/76 – 7/26/76.

国务院向白宫提出三个选择。第一个是保持现有的低调立场，国务院提到："国务院采取的立场是，'中华民国'的参与应由国际奥委会和加拿大协商解决。作为低调处理，我们表达了对运动会政治化的遗憾。这个立场与我们总体政策相符，即参加国际体育活动不应是政治事务，而应由私人体育团体自己决定。这个做法还将我们的中国政策与大众争论隔离开来。"[1]

第二个选择将由国务院或者白宫通过公开声明，更积极地支持奥林匹克应与政治分开的原则。那份备忘就这个立场相关地提到，美国奥委会已经寻求美国政府更多正面的支持，倡议说一个更积极的姿态"将使我们处于更有利地位去为我们以及其他国家的运动员在1980年奥运会提供支持，我们估计，苏联作为这届运动会的主办国将引发政治问题"。但国务院提醒白宫，这样的公开支持也会有两个不足，即"导致我们与中华人民共和国发生无谓的争吵的表象"，以及迫使美国"起码是暗地里与加拿大作对"。[2]

第三个选项是还要更多的参与介入。美国可以积极地游说加拿大和其他政府去支持美国奥委会和国际奥委会的立场。根据国务院的看法，这样的行动也有些不利之处，将标志"我们把这些事情本应由私下处理的政策作了一个重大转变，这个转变会引起误导和无益的猜测，以为我们的中国政策有变。而且，在这么晚的时候游说可能效果不大"。[3]

---

〔1〕 Ford Library: State Department memo to the White House, "The Olympics: Chinese Representation Issue", White House central files, subject file box 5, 6/1/76 - 7/26/76.
〔2〕 同上。
〔3〕 同上。

在三个选择中，国务院推荐第一个，即维持原状。

　　我们相信我们应该继续采取第一种做法，不要超出我们已经做过的公开声明——（即）参赛的问题应由国际奥委会决定，我们希望政治考虑不会掺和到赛事中。这个立场在敏感时刻守住了我们将对华政策与公众争论分离的最大承诺。这也与美国在众多场合采取的、参加国际体育赛事纯粹是私人事务的立场相一致。[1]

这个建议在 7 月 8 日作了一些修改，提出将第二个选择作为后路："依据蒙特利尔的事态进展而定，如果美国政府所受的压力越来越大，我们可以考虑第二个选项是否可行。"[2]

国家安全顾问布伦特·斯考克罗夫特（Brent Scowcroft）在一份给总统的机密备忘中建议实施比国务院更具对抗性的做法，他告诉总统福特（Ford）："我相信我们应该采用选项二。现在的情况属第一次，即一个主办国试图干预国际奥委会的决定，这将会为 1980 年莫斯科奥运会定下先例。我们应该清楚表明，美国政府不在'中华民国'应该还是不应该出席奥运会上表态，这

---

　　〔1〕 Ford Library: State Department memo to the White House, "The Olympics: Chinese Representation Issue", White House central files, subject file box 5, 6/1/76 - 7/26/76.

　　〔2〕 见同一议题的第二份备忘，July 8, "Memorandum for Mr. Brent Scowcroft from George S. Springsteen," July 8, 1976, subject: Issue concerning the Olympics: participation by republic of China athletes, Ford Library: White House central files, subject file, box 5, 6/1/76 - 7/26/76。

是由国际奥委会决定的问题。但我们应该避免游说加拿大政府。"[1]

有些美国人建议白宫说，若国际奥委会与加拿大不能得出解决方案，美国应该接手举办奥运会，以免它最终被取消。如果出现这情况，就如迈克·杜沃尔（Mike Duval）在 1976 年 7 月 10日写给迪克·切尼（Dick Cheney）的一份备忘中所说："我建议总统（在私下和国际奥委会达成协议之后）上全国的电视宣布他提出在美国承办奥运会。总统可以下结论说，美国是唯一一个可以通过简短通知就退出这样的大赛的国家……如果布伦特·斯考克罗夫特给您任何表示说加拿大和国际奥委会的谈判会导致比赛取消，请让我知道，这样我们可以进一步商讨这个主意。"[2]

在国际奥委会年会讨论准备接受或者拒绝执委会有关台湾事务的决定那天，一份由不知名的白宫助手所写的备忘推荐总统在可能情况下实施这样的行动：在国际奥委会关键会议之前，总统可以公开呼吁国际奥委会委员要重申国际奥委会允许所有奥运选手不论种族、宗教或政治背景都可参赛的原则。在奥委会会议之后，如果其执委会的决定没被推翻，总统可以采取以下行动：要求美国奥委会在正式抗议东道国排斥台湾的前提下参加奥运会，正式指示美国驻加拿大大使不参加奥运会的开幕式，或者要求美

---

〔1〕 Ford Library: Ron Nessen papers, 1974—1977, general subject files, box 17: Olympics.

〔2〕 Memo from Mike Duval to Dick Cheney, July 10, 1976, subject: Olympics. Ford Library: White House central files, subject file, box 5, 6/1/76 – 7/26/76.

国奥委会以加拿大政府违反主办国向奥林匹克订立的合约而退赛。[1]

1976 年既是美国独立 200 周年，也是它的总统选举年。加拿大政府变成了美国总统候举的一个热门话题，吉米·卡特（Jimmy Carter）和罗纳德·里根（Ronald Reagan）都强烈批评加拿大将运动混入政治游戏中。福特作为总统候选人当然要通过加拿大的奥运会争端来获得比他的挑战者更多的政治得分。作为前密歇根大学的橄榄球明星，还曾任过橄榄球教练的福特始终关心体育，在入主白宫之后还以此来作为政治优势。结合个人兴趣和政治考虑，他在 1974 年搬到白宫之后就着力要建立一个总统委员会处理奥运事务，一年后委员会成立。福特在下令建立这个委员会时，通告美国人："1976 年是美国建国 200 周年，在同一年来自世界各国的业余运动员将在 1976 年奥运会上比拼。将我们最好的业余运动员队伍送上场，在这次赛事和未来的奥林匹克国际运动比赛中代表这个国家，是至关重要的。"这个委员会将对美国奥委会及其成员团体的组织和活动进行评估，以尽力改进美国选手的表现和可见性。福特亲自与委员会的成员会谈过几次并审阅他们的建议。[2]

1976 年 7 月初，白宫宣布总统将访问纽约州的普拉茨堡，以参加欢送美国奥运代表队去蒙特利尔参赛的酒会聚会。他是 7 月 10 日到那儿的，并发表了演说，鼓励运动员认真比赛，为美国

〔1〕 Ford Library: National security adviser, NSC Press and congressional liaison staff, files 1973—1976, box 5: press guidance, July 1 - 16, 1976.

〔2〕 Ford Library: O'Donnell and Jenckes files 1974—1976, box 7: Olympic sport commission, 1974 (1), and Olympic sport commission 1975, statement by the President, June 19, 1975.

赢取胜利。福特告诉他们："我很自豪能加入2.15亿美国人去祝福我们的奥运队伍在1976年蒙特利尔的夏季奥运会中取得最佳成绩……没有比现在更好、更快乐的时机去代表美国了……你们将在世界上其中一个最有威望、最有名气的国际关系舞台上代表你们的国家。"[1]

有趣的是，在福特总统出发去送行之前，白宫幕僚讨论过他是否应该打电话给加拿大总理特鲁多去讨论台湾参赛的问题。他们准备了详细的谈话要点，但电话却没打成。有可能是斯考克罗夫特否决了这个计划，以免有干涉加拿大政治之嫌。[2]

即使有打算去蒙特利尔观看美国队比赛，福特还是踩进了加拿大和国际奥委会之间的纠纷，声称"这场比赛现在已经被政治化完全破坏了，政治化令这场国际体育赛事退化为对奥林匹克理想的嘲弄和意识形态战争的一场杂耍"。[3] 早在1976年7月9日，福特就公开批评加拿大："我想，国际政治和外交政策干预到国际体育竞赛中是可悲的。"[4] 为了让福特在总统竞选中始终受到正面关注，朋友们建议他更积极地谴责加拿大政府将奥运比赛政治化，从而使有关台湾问题的争端为政治所用。其中一个朋

---

〔1〕 Ford Library: office of the editorial staff, reading copies of presidential speeches and statements, box 36.

〔2〕 Ford Library: White House central files, box 11; Canada 7/1/76 - 1/20/77, Dennis Cliff memo to Brent Scowcroft, subject: telephone call to Trudeau on Olympics, July 9, 1976. For the recommended talking point, see White House central files, subject file, presidential telephone calls, box 67; recommended telephone call to Trudeau on Olympics, July 9, 1976.

〔3〕 "Olympics Betrayal", *NYT* editorial, July 13, 1976.

〔4〕 Public Papers of the Presidents of the United States: Gerald R. Ford, 1976—1977 (Washington, D. C.: Office of the Federal Register, 1979), vol. 2: April 9 - July 9, 1976, 657/9.

友在 1976 年 7 月 12 日告诉福特："你个人就台湾奥运代表队这个问题施加给加拿大的压力赢得了《纽约时报》体育版星期天一整栏的头条，而星期一是四栏，但现在我要敦促你用可以清楚翻译为其他语言的直白的美式语句，将故事移到各个地方的头版。提醒加拿大，慕尼黑奥运会因恐怖分子危害 11 名以色列人而变得血腥，叫特鲁多现在要在我们的 200 周年纪念时抵抗政治对蒙特利尔奥运的劫持。站稳了。卡特看上去一天比一天更像杜威，而现在你应该开始听起来像'给他们地狱'的哈里·杜鲁门（Harry Truman）。"[1]

很大程度由于这些政治算计，福特越来越多地掺和到这场争端中。他的白宫工作人员从 7 月加拿大的台湾政策刚爆出起就紧追有关争论，在 7 月 9 日一次白宫简报会上，福特的新闻秘书罗纳德·尼森（Ronald Nessen）公开地评价这事说，总统福特希望"两个中国"争端可以得到解决。[2] 当被问及美国退出比赛是否算一个选择时，尼森答："在总统还希望并期待争议获得解决的时候，提这样的问题就还太早了。"[3]

7 月 12 日，福特亲自打电话给美国奥委会主席菲利普·克鲁姆，以获得第一手报告。根据后来的白宫新闻简报，福特告诉克鲁姆，国际奥委会执委会接受加拿大政府的台湾政策的行动是个"坏决定"，如果得到赞成的话将会建立一个"很坏的先例"。福特还告知克鲁姆，他为政治插手奥运体育竞赛而感到痛心。福

〔1〕 Ford Library：Richard Cheney files, 1974—1977, box 9：Olympics.
〔2〕 Ford Library：Ronald Nessen files, box 20：White House briefs, July 12, 1976.
〔3〕 同上。

特在请求克鲁姆让他随时了解整个事态发展之后，鼓励他利用他在国际奥委会的影响力尝试推翻决定。[1]

虽然这次通话没有文字记录，但负责为福特处理蒙特利尔奥运会的内务部助理詹姆斯·卡农（James Cannon）做了简单的摘要笔记，给出了对话转折点的进一步重要线索。卡农草草写下"如果国际奥委会同意"（加拿大的政策）"美国就不会参加"，以及"美国退出赛事"，这显示福特和克鲁姆讨论美国运动员退赛的可能性。[2] 在总统的电话之后，白宫通过卡农与美国奥委会保持直接接触。根据卡农的手写记录，我们认定他从 7 月 12—16 日和克鲁姆还有美国奥委会的执行主管唐纳德·米勒（Donald Miller）进行过一天几次的对话，有任何重要之处都向总统福特汇报了。卡农在一页纸上写道："特鲁多以为我们在虚张声势。"这句话可能也显示了美国在考虑不参加比赛。[3]

特鲁多在回忆录中声称，福特政府除了"打扰加拿大之外"什么都没做，[4] 如果他知道福特有关对付加拿大的台湾政策的打算，可能会感到震惊。虽然白宫声称总统福特从没有直接或者

---

〔1〕 在福特总统图书馆（Ford presidential library）不能找到这一电话通话的记录，白宫对此电话通话的解释见 Ford Library：Ronald Nessen files，box 20：White House briefs，July 13，1976。

〔2〕 Ford Library：James Cannon files，box 25：Olympic sports，July 1–31，1976.

〔3〕 Ford Library：Ronald Nessen files，box 20，White House brief，July 15，1976。福特后来给克鲁姆和米勒都写了感谢信，感谢他们对政府的帮助。在给唐纳德·米勒的信中，福特写道："谢谢您本人和您的同事在解决'中华民国'参加 1976 年夏季奥运会问题上所做的细致工作。当您需要在许多方面花时间的时候，您抽空定期向我的幕僚简报蒙特利尔的事态发展，这很令人感激……我曾请菲利普·克鲁姆利用他的精干部门和美国奥委会及国际奥委会一起消除政治对奥运会的干预。"这封信收于 Ford Library：White House central files，subject file，box 13：CO–34–1，Republic of China，1/1/76–1/20/77。

〔4〕 Pierre Trudeau，*Memoirs*，Toronto：McClelland & Stewart，1993，219.

间接地就台湾争端向加拿大施加压力，但白宫利用新闻简报将其信息传达给加拿大。从 7 月 9—14 日，白宫发言人花了很多时间阐释福特关于奥运会的政策。例如，尼森在 7 月 13 日声明："政治在奥运会上没有位置……东道国不为参加奥运会作出政治的或其他考虑上的规定。"

这样的表述明显是在直接批评加拿大。[1] 加拿大外交部长马克伊臣在被问及有关福特呼吁美国奥委会推翻国际奥委会执委会在台湾问题上的决定时非常恼怒，他声明："当一个政府的领导建议一个国家奥委会的代表如何投票时，这当然就真真正正地将政治带入了奥林匹克委员会。"[2]

在福特有意实施的更具对抗性手段的精神指导下，总统助手们为估计会被问到的问题准备了详细的回答方案。例如："您为什么向美国奥委会和国际奥委会施加这么大的压力去迫使加拿大同意台湾参加奥运会比赛？"答："我在这方面关心的是奥林匹克运动不能放弃一个基本原则，即政治不应干预运动员参加奥运会。加拿大作为东道国在台湾运动员不放弃以'中华民国'名义竞赛的情况下就拒绝他们入境，我不认为这是对的。"问："既然您感到维护原则这么重要，在加拿大拒绝撤销台湾参赛的所有条件时，您为什么不呼吁美国运动员退赛？"答："是美国奥委会而不是总统唯一拥有传令退出奥运会的权威。虽然我认为有正当理由向美国奥委会表达自己对这件事的观点，我不愿对美

---

[1] Ford Library：Ronald Nessen files, box 20, White House brief, July 13, 1976.

[2] Press conference of the Secretary of State for External Affairs Allan J. MacEachen, July 12, 1976, Canada Archives, RG 25, vol. 3056, file 36, pt. 3.

国奥委会施加任何影响，进一步将政治注入其中。我很高兴我们的运动员参加比赛，并且为他们在第一天比赛中的出色表现而激动。"[1] 这些设想的问题和回答表明了福特所希望的事态发展进程，但他的行动很快就被亨利·基辛格这些头脑冷静些的顾问制止了。

7月13日早上，福特在白宫椭圆形办公室和他的国务卿及国防部部长开会，迫不及待地讨论蒙特利尔奥运会的事，会议一开始就问："我们在奥运会上表现如何？"国务卿亨利·基辛格直接地说："我想您最好别管这事。如果北京认为我们在尽力让台湾挤进去，我们将会以和北京敌对告终。"福特的国防部部长唐纳德·拉姆斯菲尔德（Donald Rumsfeld）评论道："这事关系重大，有可能让美国民众不满。我们不应将它变成'一个中国'、'两个中国'问题。"基辛格补充说："这正是我们不能介入实质事务的原因，而要坚持主办国不应对出席之事妄加指挥的立场。我们的立场是，奥运会是一场由国际奥委会决定参加权的运动会，主办国的角色单纯是提供设施，而不应根据政治条件来决定出席与否。"[2] 基辛格的主张强而有力，福特不得不同意美国应"坐等美国奥委会会议举行"。7月13日，国际奥委会大会正式接受加拿大的立场，福特意识到，如果台湾拒绝国际奥委会的决定，"我想美国奥委会将不会退出奥运会。这是一种侮辱，但让

---

〔1〕 Ford Library: Office of the press secretary, David Gergen files, 1974–77/ Olympics.

〔2〕 Ford Library: National security adviser, memoranda of conversations, 1973—1977, box 20; July 13, 1976, Ford, Kissinger, Rumsfeld, 9: 16–10: 23 a. m.

人无可奈何。"[1]

这种情况显然令福特不悦，他也许倾向于更强硬的政策。但基辛格争辩说，保护与北京的关系更加重要，福特因此没有更强烈地谴责加拿大。和加拿大政府一样，白宫不愿得罪北京。然而，福特的懊恼是明显的，他在 7 月 14 日和基辛格、拉姆斯菲尔德和其他首席顾问会谈时大呼："那特鲁多真是个孬种！"[2]

福特和特鲁多的关系的确因为这事而变了味。不到一个月前，特鲁多探访福特以正式致送加拿大对美国 200 周年国庆的祝贺，福特当时很友好，甚至告诉特鲁多，蒙特利尔奥运会是让许多美国人到访加拿大的大好时机。[3]

在基辛格劝告福特不要走得太远之后，白宫立刻中止了此前关于蒙特利尔奥运会的声明，起码在公开场合如此。7 月 14 日，尼森将白宫立场软化，解释说总统真的不能命令美国队不去比赛，这不是他应有的角色。尼森说，总统不大可能有什么行动去对代表队提出建议，而只会让情况自行发展。就这一点，媒体要求知道，一开始"他（福特）为什么就掺和进去呢"？尼森只能辩护说："我不认为他掺和进去了，我想这是原则问题。"[4] 而事实上，我们现在知道，白宫的詹姆斯·卡农直到 7 月 16 日，即

〔1〕 Ford Library: National security adviser, memoranda of conversations, 1973—1977, box 20: meeting with Kissinger, Donald Rumsfeld, Richard Cheney, and Brent Scowcroft, July 14, 1976.

〔2〕 同上。

〔3〕 *Public Papers of the Presidents of the United States: Gerald R. Ford*, 1976–77 (Washington, D.C.: Office of the Federal Register, 1979), 2: 600.

〔4〕 Ford Library: Ronald Nessen files, box 20, White House brief, July 14, 1976.

奥运会开幕前一天，也就是台湾正式退出的那天，还继续与美国奥委会一起将美国的选择策略化。7 月 15 日，加拿大政府在巨大的压力下，同意台湾运动员可以入境并用他们的旗帜、歌曲参赛，而牌匾就写上"台湾"二字，但他们的服饰不能提"中华/中国"[1]。白宫马上宣布，总统福特认为这个新的妥协体现了他一直力争维护的原则。[2] 于是美国对蒙特利尔奥运会中有关台湾问题的争端的介入就这么悄然结束了。

## 胜方和败方

7 月 15 日的决定是在基拉宁和加拿大总理特鲁多会面后做出的，会上基拉宁告知，事情仍处于僵局，因为台湾拒绝接受国际奥委会 7 月 13 日的决定。特鲁多也许是出于对世界舆论的让步，提出国际奥委会的罗马方法也可以用于蒙特利尔奥运会——即台湾可以用自己的旗帜和乐曲，但不能用"中华民国"名。加拿大政府形容该让步表明加拿大方面对运动员和体育的美好愿望，国际奥委会同意这个安排。[3] 可是台湾不同意，并在 7 月 16 日选择退出奥运会。[4]

加拿大政府马上说台湾将政治置于体育之上，令人遗憾。他们在奥运会开幕前一天同意采取罗马办法的精明举动，既给美国人作了坚持奥林匹克原则的戏，也让加拿大有机会将台湾描述为真正将比赛政治化的一方。台湾因此同时输掉了国际政治和参加

〔1〕　IOC Archives, Minutes of the Seventy-eighth IOC Session.
〔2〕　Ford Library: Ronald Nessen files, box 20, White House brief, July 15, 1976.
〔3〕　IOC Archives, République Populaire de Chine, correspondence, 1976.
〔4〕　Canadian External Affairs department memo, "Olympics and Taiwan".

奥运这两场比赛，但它为什么选择退赛呢？

　　早在和加拿大政府的争执爆发之前，台湾当局就意识到，他们要在蒙特利尔奥运会上继续代表中国，就必须打一场硬仗。为此，台湾当局成立了一个强有力的联合工作小组，专门处理国际体育事务，当中有"内阁议员"周书凯、"教育部长"蒋彦士、"外交部长"沈昌焕、"国家奥委会"主席沈家铭和国际奥委会委员徐亨，由当时掌握实权的"行政院长"蒋经国直接指挥。在得知加拿大政府的政策之后，蒋经国坚持台湾应在奥运会上使用自己的旗帜、歌曲和名号。由于加拿大和台湾在名号问题上互不退让，最后台湾只好选择退出。[1]

　　这一行动是否正确？蒙特利尔奥运台湾代表团的一个关键人物汤铭新评论认为，蒋经国的决定是在没有充分获取信息的情况下做出的，是不明智的——这最终导致台湾不得不在国际奥委会改变其旗帜、乐曲和称号。[2]徐亨认为，台北在理解台湾的代表性所面临的挑战和新形势上存在困难，坚持强硬政策，以致将蒙特利尔奥运会搞得一团糟。[3]徐亨和唐铭新似乎都建议官方政策要适应时势，暗示台湾其实应该在加拿大政府让步之后参加奥运会。

　　国际奥委会也是"谁代表中国"的争端中的失败者，没有

　　〔1〕　汤铭新：《我国参加奥运会沧桑史》2：361 - 362。
　　〔2〕　汤铭新称，不退出蒙特利尔奥运会的话将更切合台湾的长期利益，这样台湾或许能在国际奥委会继续使用"中华民国"的称号，而北京在奥林匹克运动中提出的"一国两制"将遇到更多困难。同上，2：362；又见汤铭新，《汤铭新先生访问记录》，182，184 - 185。
　　〔3〕　详见台湾藏《徐亨先生访谈录》，49 - 87，183 - 249。

抓住加拿大政府发难的信号，也没有对随之而来的风暴有所准备，因此付出了沉重的代价。加拿大政府对台湾做出有效的决策，让它非常难堪。从原则上说，国际奥委会应该就加拿大违背诺言对其进行惩罚，但又无计可施。它的唯一有影响力的选择是取消奥运会，但由于国际奥委会通过出售电视转播权在奥运赛事上获得巨大的经济利益，这个选择并不可行。[1]

而且国际奥委会知道，处理"谁代表中国"的问题是迟早的事，从这个角度看，在争议上输给加拿大政府可谓塞翁失马，焉知非福。在将这一问题搁置了四分之一世纪之后，面对热火朝天的公开争论和世界性关注（这是加拿大政府的谦辞），国际奥委会有强烈的动机去将事情来个一了百了，加拿大政府对此十分了解。外交部的斯克拉贝克在 1975 年写道："我们相信国际奥委会将在公开场合埋怨加拿大禁止台湾参加 1976 年奥运会，但私下里为这个从天而降的机会而高兴，因为它可以避免自己本身在关于台湾的问题上做决定。"[2] 这样一来，国际奥委会绝不是真正的输家。

至于深入参与到争端中的美国，又是输家还是赢家呢？正如之前讨论过的，福特政府出于国内政治需要而打算在这事上摆出姿态。特鲁多和他的主要幕僚在 1995 的写成的书中指出，美国方面就 1976 年蒙特利尔奥运会与加拿大产生的矛盾"更主要的

---

〔1〕 国际奥委会主席基拉宁甚至被建议如果加拿大政府仍拒绝有关台湾参赛的政策，就发出取消奥运会的威胁。见 Pound, *Five Rings over Korea*, 30。

〔2〕 Canadian External Affairs, Skrabec confidential memo, October 22, 1975, Canada Archives, RG 25, vol. 3059, file 53. 309.

是由于国内政治所需，而非两国分歧的反映"。[1] 福特极力要介入争端，以至没有充分考虑当时的美中政策，动作过大，最后不得不让步，一定上算是受到挫败。

事实上，因为特鲁多政府一直坚持寻求独立的外交政策，和美国存在其他重大的分歧，美国政府有可能想通过这场纠纷给加拿大方面一个教训。布伦特·斯考克罗夫特就1976年6月15日福特与加拿大反对党领袖乔·克拉克（Joe Clark）之前的会谈为福特准备了谈话要点，当中提醒福特要向克拉克表明，"过度的加拿大国家主义和反美的加拿大政策"会产生不良后果，最终对两国的最佳利益都造成损害。此外还指出，加拿大"将美国的规模和影响看作加拿大独立和主权的潜在威胁，最近几个月，渥太华采取了若干对抗性的手段，加强了对加拿大经济和文化生活的控制"。斯考克罗夫特建议福特表示出美国方面对这些措施频频侵蚀美国核心利益的担忧。另外，美国还对加拿大新的能源和安全政策存在不满。[2]

最后，福特政府在"谁代表中国"之争上没有取得任何成功，但它也没有任何真正损失，起码不是直接的。然而，它与加拿大1976年的纷争对美国后来的政策有潜在影响。美国在1980年就台湾参加冬季奥运会的事上表明立场，最终联合抵制了莫斯科的代表团。

蒙特利尔奥运之争的主角当然是加拿大政府，它引发这场论

---

〔1〕 Head and Trudeau, *The Canadian Way*, 193.

〔2〕 Ford Library: Brent Scowcroft memo, "Meeting with Canadian Opposition Leader Joe Clark", White House central files, box 11: Canada, 7/1/76 – 1/20/77.

战的唯一动机就是保卫其"一个中国"政策及与中华人民共和国的双边关系。在与北京建立了外交关系之后，特鲁多政府就在中国政策上步步小心。早在 1975 年 5 月，加拿大政府就考虑不让台湾到加拿大参加国际体育比赛——当时是国际柔道锦标赛。[1] 1975 年 11 月，加拿大政府不准台湾业余拳击队以"中华民国"名义入境比赛。[2] 而在 1976 年 6 月，加拿大政府甚至拒绝资助本国的棒球队参加世界棒球锦标赛，声称："政府资助该队参加在台湾举行的比赛将与我们的对台政策不符。"[3]

还在特鲁多未当选总理之前，加拿大的官员实际上就将体育作为国际政治的一个工具。1949 年，加拿大外交部长莱斯特·皮尔逊（Lester Pearson）声明"国际体育是针对另一个国家获得胜利的手段"，敦促加拿大努力在这一领域有所成就。[4] 皮埃尔·特鲁多 1968 年当选总理之后继续将这个理论付诸实践，唯一不同的可能是更有效、更强势，例如像中国利用乒乓球与美国交好一样，利用"曲棍球外交"改善与苏联的关系。[5] 加拿大人和俄罗斯人都热衷于曲棍球，因此可以用这种共同爱好来加强

〔1〕 加拿大政府决定发放签证，见 External Affairs Confidential memo："Question of Taiwanese Participation at the Canadian International Judo Championships, July 1975", May 29, 1975, Canada Archives, RG 25, vol. 3059, file 65。

〔2〕 Canadian External Affairs, Skrabec confidential memo, October 22, 1975; Confidential memo, anticipated question, House of Commons, Taiwanese boxers, November 24, 1975, Canada Archives, RG 25, vol. 3060, file 68.

〔3〕 Canadian External Affairs draft memo, June 14, 1976, Canada Archives, RG 25, vol. 3060, file 68.

〔4〕 Donald Macintosh and Donna Greenhorn, "Hockey Diplomacy and Canadian Foreign Policy", *Journal of Canadian Studies* 28, No. 2 (Summer 1993): 98.

〔5〕 详见同上，96–112。

彼此的关系。[1] 如此看来，特鲁多政府在 1976 年利用奥运会来为其中国政策服务就不足为奇了。

即使有其"一个中国"政策带来种种困难之后，加拿大政府从保护与中华人民共和国的双边关系的角度来说，已经实现了目标。毕竟，北京私下里对加拿大处理台湾问题的做法"极其高兴"，这是一份加拿大外交部的秘密备忘中做的总结。[2] 或许也可以说，北京是当中的大赢家，尽管它基本上属沉默的一方。它不须经受任何损失就在"谁代表中国"的立场上取得巨大的优势。

根据一份由资深外交部官员在奥运会后写的机密报告，加拿大还是在台湾问题上付出了一定的代价，报告说："激愤的情绪以及实施我们的中国政策的结果让我们失去些什么？这当然令相当多的、确确实实来自世界各国的公众舆论集中谴责我们'违约'、将体育'政治化'，总的来说是个坏家伙。这即使不影响我们和美国的关系，也已经在难以确定的程度上影响到我们的形象，让人忧虑我们非同一般的顽固（批评的人会说是'愚顽'）、政治化和我们做决定的原则，就像法国人一样。"[3]

加拿大驻美大使认为奥运纷争导致"加拿大在美国的形象和声誉毫无疑问地受到损害"，他甚至说，由于加拿大与美国的

〔1〕 Donald Macintosh, "Sport and Government in Canada", in Chalip, Johnson, and Stachura, *National Sports Politics*, 50.

〔2〕 Canadian External Affairs Department confidential memo, "Canadian Position on Taiwan at the Olympics", July 28, 1976, Canada Archives, RG 25, vol. 3059, file 103.

〔3〕 E. A. Skrabec, Confidential memo, "Taiwan in Retrospect", August 6, 1976, Canada Archives, RG 25, vol. 3061, file 97.

关系非常重要，"我们正经历比例重心的失衡"。而美国和加拿大在台湾争端之前就已经出现问题，因此这位大使指出："奥运会之事是在已经燃起的火上再加油，有很大可能引起普遍的反加情绪。这当然不会与我们的经济理由无关。"[1] 一位加拿大学者在 90 年代时第一次做出总结，加拿大"在国际谴责中坚持自己的态度，而在整个过程中始终保持与其对华外交政策一致。为了这一行动，它在国内外的形象方面付出了沉重的代价"[2]。

## 后话： 外交角逐继续进行

加拿大政府的对台立场很快得到了维护——1979 年，国际奥委会在"谁代表中国"问题上做出新的决定，而在 1980 年，美国拒绝让台湾参加纽约州普莱西德湖举办的冬季奥运会。

在美国申办 1980 年冬奥会之际，总统福特在 1976 年 10 月 15 日写给基拉宁的信中保证，美国不会把政治带入奥运会中，他写道："我发誓，欢迎每个受国际奥林匹克委员会认可的代表队在 1980 年到普莱西德湖来。我向您重复我的誓言。"[3] 1976 年 8 月 5 日，他在白宫接待美国奥运代表团时再次复述了这番话，并有针对性地说："试图利用奥运会来施行国际权力政治最终将事与愿违。"[4]

然而，当台湾代表团到达美国参加冬奥会时，美国组委会却

---

〔1〕 McKinney confidential telegram to Ottawa, July 13, 1976, Canada Archives, RG 25, vol. 3056, file 36, pt. 3.

〔2〕 Macintosh and Hawes, *Sport and Canadian Diplomacy*, 58.

〔3〕 Ford Library: White House central files, name file, box 1723: Killanin file.

〔4〕 *Public Papers of the Presidents of the United States: Gerald R. Ford*, 3: 716.

在国际奥委会的支持下拒绝让运动员以"中华民国"的名义参赛，所用的理由几乎和加拿大政府四年前用过的一样。（美国政府在 1979 年转变立场，"认可北京"为与中国进行外交接触的据点，现在再不会为因名号问题排斥台湾而感到不安。）台湾代表团通过美国法庭质疑这个决定，但以失败告终，以致不得不退出 1980 年美国冬奥会。

在苏联 1979 年入侵阿富汗之后，卡特政府毫不迟疑地利用奥运会作为政治武器。基拉宁在回忆录中写到，1980 年 2 月初，卡特派总统顾问劳埃德·卡特勒（Lloyd Cutler）到都柏林拜访基拉宁，他的目的不是商量事情，"而是指示"国际奥委会如何就华盛顿对莫斯科奥运会的政治立场作出回应。卡特给基拉宁的口信是，国际奥委会应推迟或取消 1980 年莫斯科奥运会。基拉宁拒绝美方的提议并抱怨道："这又是美国人用威胁手段在危难中，或者美国人认为的危难中挽救某人的新世界观。这傲慢的态度卡特本人没有表现出来，而是来自白宫手段的霸道性质，这让我怒不可遏。"[1]

基拉宁实际上是回应一个戏剧性的变调。卡特 1976 年作为总统候选人，曾强烈地批评加拿大政府在"一个中国"问题上将政治混入体育的策略。四年之后，总统卡特却比加拿大人更进一步，纯粹出于政治动机地，也成功地发起抵制 1980 年在莫斯科举行的奥运会。

---

〔1〕 Killanin, *My Olympic Years*, 172–173.

第七章

# 中国觉醒

## ——后毛泽东时代

更快，更高，更强（Citius, Altius, Fortius）。

奥林匹克口号

　　1976 年，"文化大革命"结束。邓小平决心将国家引向新路，向世界开放中国，解放经济和对外政策。

　　随着邓小平政策在 80 年代逐步开展，中国政府决定加大参与国际事务的力度，实现国家富强的新追求。体育再次派上用场，"友谊第一，比赛第二"不再受用，相反，"在国际体育比赛中胜出"成为中国人的热望。1979 年，中国国家体育运动委员会出台"奥运模式"，指示各省将赢得奥运比赛这一集体目标作为体育发展的指引。1980 年又打造出的"冲出亚洲，走向世界"新口号，成为中国体育发展的有力号召，并泛化为中国重新树立信心，并确立世界新兴经济体地位的标志。[1] 对中国来说，

---

　　〔1〕《国务院批准国家体委关于省、市、自治区体育主任会议的几个问题的报告的通知（1981 年 4 月 22 日）》，收于国家体委政策研究室，《体育运动文件选编（1949—1981）》，154—160；中国体育发展战略研究会，《1987 年全国体育发展战略论文选》，4。

自我封闭的日子已经成为过去，中国将走向世界，即使在体育上也会有非凡的表现。一位美国记者写道："中国故意让到访运动员赢比赛以加强国际友谊的日子已一去不复返。"[1] 国务委员陈至立在 2004 年宣称："在国际大赛中取得好成绩，就是维护我国良好的国际形象、提高我国国际地位的具体体现。"[2] 体育再次成为北京全面出击赢取国际声望、地位和合法性的一个关键工具。

### 寻求富强： 20 世纪 80 年代的中国体育

1980 年莫斯科奥运会本应该是中华人民共和国在 1979 年重新加入国际奥委会之后再次进入国际体育赛场的绝佳机会，但北京不得不将这份兴奋暂时收起来，因为美国发起了对这场奥运会的抵制，以抗议苏联入侵阿富汗，中国也加入其中。

中国的决定让国际奥委会极其不悦，主席基拉宁男爵写信给中国奥委会，埋怨道："我为了让中国奥委会获得认可做了这么久的工作，因此从个人立场出发，我不得不说，如果中国奥委会不参加（莫斯科）奥运会的话，我将在国际奥委会新委员的选拔过程中对中国有相当的保留。"[3] 从技术上说，北京其实在 1980 年就通过参加普莱西德湖冬奥会回归了奥运赛场，尽管没多少人注意到这一事实，且中国运动员的表现也不出众。

---

〔1〕 Julian Baum, "Friendship No Longer Ranks Ahead of Winning for Chinese Olympians", *Christian Science Monitor*, July 26, 1984.

〔2〕 中国国家体委，《中国体育年鉴，2005》，3。

〔3〕 Killanin to Zhong Shitong, March 28, 1980, IOC Archives, République Populaire de Chine, correspondence, 1980.

但 1984 年奥运会给了中国一个极好的机会去吸引世界的关注，从而增强民族自豪感。这届奥运会的时间和地点对北京来说再理想不过，毕竟中国人于 1932 年第一次参加奥运会，正是在洛杉矶，现在 52 年过去，中国在同一个舞台上再次获得了让世人瞩目的机会。此外，苏联和其他社会主义国家抵制这一年的奥运会，为中国创造了绝佳的时机，去获得更多的奖牌，积聚更多的勇气，也更好地享受美国人的好奇和好客之道。

1982 年 3 月，邓小平告诉国际奥委会主席胡安·萨马兰奇，虽然中美关系不是特别紧密，中国仍会参加 1984 年洛杉矶奥运会，除非美国将台湾作为一个独立国家来对待。[1] 不过，通向洛杉矶的路对北京来说并不平坦。1984 年奥运组委会主席彼得·尤伯罗思（Peter Ueberroth）提到："我们与中华人民共和国的关系总体上是极好的，但还有些挡道的东西存在。"[2] 其中一个障碍是中国网球选手胡娜。1982 年 7 月 20 日，在加利福尼亚州圣克拉拉举行的联合会杯网球锦标赛一场关键比赛的前夜，胡娜溜出酒店房间，并申请政治避难。这一事件对北京来说非同小可，以致邓小平亲自向 1983 年 2 月到访的美国国务卿乔治·舒尔茨谈及此事。北京担心，这一事件会建立"一个危险的先例"，可能严重影响中美关系。[3] 尽管邓小平提出了警告，1983 年 4 月，美国还是批准了胡娜政治避难申请，北京立刻取消 1983 年余下时间内所有对美文化和体育的官方交流，包括取消中国运

〔1〕　中共中央文献研究室，《邓小平年谱》2：808－809。

〔2〕　Ueberroth, *Made in America*, 278.

〔3〕　中共中央文献研究室，《邓小平年谱》2：885－886。

动员参加洛杉矶的自行车、划船和皮划艇奥运预赛。

虽然胡娜事件让奥运组织方对中国是否参赛深感忧虑，北京却从没有认真地想要抵制这届奥运会。奥运会实在是中国展示其重新积极参与世界体育的热情的最佳舞台，而这也是北京和台北达成双边协议之后第一次共同参加国际性竞赛。[1] 为了备战奥运，中国在 1984 年 1 月派出了由中国奥委会副主席陈先率领的七人代表团到洛杉矶。陈先称中国代表团的访问"取得圆满成功"，并保证中国将向奥运会派出一个三百人的代表团。他还说："增进在体育领域的中美关系，是我们的共同愿望……遵循奥林匹克的理念，同时也为了增进来自不同国家的人民和运动员之间的理解和友谊，为了促进世界和平以及在世界范围内推动体育的进步，我们将参加第 23 届奥林匹克运动会。"[2] 1984 年 5 月 12 日，中国奥委会以主席钟师统的名义发官方函件给洛杉矶奥委会，信中写道："我荣幸地通知你们，中国奥林匹克委员会已经决定，派遣一个体育代表团参加第 23 届洛杉矶奥运会。"并祝愿大会"非常成功。"[3] 美国人大大松了一口气，尤伯罗思说："中华人民共和国 5 月 12 日的声明让我们取得了对苏联的第一个

---

〔1〕 中国代表队是1984年奥运会的第28支入场队伍，美国队作为东道主最后入场，排在141位。见 UCLA, 1403, box 352, folder 2, press operation department files：ceremonies。依照1979年后国际奥委会就台湾在奥运大家庭的成员身份问题的新规定，台湾在洛杉矶奥运会上使用相应的乐曲、旗帜和章程。见 UCLA, LAOOC 1403, box 352, press operation department files, folder 3：China。

〔2〕 Chinese delegation statement, UCLA, LAOOC 1403, box 352, folder 3, press operation department files：China.

〔3〕 该声明收于 LA Sports Library, Paul Ziffren Collection, roll 3. See also UCLA, LAOOC 1403, box 437, folder 7：press releases, vol. 5：Chinese；UCLA, LAOOC 1403, box 437, folder 12：press releases, vol. 5, folder 19：NOC's participation。

公开胜利。"[1]

　　这是一个对中国再好不过的时机。洛杉矶奥运会成为了两个超级大国的重要较量，针对美国对于 1980 年莫斯科奥运会的抵制，苏联决定抵制洛杉矶奥运会（虽然苏联使用"不出席"一词，而不是"抵制"）。

　　当苏联 5 月份宣布抵制时，美国官员假装不在乎，尤伯罗思声明："我们不需要他们来洛杉矶也能举办历史上最好的奥运会。"洛杉矶市长汤姆·布拉德利（Tom Bradley）说："让他们见鬼去吧。这是我们的比赛。我们一定能成功！"[2] 与赫伯特·胡佛（Herbert Hoover）对上一次洛杉矶奥运会不大热心的态度相反，总统罗纳德·里根竭尽全力通过这场奥运会在与苏联的对抗中争取优势，从而提升美国的形象。在开幕式上，里根打算做一个比奥林匹克规则限定的十六词演讲更长的讲话。根据美国官员的说法，里根渴望"利用这次机会去欢迎所有来宾"，并保证他的讲话不含政治性，不会提到苏联，而且不会长于十分钟。[3]但规则就是规则，国际奥委会不愿妥协。最后，里根发表了公式化的宣言（包括多出来的"奥林匹克"一词）："我宣布第二十三届现代国际奥林匹克运动会、洛杉矶奥林匹克运动会开幕。"[4]

---

　　〔1〕　Ueberroth, *Made in America*, 279 – 280.

　　〔2〕　Ueberroth quoted in "LAOOC Names Delegation for Lausanne meeting", UCLA, LAOOC 1403, box 437, folder 12: press releases—vol. 5; LA Sports Library, LACOC-Ken Reich interviews, Reich interview with Tom Bradley, May 9, 1985.

　　〔3〕　Kenneth Reich and James Gerstenzang, "Reagan Hoping to Expand His Talk at Games", *LAT*, June 29, 1984.

　　〔4〕　UCLA, LAOOC 1403, box 352, folder 2: press operation department files: ceremonies.

美国在奥运会上作了大量的政治投资，而中国则成为超级大国较量的一个重要受益者。中国的参赛成了美国政府有力的宣传工具，并大大增加了赛事的吸引力。奥委会组织方决定给中国特殊礼遇，大会的官方报告写道："7 月 14 日，位于加利福尼亚大学洛杉矶分校、南加利福尼亚大学和加利福尼亚大学圣巴巴拉分校的奥运村启用当天，人人都满脸笑容。第一个登记入住加利福尼亚大学洛杉矶分校奥运村的是中华人民共和国的三级跳选手邹振先，他的出现标志着中国人回到了他们 52 年前首次参加奥运会的城市。"[1]

这个看似简单的描述包含了许多有象征意义的重要信息。对于这样的盛大赛事，奥运村的开幕仪式经过了慎重的安排，包括正式宣布奥运会启动，以及有众多要人参与的剪彩仪式。中国运动员邹振先获得成为"第一位进入代表官方奥林匹克大家庭的奥运村的运动员"的殊荣，这也使中国成为第一个正式在加利福尼亚大学洛杉矶分校奥运村升旗的国家。[2] 中国奥委会新闻委员会主任吴中原对美方的安排非常赞赏，说这个仪式是"美中两国人民友谊"的重要标志。[3] 当邹振先接过象征奥运村开放的钥匙时，许多大门也一下子向中国打开——这个国家不仅进入了奥运会，更赢得了引来世界各方瞩目的新机会。

美国人还在其他方面做出了友好姿态，比如主动去让中国代

---

〔1〕 LA Sports Library："Official Report of the Games of the XXXIII Olympiad, Los Angeles", 1984, 3.

〔2〕 UCLA, LAOOC 1403, box 426, folder 26: Olympic village at UCLA final report: executive summary.

〔3〕 David Holley, "China Raises Flag over New Era of Competition", *LAT*, July 18, 1984.

表觉得舒服和受重视。1984 年 7 月 24 日，洛杉矶奥委会为中国代表团组织了一次新闻发布会，这样的安排只有少数参赛代表团能够享受得到。中国代表在会上作了简短的声明，联系历史，提到 52 年前中国派出唯一的运动员到洛杉矶，而这次却有 353 名运动员参赛。记者问到，为什么中国人对体育和运动会感到兴奋。中方发言人的回答表明了中国运动员渴望"为国争光"。他坦率地将体育竞赛与国家的荣誉和声望联系起来，并强调赢得奖牌的重要性。当被问及在北京和汉城没有建立外交关系的情况下，中国会不会参加 1988 年汉城奥运会时，中方代表保证会遵守奥林匹克宪章，这也表明中国会参赛。[1] 洛杉矶市还主办了大型的欢迎会，向中国代表团特别致意，这也令中方非常高兴。[2]

在开幕式上，中国代表团受到了特别热情的欢迎。尤伯罗思写道："当来自中华人民共和国的队伍进入会场时，全场雀跃，92665 名观众全部起立鼓掌。这是一次盛大的欢迎。"[3] 尽管美国和中国之间在意识形态和政治上的分歧不会一夜之间消失，这对中国人来说还是一个值得欢庆的时刻。中国代表团规模之庞大，表明他们已经准备好，也有决心一举清除"东亚病夫"的形象和体育弱国的名声。[4] 他们为中国运动员有幸成为第一个

---

〔1〕 详见录音记录，收于 UCLA, LAOOC 1403, box 476, interview tapes: Chinese Olympians。

〔2〕 Ueberroth, *Made in America*, 335.

〔3〕 同上，351。

〔4〕 UCLA, Los Angeles Olympic Organizing Committee 1403, box 426, folder 32: Olympic village at UCLA final report, government relations.

奥运村村民而高兴，第一面奥运金牌由中国射击选手许海峰在开幕当天的自由手枪射击比赛上夺得，这也令中国人感到无限自豪。

这是洛杉矶奥运会的第一枚金牌，也是中国人历史上赢得的第一枚金牌，许海峰因此成为国家英雄。在中国国内，人们把他的胜利称为"在历经磨难之后，我们中国人在世界上证明我们自己的开始。"[1]在苏联和其他体育强国没有参与的情况下，中国获得了15枚金牌，"受到世界其他国家的拥抱接纳"。[2]

1984年奥运会的确只是个开始。中国成功晋身世界级经济强国，与体育方面的成就比翼。2004年雅典奥运会上，中国甚至与唯一的超级大国美国展开首名角逐，美国后来取得了35枚金牌，而中国有32枚。中国国家体育总局局长袁伟民在雅典奥运会前告诉美国奥委会主席彼得·尤伯罗思："别担心——我们不会颠覆你们，但我们在为此而努力。"[3]中国要在2008年奥运会做得更好，这是可想而知的。毕竟，中国政府长期以来把争取在国际赛事，尤其是西方体育比赛中取胜，作为跻身世界强国的一个关键成就，它当然明白体育对中国国家命运和荣誉的重要性。

中国通过体育进行的国际化有时不仅为中国带来积极的效果，也惠及其他国家，中国与韩国在体育方面的互动就是一个好例子。由于北京与朝鲜的密切关系的阻碍，北京和汉城直到90

〔1〕 邢军纪和祖先海，《百年沉浮》，2。

〔2〕 Brook Larmer, "The Center of the World", *Foreign Policy* (September/October 2005): 69.

〔3〕 Jennifer Lind, "Dangerous Games", *Atlantic Monthly* (March 2006): 38.

年代初期才建交。当中方要加强与韩国的联系时，体育提供了一个合适的媒介，越过外交障碍将关系向前推进。

国际奥委会第一副主席理查德·庞德（Richard Pound）对幕后的谈判一清二楚，他注意到北京在韩国申办 1988 年奥运会时的友好姿态，写道："不管动机如何，中国默默的支持毫无疑问有助于汉城奥运会成功。中国在奥林匹克上的举动无可挑剔……这向韩国发出了恰当的外交信号，即北京已经准备在时机成熟的时候更全面地就贸易和外交关系进行讨论。"[1] 中国体育界的其中一位高层领导何振梁这样描述："不言而喻的是，奥林匹克运动将人们带到了一起，可以成为一座连接四海的桥梁。尽管在中国我们和韩国没有关系，我们感到有责任为奥林匹克运动会的成功作出贡献。我们参加汉城奥运会将是一个我们的人民更好地了解韩国人民的一个好时机，反之亦然。"[2]

中国外交部部长钱其琛证实了这一行动取得的成功，承认韩国和中国的双边关系通过共同参与 1988 年汉城奥运会取得了进展。[3] 有趣的是，1991 年当钱其琛参加在韩国举行的亚太经济合作会议时，一位韩国体育官员出人意料地在近午夜时分造访，并告诉他，自己曾作为体育官员多次访问中国，愿意充当协助两国建立外交关系的秘密渠道。这位官员甚至向钱其琛透露，这次会面得到了韩国总统的认可。[4]

正如与美国的乒乓外交一样，中方与韩国进行的体育外交也

〔1〕 Pound, *Five Rings over Korea*, 333.
〔2〕 Miller, *Olympic Revolution*, 135.
〔3〕 钱其琛，《外交十记》，145.
〔4〕 钱其琛，《外交十记》，148.

非常成功。在汉城奥运会之后，中国和韩国迅速达成外交上的互相认可，两国的经济交流从此蓬勃发展。实际上，北京在体育方面与韩国建立良好关系时，也实现了通过体育赢得国际地位的宏图。来自韩国的善意和帮助，在幕后对北京成功主办 1990 年亚运会起到了很大的支持作用，这是中国在历史上举办的第一个大型运动会。[1] 北京在主办亚运会之后自信心大增，这成为申办奥运会的基础。

中国对赢取金牌热情高涨，据说还声称中国人对某种运动有种族优越性，但正如《纽约时报》文章指出的，包括中国人在内的亚洲运动员由于先天不足和基因差异而在短跑比赛中比欧美选手速度更慢，这理论也许未经证实，但即使是《人民日报》也公开引用这个说法。如此类推，很多人就相信，由于中国人聪明而且有纪律，因此适宜进行乒乓球、羽毛球和体操这些需要灵活性和技巧的运动。[2]

近年的比赛却表明新一代中国人正努力打破这种能力宿命论。《人民日报》解释说："如果中国人想要在重大的奥林匹克比赛中崭露头角，他们必须打破种族决定一切的宿命论。"这么一来，当来自上海的高挑英俊的运动员刘翔赢得 2004 年雅典男子 110 米栏金牌时，中国人当然止不住狂喜欢呼，因为他们终于证明所谓的"种族缺陷"是可以打破的。但刘翔的胜利只能部分地消除这种根深蒂固的观念，一些中国高层体育官员提到，跨

〔1〕 Kim Un-Yong（金云龙），*The Greatest Olympics*，131。金云龙长期担任国际奥委会委员，后来因挪用公款及其他罪行被国际奥委会开除并在韩国人狱。

〔2〕 Jim Yardley，"Racial 'Handicaps' and a Great Sprint Forward"，*NYT*，September 8，2004，A4.

栏也需要技巧，仅仅靠速度是不能取胜的。而被部分评论称为"黄色子弹"的刘翔自己也坦承，他在奥运会上的胜利"是个奇迹"。他在接受访问时说："真是难以置信——一个中国人，一个亚洲人，赢得了比赛的胜利。"他还补充说："这不仅仅是中国人的骄傲一刻，也是亚洲所有黄种人的共享的一刻。"[1]《纽约时报》指出："作为现代奥林匹克历史上第一个在短道赛跑中胜出的中国人，刘先生的胜利尤其受到越来越活跃和城市化的年轻一代中国人的拥戴，他们都渴望能打破旧式思维。"[2]

## 中国式的国际化

中国人参与现代体育运动，甚至为此着迷，这在很大程度上受到了爱国主义的驱动。而在从西方引进现代体育以及参加国际比赛的过程中，中国同时也通过体育去表达自己的世界观，提升自己的国际地位并明晰其民族身份。当世界在 2008 年北京奥运会期间聚集中国时，体育将可能提供更大的机会去增加中国在世界民族之林的分量。

在 20 世纪，世界经历了许多战争和政治分裂，法西斯主义、资本主义、社会主义、国家主义和共产主义在人们之间制造了许多隔阂。然而，体育、尤其是奥运会和世界杯持续不断地在很大程度上将人们带到一起。甚至当中国在冷战期间受当时极左思潮影响，与世界体系隔离时，这个国家仍然试图通过友谊比赛和新

---

〔1〕　引用出处同 242 页注 2；刘翔，《中国有我，亚洲有我》，收于中国体委，《中国体育年鉴，2005》，445 - 446。

〔2〕　Yardley, "Racial 'Handicaps' and a Great Sprint Forward".

兴力量运动会与世界进行交流。从 80 年代起，中国在经济上和政治上都取得飞速进步，随着中国人自信的增强，没有比体育更能象征争取更高声望的动力了。对中国人来说，接受西方体育表明了自身地位的提升以及与世界文化比肩的渴望。

篮球也许最能代表中国对这种形式的国际化的口味。从加拿大人詹姆斯·奈史密斯（James Naismith）1891 年在马萨诸塞州的斯普林菲尔德（Springfield）基督教青年会国际培训中心发明篮球之日起，它就注定要成为一项全球体育运动。一位观察家分析："当基督教青年会教士在 19 世纪 90 年代带着《圣经》和'篮球十三条规则'来到天津市时，他们相信救赎会通过上帝和篮框来临，无论谁先谁后。"[1]

虽然没从篮球获得多少救赎，中国还是挑选了最高的篮球运动员来举起奥运会开幕式的旗帜以引人注目，国民党和共产党分别在 1948 年和 1984 年采用了同样的手法。在 1988 年汉城奥运会上，一开始被选为开幕式旗手的也是篮球队选手王立彬，但后来改为了前中国篮球队中锋宋涛，因为王立彬要集中精力准备当天举行的比赛。[2] 在 2004 年雅典奥运会上，姚明获得举旗的荣誉就是理所当然的事了，拥有 7 英尺又 6 英寸身高的他比其他运动员都要高出一截，让整个中国代表团的 226 名官员和 407 名运动员都显得高了些。

在 20 世纪 70 年代末开始的经济改革带动下，社会和政府可以共同通过体育把中国的国际化再往前推进一步。根据《华盛顿

〔1〕 Larmer, "Center of the World", 66.
〔2〕 缪晖和夏里，《阴影下的反思》，178。

邮报》报道，90 年代中国学生将美国篮球明星迈克尔·乔丹
（Michael Jordan）和周恩来封为 20 世纪历史上最伟大的两个人
物，北京的小贩们将迈克尔·乔丹的海报和挂历与毛泽东的画像
放在一起出售。[1] 当 NBA 决赛 1994 年首次在中国直播时，一项
调查显示，迈克尔·乔丹成为中国大众文化的顶级英雄，受到广
泛的追捧。2006 年，《环球时报》决定以五十位在现代中国最有
影响的外国人为主题刊登一系列文章，这当中不仅有让 - 雅克·
卢梭（Jean-Jacques Rousseau）、查尔斯·达尔文、卡尔·马克
思、列宁和理查德·尼克松，而且还有迈克尔·乔丹。[2] 沃尔
特·拉夫伯（Walter LaFeber）写道："篮球的故事，特别是在迈
克尔·乔丹时代，帮助我们明白这个时代何以被称为'美国的世
纪'。"[3]

　　中国人全心全意地拥抱美国世纪的这一侧面，而没有考虑他
们对 NBA 的热爱与爱国主义或者民族自豪感是否相一致。当美
军在 1999 年 5 月 7 日轰炸驻贝尔格莱德的中国大使馆时，许多
中国城市的青年显然被美国的这一反华举动所激怒，却仍然在当
年 6 月打电话抱怨中国中央电视台作为抗议取消原定的 NBA 球
赛直播节目的决定，打电话的人坚持体育比赛"应该与政治无
关"。到美国大使馆门前抗议的一位学生领袖说："我恨美国霸
权，也爱 NBA 比赛，但这是两回事。NBA 赛事属于世界，每个

　　〔1〕 引自 LaFeber, *Michael Jordan and the New Global Capitalism*, 27, 135。
　　〔2〕 "Fifty Foreigners Who Have Influenced Modern China"，《环球时报》（*Global times*），
2006 年 7 月 28 日。
　　〔3〕 LaFeber, *Michael Jordan and the New Global Capitalism*, 22.

人都有权利去欣赏。"[1] 在爱国主义可能会将中国和美国的大众文化分隔的同时，体育很明显地以这种方式为两者带来了共通之处。也许只有体育才能扮演这样一个微妙的角色去推动中国持续实现国际化。

世界体育组织一直在努力从中国人的兴趣中盈利。NBA 总裁大卫·斯特恩（David Stern）积极地树立 NBA 的全球品牌，他把有 1.3 亿潜在体育消费者的中国看作篮球的"终极前线"。[2] 根据新近的统计，中国有 5 亿篮球迷，他们在 2005 年购买了 4 亿件 NBA "品牌"的产品，从运动衫和篮球都有。如果这些数字可靠的话，那中国就是 NBA 的顶级球迷国之一。NBA 还声称，在中国播出的 2005—2006 赛季的 290 多场比赛中有超过 10 亿次观众收看。

斯特恩近来还声言，他对中国政府将它的体育标示为"对健身、锻炼和和谐非常重要"感到非常高兴。[3] 从 NBA 运营方的角度看，世界不用接管 NBA，因为 NBA 将接管世界。[4] 今天的 NBA 官方网站有多个语言版本，包括一个中文版本，NBA 收入中很重要一部分来自国际市场上的商品销售。联赛本身则也越来越国际化，例如在 2005—2006 赛季，18% 的 NBA 球员来自国外，而这一数字将会增加。[5] 姚明就是其中一位外国球星，他

---

[1]  Yan, "Managed Globalization", 19 – 20.

[2]  Larmer, "Center of the World", 70 – 71.

[3]  Adam Thompson and Mei Fong, "Can Half a Billion Chinese Be Wrong? The NBA Hopes Not", *WSJ*, August 25, 2006, A9, A11.

[4]  Daniel Eisenberg, "The NBA's Global Game Plan", *Time*, March 9, 2003.

[5]  Greg Boek, "Team-First, Back-to-Basics Foreigners Changing NBA", *USA Today*, April 20, 2006, 1A, 2A.

在 2002 年作为第一顺位新秀加入休斯敦火箭队并一直为该队效力。"姚明是大卫·斯特恩的梦想，"火箭队总裁乔治·波斯特洛斯（George Postolos）说，"他将全球化带到了一个新层次。"[1]

尽管姚明不是第一位进入 NBA 的中国球员，也绝对不会是最后一个，他仍可以被描述为中国同时出现的三大潮流的象征：中国作为经济大国的崛起，跨国资本主义的扩张，以及中国人对所有国际性事物、尤其是体育的着迷。从这点上看，姚明真正成为了布鲁克·拉尔默（Brook Larmor）眼中的"全球化的海报明星"[2] 对于受自卑情绪和冒失蛮干困扰的中国人来说，姚明成为了中国自信的符号；他能够和世界最强的对手比赛，站得比任何人都高，因此也抹去了对中国选手能否在世界赛场上取胜的疑惑。

许多中国人密切留意姚明的比赛，观看他在美国走出的每一步，因为姚明是中国人的一员。姚明的第一场 NBA 比赛有 2.87 亿中国家庭收看，他参与的第一个赛季中，NBA 在中国播出了 170 场比赛，包括 30 场姚明效力的火箭队的赛事。[3] 姚明的 NBA 常规赛在美国吸引了一百万观众，但"通常会在中国吸引达三亿之多的观众，令休斯敦火箭成为中国的最受欢迎球队，也是世界上被观赛最多的球队。当互联网门户网站搜狐在 2002 年 12 月主办与姚明 90 分钟网上聊天的活动时，将近九百万球迷登

---

〔1〕　引自 Larmer, "Center of the World", 73。

〔2〕　同上，68。

〔3〕　Phil Schaaf, *Sports, Inc.*, 307.

录，在中国最大的城市中有六个的系统崩溃"。[1]

中国观众看到姚明球打得好就会高兴。在 2003 年作为新秀的那一年，姚明平均每场拿下 13.5 分，有 8.2 个篮板，消除了所有人对他能力的疑虑。中国观众当中有很多受到良好教育、工作有成就的人，NBA 拉近了他们与美国文化的距离，让他们有机会与世界其他地方的人们分享对篮球的热爱。《纽约时报》一篇文章提到："今天，中国涉足全球市场经济，它的孩子们拥抱西方文化，新兴城市专业阶层在每个转变中寻求自我表达的机会，这时候还有什么比篮球更好的载体呢？"[2]

姚明也是一个有效的使者，将中国人和美国人连结起来。当他在出战首年一次又一次地阻断高大的对手沙奎尔·奥尼尔（Shaquille O'Neal）的投篮，并以一个灌篮锁定其中一场比赛的比分时，上面提到的《纽约时报》的文章宣告："他不仅赢了一场比赛……在世界范围内，他打碎了矮小、柔弱的老式中国人形象。"[3]《时代》杂志的一篇文章很好地阐释了姚明现象：

> 他们有 13 亿人，但西方人并不真正了解中国人。几十年来，要么是一大群低工资的工厂工人，要么是某个运动机能亢进的功夫明星或者土气的电脑奇才去构成整个传统印象。但总体上，他们心目中的中国人是不可理喻、不可了解、不可测算的。现在姚明出现了——而

---

〔1〕 Larmer, "Center of the World", 73.
〔2〕 Jeff Coplon, "The People's Game", *NYT Sunday Magazine*, November 23, 2003.
〔3〕 同上。

所有错误构想的、有关那些奇怪的中国人的陈腐印象就像魔鬼灌篮后的篮板，被打得粉碎……姚明一手将他那些寂寂无名的同胞变成可以和最佳选手对垒的强人。对于美国人来说，姚明和蔼可亲的举止和机智的应答是给NBA的坏男孩们的受欢迎的解毒剂。而对于长期注重其海外声誉的中国人来说，姚明从温顺的运动机器到具备领袖魅力的篮球界精英的成熟过程，无疑是中国自我证明的最佳案例。[1]

这些美国主流媒体的观点在描述姚明对美国人的中国印象所产生的影响时有夸大之处，但中国人对 NBA 和奥运会的热情显然是大潮流的一部分。姚明是第一个受西方媒体关注的高调而非政治性的中国人物，而"篮球是他表达的主要机制"。[2] 姚明代表中国的国际化和世界最大的跨国产品——百事可乐、锐步、Visa 和麦当劳都争着利用姚明去赢取中国市场。2006 年 4 月，中国国家主席胡锦涛访问美国时，姚明作为中国形象代言人被邀请参加白宫为欢迎胡锦涛而举行的午宴。

足球这项"美丽的比赛"吸引着世界亿万球迷，中国人对此也非常着迷。在此，中国又一次加入了国际潮流，和世界上大部分国家一起投入到这个体育项目中。世界可能在 20 世纪经历了巨大的转变，但人们对足球的热情却始终浓烈。1986 年世界杯决赛在全球吸引了 6.52 亿观众，而 2006 年世界杯决赛圈比赛

〔1〕 *Time*, April 28, 2003.
〔2〕 Schaaf, *Sports, Inc.*, 305 – 307.

估计在全球共有 30 亿人观看。《国际先驱论坛报》(*International Herald Tribune*) 的罗杰·科恩 (Roger Cohen) 写到，足球"是和英语齐肩的世界语言，也差不多是这个星球的梦想的通常叫法。足球是每个人的 90 分钟激情赛事"[1]。富兰克林·弗尔 (Franklin Foer) 最近问到："还有什么比足球更全球性呢？世界顶级职业球员和球会老板根本不理会国界，各重要球队以各种可兑换的货币累积财富，亿万球迷以数不清的语言为他们的斗士欢呼。"有些人对足球太紧张以致走向极端。2002 年世界杯由日本和韩国合办，一些日本职业妇女将自己的阴毛修剪成某种式样以表达对英国球员大卫·贝克汉姆 (David Beckham) 的迷恋。而几年前，一名叫拉斯·古斯塔夫松 (Lars Gustafson) 的瑞典国会议员因提名足球比赛参与诺贝尔和平奖评选，受到大家的嘲笑。[2]

对于世界上的许多人来说，足球是一种生活方式。[3] 受拥戴的英格兰利物浦俱乐部的主教练比尔·香克利 (Bill Shankly) 有一次说："有些人相信足球事关生和死。我可以向您保证，它比这个重要得多。"[4] 根据三位经济学家近期的发现，全世界的人们对足球如此在乎，以致"一场重要国际赛事的败北会令该国第二天

〔1〕 Roger Cohen, "Playing Field as Symbol for Global Conversation", *International Herald Tribune*, May 31, 2006.

〔2〕 Franklin Foer, "Soccer vs. McWorld", *Foreign Policy* (January/February 2004): 32 – 40.

〔3〕 For the best study on this point, see Alex Bellos, *Futebol: The Brazilian Way of Life* (New York: Bloomsbury, 2002).

〔4〕 Cohen, "Playing Field as Symbol".

的股市下跌"。[1]

世界杯也许是最成功的场合——能让世界走到一起并建立一个更好、更让人兴奋的世界秩序。在被亨利·基辛格称为"奇迹世界"的世界杯上，每个人，无论贫富、来自强国还是小国，都有机会发挥自己的潜力。[2] 更重要的是，不管财富和国力如何，没有一个国家或者政府可以真正操纵冠军的归属，这是足球比赛的性质决定的。从这个角度出发，这美丽的比赛可以在建立一个和谐世界的问题上比政治论坛或者政治组织有更大成就，这也是连联合国也通过世界杯来传达其信息和理想的原因。

像在世界其他国家一样，许多中国人也热爱世界杯，尽管中国国家男子足球队至今只在2002年入围过一次决赛（也是因为韩国和日本作为2002年的东道主球队，使中国入围容易了）。中国男子足球队在这次唯一参与的世界杯决赛圈中没有射入一球，在小组赛中就被淘汰。

单从人数来看，中国人可以为足球带来超乎寻常的影响。2006年进入世界杯的32个国家的人口总和为15亿人，而中国一国就有13.4亿人。[3] 即使他们的男子足球队没有进入决赛阶段，中国球迷仍然空前地热爱世界杯。超过500名中国记者到德国报道2006年世界杯，中国的电视台将重要播出时段用来进行全部赛事直播。中央电视台体育频道的观众在2006年世界杯期间猛

〔1〕 Dennis K. Berman, "Losing at World Cup Can Hit a Nation's Stocks", *WSJ*, June 3 - 4, 2006, B3.

〔2〕 Henry Kissinger, "World of Wonder", *Newsweek*, June 12, 2006, 37 - 39.

〔3〕 在当代，中国女子在体育竞赛上的表现总体上要比男子好，尤其表现在排球和足球上，中国国家女队取得了引人瞩目的成功。

增 50 倍，超过 7 亿中国观众在这期间观看了比赛，他们为了观看在德国举行的比赛而熬夜多个小时。[1]

如果说中国人对篮球和足球的喜爱反映出对这些比赛的一种纯粹爱好，并标示了中国当前的国际化水平的话，那么对其他西方体育运动的进军似乎就不能这么看了。2004 年在上海修建的欧式一级方程式赛车赛道就是一个例子。全长 5.45 公里的赛道花费 2.4 亿至 3.2 亿美元兴建，由德国人赫尔曼·蒂尔克（Herman Tilke）设计，他以在世界各地建设一级方程式环道而闻名。同在 2004 年，上海举办了有史以来第一场西班牙斗牛赛，斗牛场由一个体育馆改建而成。

人们为实现中国在国际体育上取得进一步成功的梦想而兴建了体育馆和建筑，其中一些甚至可能与中国群众了无关系。例如，为了准备 2008 年奥运会，北京市政府聘请了雷姆·库哈斯（Rem Koolhass）等世界知名的建筑师去设计场馆，以彰显其国际思维，著名的"鸟巢"体育馆就是其中之一。

为了成为体育强国，中国利用开放政策去邀请世界上有能力的教练加盟。虽然早在 1964 年，总理周恩来就邀请过日本女子排球主教练大松博文（Damatsu Hirofumi）到北京训练中国球员，但来中国工作的西方教练寥寥无几，直到 80 年代中国决定通过外来专家的帮助进行自我提升，情况才出现改变。[2] 到今天，有许多外国人在中国当教练或领队，女子曲棍球队自 1999 年起

---

〔1〕 本论详见邱立本和江迅，《拯救中国足球，踢破足协垄断》，《亚洲周刊》2006 年 7 月 23 日，32－35。

〔2〕 鲁光，《中国姑娘》，收于中国作家协会，《全国优秀报告文学评选获奖作品集》，54－61。

由韩国人金昶伯执教,德国人和加拿大人曾训练过赛艇队和皮划艇队,美国人德尔·哈里斯(Del Harris)和立陶宛人尤纳斯·卡兹劳斯卡斯(Jonas Kazlauskas)先后执掌过中国男子篮球队,澳大利亚人汤姆·马厄(Tom Maher)获选培训女子篮球队。[1]在北京为 2008 年奥运会做准备的时候,将有越来越多的外国人获聘帮助中国队伍在竞赛中取胜,《中国体育》杂志称这个潮流为"洋务运动"。[2]

国际化也成了双行道,许多中国人出国参赛和任教。除了姚明,还有相当多中国人在所谓的"反向国际化"中扮演重要角色。例如前中国排球手郎平就当上了美国女子排球队教练,而她的队友姜英成为了澳大利亚女排的教练。还有许多中国乒乓球运动员在国外充当教练和选手。

事实上,人们也许会为中国生产的产品打入国际市场的速度而惊异,但留意到中国的新型出口——运动专业人才的却不多。与通常的手工制品经常引起贸易摩擦不同,这种新产品绝对能帮助中国和世界其他国家更和谐地生活。这种国际化将影响到中国未来的国际身份,对全球进一步的发展起到重要作用,令人叹为观止。

### 体育和爱国主义的升腾

当今中国正以引人注目的方式在国际上坚持自己的权利,这

---

〔1〕 在 2004 年雅典奥运会上,中国代表团有七位外籍教练。见中国体委,《中国体育年鉴(2005)》,437 – 441。

〔2〕 辛江,"中国体育洋务运动",《中国体育》(北京)431,第 5 期(2005 年 5 月),90 – 93。

是事实。而体育仍然像一百年前那样引发中国的爱国主义，这也是事实。即使对非体育迷的中国人来说，当中国国旗在奥运会这样的国际体育赛事的颁奖礼上升起、国歌奏响的时候，也是一个激动人心的时刻。无论如何，国歌《义勇军进行曲》最初是在抗日战争中写给中国军队的，是爱国主义的高亢表达：

> 起来！不愿做奴隶的人们！
> 把我们的血肉，筑成我们新的长城！
> 中华民族到了最危险的时候，
> 每个人被迫着发出最后的吼声。
> 起来！起来！起来！
> 我们万众一心，
> 冒着敌人的炮火，前进！
> 冒着敌人的炮火，前进！
> 前进！前进！进！

从 20 世纪 80 年代起，处处取胜的愿望就已进入了许多中国人的思维方式中，而政府则动员国家资源，通过管理、法律和政治手段来争取胜利。1995 年，中华人民共和国通过第一部与体育相关的法律《中华人民共和国体育法》，制定这部法律明显是出于这个国家对赢取更多体育方面胜利的渴望。[1] 这部法律公开声明，体育活动应受国家体育运动委员会的直接指导，并为国

---

[1] 张彩珍，《奥运战略思考》，14 – 15。

家经济、社会发展和国防服务。它还坚持运动员应接受有关爱国主义、集体主义和社会主义的指导。[1]

奥运会和许多其他国际体育比赛最初都强调业余性，最重要的原则是参与而不是取胜。但自从中华人民共和国成立之后，它就像其他大部分国家一样，强调夺取金牌，对运动员从少年时期起就进行训练，大大违背了这个法则。国家包揽运动员的全部个人需求，以确保他们能在国际比赛中有好表现。于是体育成为这些运动员的职业，而他们的主要目标就是取胜。1979年初，当时北京还没有正式回归奥林匹克运动，国家体育运动委员会下达了一个"重要而紧迫的政治任务"：中国应集中精力参加1980年莫斯科奥运会，以赢得五块金牌（合计十五块奖牌）并进入比赛队伍前十名为目标。[2]

1980年初，国家体委再次提到同样的目标，而在1980年的报告中甚至提议中国应以在1984年奥运会进入总分前六名为目标，实现"为国争光"。要成为世界体育强国，关键在于有好的战略；报告建议中国体育政策重点应放在重要的奥林匹克体育比赛上。[3] 邓小平亲自督促这项政策的实施，他的办公室在1981年还打电话给国家体委主任李梦华，询问国家男子排球队为什么

---

〔1〕《中华人民共和国体育法全民健身计划纲要》。

〔2〕《1979年全国体育工作会议纪要，（1979年3月9日）》，收于国家体委政策研究室，《体育运动文件选编（1949—1981）》，133。

〔3〕许多年来，体育部门颁发的《运动员手册》的第一篇文章为《勇攀高峰，为国争光》。见《国家体委关于加强提高体育运动技术水平的几个问题的请求报告（1980年3月28日）》，收于国家体委政策研究室，《体育运动文件选编（1949—1981）》，140–144，486；荣高棠，《当代中国体育》，167。

没有吃到足够的高质量食品。[1]

中国人把在 1984 年洛杉矶奥运会上赢得金牌称为"历史的突破""中国参与奥林匹克运动的新一页""中华民族复兴让人鼓舞的伟大飞跃""中国晋身体育强国的新篇章"和一个"里程碑"。[2] 射击金牌是中国首个奥运冠军，"把'东亚病夫'的帽子彻底扔到太平洋里"。[3] 邓小平被 1984 年洛杉矶奥运深深感染，告诉其他中国领导人："现在看来，体育运动搞得好不好，影响太大了，是一个国家经济、文明的表现，它鼓舞了这么多人，吸引了这么多观众，要把体育搞起来。"邓小平的指示很快成为了正式的政策。[4]

对于中国政府来说，中国在各国中的地位和相对国力可以由奥运会上赢得的金牌数来确定。因此，中国的所有体育运动似乎都着眼于赢金牌。在取胜的名义下，"全国一盘棋"和"国内练兵，一致对外"的原则不可动摇。"全国一盘棋"是指各省都要集中精力搞好他们有机会在国际上胜出的体育项目，同时也表明，每个运动员和每一个省都应遵从国家体委的总体规划，实现统一目标——让国家在国际赛场上赢金牌。"国内练兵，一致对外"的原则指中国队伍之间的竞赛应以提高技巧为重心，因为主要目标在于赢取国际冠军。[5]

---

〔1〕 中共中央文献研究室，《邓小平年谱 1975—1997》2：779。
〔2〕 新华社体育部编，《从零到十五》，北京：新华出版社，1985，1-2，4。
〔3〕 新华社体育部编，《从零到十五》，13。
〔4〕 国家体委政策法规室编，《中华体坛四十春》，15，23。
〔5〕 这些原则详见中国体委，《中国体育年鉴（1999）》，199；及《中国体育年鉴（1998）》，167。对比赛做假、约定赛果的出色研究见叶永烈，《中国乒乓内幕》。

　　这种对奖牌的渴望，也使部分中国人思考并提出中国必须重新探索其体育战略。早在 80 年代，作家赵瑜就质疑，中国将体育金牌与强国梦或者成为超级大国的梦想联系起来是否明智。[1] 赵瑜批评中国国家体育政策背后的实际前提，质问国家体育战略是为谁的利益服务。他有针对性的疑问特别关注到，在强调赢取金牌的同时，中国人的整体身体素质出现下降。[2] 他要求中国大众重新思考体育的意义和作用。[3] 中国体育部门对赵瑜的批评极其恼怒，国家体委主任李梦华谴责该文章具有政治危害性。[4] 即使这样，另一位中国作家也在 80 年代后期察觉到，时下"我们的奥运战略是以全民体育的极度落后作为惨重代价的"，因为关键的资源被用于赢奖牌而非群众体育教育。[5]

　　即使是精英运动员也为会这个战略付出代价。尤其是在 70 年代末和 80 年代，这些参赛选手没有私人生活，也没有良好教育甚至健康人格。为了确保他们将注意力集中在体育上，运动员不许谈恋爱或者在年轻时结婚（男的 28 岁后，女的 26 岁后才准结婚）。[6] 他们从幼年起整个目标就是在重大体育赛事中胜出。

　　如果一名运动员没法赢得奖牌，中国公众有时会群起而攻之。例如当广受欢迎的跳高运动员朱建华在 1984 年洛杉矶奥运会失利时，他在上海的住宅玻璃窗被人打碎，家人受到辱骂。[7]

〔1〕　赵瑜，《兵败汉城》，53－183。
〔2〕　同上，8。
〔3〕　详见同上，55－183。
〔4〕　李丹和杨匡满，《五环旗下的追悔》，63。
〔5〕　赵瑜，《兵败汉城》，187。
〔6〕　国家体委政策研究室，《体育运动文件选编（1949—1981）》，454。
〔7〕　缪晖和夏里，《阴影下的反思》，36。

1994 年，退出了中国国家队并在其后嫁给日本人的前中国乒乓球选手何智丽代表日本队出赛，还在第十二届亚运会上打败了前队友赢得金牌，许多中国人因此称她为卖国贼。[1] 同样，当中国女排在 1988 年奥运会输球时，她们受到极其冷酷的责备，以致其中一位明星球员杨锡兰感到完全心碎。[2] 此外还有很多其他运动员受到了冷嘲热讽。

然而在赵瑜等人看来，中国如果不培养完整而稳固的个人权益并在群众中孕育健康的人格，中国就永远不可能成为真正的体育强国。[3] 到了 80 年代后期，一些中国作者声称，为了恪守真正的奥林匹克精神，中国人是时候坚强地忍受体育上偶尔的失败了。[4]

一些中国人也表达出对金牌战略所需的财政支出的不满。中国国家体委研究员李力研新近总结出，体委为 1988 年制订的年度预算为 10 亿元人民币，或者说 4 年共 40 亿元。在这巨大的投资下，中国在 1988 年汉城奥运会上赢得了 5 枚金牌，也就是说每枚金牌要花费 8 亿元。

1992 年，中国在奥运会上赢得 16 枚金牌，但国家体委每年的预算上升到 30 亿元；换句话说，中国在每枚金牌上花了 7.5 亿元。到 2004 年，体育预算提升到每年 50 亿元，这还不包括给运动员的财政奖励。对于 2000 年悉尼奥运会，中央政府奖励每

〔1〕 何智丽是 1987 年世界乒乓球锦标赛女子单打冠军，然而这一胜利并没有为她在中国带来荣誉，因为她拒绝为保证中国在遇到外国对手时取胜而输给中国队友。作为惩罚，她没有入选 1988 年奥运中国代表队。后来，她选择离开中国队。她的故事详见王崇理，《中国体坛热点写真》，106 - 145；并见叶永烈，《何智丽对我说》，125 - 142。

〔2〕 李丹和杨匡满，《五环旗下的追悔》，52。

〔3〕 赵瑜，《兵败汉城》，51。

〔4〕 李丹和杨匡满，《五环旗下的追悔》，65。

枚金牌 15 万元，银牌 8 万元，铜牌 5 万元。4 年之后，奖金分别提升到 20 万元、12 万元和 8 万元。很明显，李力研的研究没有对官员们造成多大震动，有官员说，中国将不惜一切夺取金牌。这位官员甚至还声称，不以赢金牌为重点的体育是伪体育。[1]

即使考虑到体育和爱国主义的紧密联系，中国人对体育比赛的反应有时还是显得过激甚至达到歇斯底里的程度。当 1987 年中国男足战胜日本队的消息传到中国时，球迷们兴奋之极，成群结队地走上街头，大唱抗日老歌："大刀向鬼子们的头上砍去……"对于这些球迷来说，中国足球队的胜利让他们觉得自己的国家仿佛打败了日本，赢得战争。[2]

另一个例子所表现出的爱国主义情绪更加汹涌。1985 年 5 月 19 日晚上，香港队与中国队在北京举行比赛，如果中国队赢了的话，就有机会参加墨西哥世界杯赛事。在赛前，人们认为中国队相对较强。当时的情况是，中国队在 1984 年亚洲杯足球赛上赢得了第二名，甚至还在 1984 年尼赫鲁金杯赛上打败了阿根廷（虽然一些最好的阿根廷球员，例如马拉多纳没有参加）。包括球员、体育界官员和一般球迷在内的所有中国人都认为中国队赢香港队不在话下，《足球报》在 1985 年 5 月 14 日的头版文章中，预言中国队将轻松打败香港队。

1985 年 5 月 19 日这天最终成为了中国体育史上一个重要时刻，而赛后发生的事情演变成中国人情绪的极端爆发。将近 8 万球迷到北京工人体育馆观看晚上 7：30 的比赛，上半场第 18 分

---

〔1〕《大家文摘报》，上海，2004 年 8 月 10 日，3。
〔2〕邢军纪和祖先海，《百年沉浮》，10。

钟，香港队打入了一个任意球，中国队在第 30 分钟打入一球，将比分扳平。下半场第 15 分钟，香港队再打入一个决定性的任意球。这时中国队乱了阵脚，虽然力图重整队伍，却始终没有再进球。当比赛在晚上 9：30 结束时，全场数万观众一片静默，没有人会想到"弱旅"香港队会打赢中国队。

当香港球员庆祝时，中国球迷意识到一支受英国殖民统治的地区的球队打败了中国国家队并羞辱了这个国家，许多人联想到中国在英国人手下所蒙受的灾难，于是爆发起来。他们把玻璃瓶和破椅子扔到场内，点燃小汽车和公交车，包括外国使馆的汽车，还破坏建筑物。当晚北京出动了 2000 多名警察，最少 127 人被捕。中国队队员不得不由警察保护起来。在球员平安返回宿舍区时，球迷还包围了他们的住所，又唱又喊。他们含泪唱着《国际歌》："起来，饥寒交迫的奴隶！起来，全世界受苦的人！满腔的热血已经沸腾。"

为了让球迷和全国平复下来，中国国家足球队在 5 月 24 日就比赛失利发表了公开道歉信，刊登在当天的《足球报》的头版。1985 年 5 月 21 日，《人民日报》将骚乱称为危险、违法的事件。球员整整三天不敢离开宿舍区，到 5 月 31 日，主教练曾雪麟被迫辞职。[1]

除去"文化大革命"这个特殊时期，这也许是中华人民共和国的第一次严重骚乱。中国国家体育运动委员会将其称为中华人民共和国建国以来"最严重"的事件，谴责它"损害了中国

---

〔1〕 中国队主教练曾雪麟生于泰国，两年前即 1983 年 4 月才被任命。见刘心武，《5·19 长镜头》5：311 –333；及理由，《倾斜的足球场》1：188 –210。

的国家尊严"。[1] 但是这段插曲不会是最后一次，一个星期后，即 5 月 26 日，足球迷在中国东北的城市沈阳再次发生骚乱，事由是辽宁队被到访的香港队打败。

当然，足球迷的骚乱到处都有发生，尤其是在英格兰。1985 年 5 月 29 日，英国球迷在比利时制造骚乱，造成 30 多人死亡、数百人受伤。但中国的"5·19"事件却有所不同，这是中华人民共和国历史上第一次由体育比赛引发的大规模骚动，它的政治色彩明显超出了比赛本身。中国人要看到胜利，但得到的结果却是输给了一个受英国殖民统治地区的球队；他们要进军世界杯，但迈向目标的征途却被所谓的弱旅香港队阻断，这场本应轻松胜出的比赛以羞耻的失败告终。两个小时前还被欢呼为国家英雄的球员在赛后成为国家罪人，他们似乎成为了这个国家过去的耻辱的一部分，甚至还应为此负责。

"5·19"事件引起了中国官员的担忧。日本队和中国队在 2004 年亚洲杯足球赛上交锋时，中国球迷的表现就成为了国际新闻，而且让中日两国在外交上都极为难堪。在比赛进行时，中国球迷在电视镜头前大唱抗日老歌，高喊"杀！杀！杀！"和"小日本"。虽然日本队总体上被认为较强，但当日本足球队打败中国队从而赢得亚洲杯冠军时，中国球迷还是爆发了。他们在赛后聚众闹事，焚烧日本国旗，向日本球迷吐口水。中国人在日本赢球后的这些反应令中国和日本政府警觉起来，并在两国都引发了有关体育和爱国主义的争论。全世界都为这种狂热而震动，

---

[1]　俞卓立和张益晖，《目击二十年中国事件记》，167－168。

为中国升腾的爱国主义感到惊愕。然而，如果他们对现代体育及其与中国人国家感情的历史有所认识的话，这就不足为奇了。

球迷的闹事也有正面效果。"5·19"事件引起的担忧最终促成中国从足球开始着手体育改革。而且，一直因打败中国队而遭到责骂的香港队也成为提高中国男子足球水平的模范。当忠实的中国足球迷在2006年世界杯后激辩为什么一个有13亿人口的国家无法推出一支11人的男子足球队去参加世界杯时，有人总结出，中国要成为足球强国，就要按法律规章办事。没有透明、法制化的体系，中国足球队显然只能永远受到腐败、假哨和赛果造假的困扰。

然而，如果设定了中国成为体育强国的目标，特别在男子足球方面，就要考虑到中国文化及其政治体系。集体行动和听从指挥是中国社会体系的特征，这样的做法并不能发展强大的体育队伍，尤其不能发展有能力在国际上竞争的足球队。[1] 当中国人意识到这种失调状态时，他们对在体育比赛中胜出的渴望也许能成为政治改革的动力。这样一来，体育或许会超越比赛或展示民族自豪感的场合，从而成为社会和政治变革的媒介。

中国长久以来不惜一切取胜的热情和有礼、有自信地主办2008年奥运会的渴望，这两者之间如何取得平衡？答案尚不清楚，但期待却已经极高——奥运会为中国提供了史无前例的机会，在世人面前树立其社会和政治文化形象，并确立其在国际社会的地位。

---

[1] 在这点上的最佳论述见 Franklin Foer, "How to Win the World Cup", in Weiland and Wilsey, *Thinking Fan's Guide to the World Cup*, 385 –390。

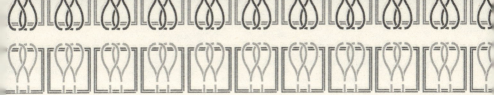

第八章

# 北京 2008 *

> 胜利不是一切；它是唯一的事。
>
> 文森特·隆巴尔迪（Vincent Lombardi）

　　2008 年 8 月 8 日晚上 8 点，北京奥林匹克运动会将会开幕。对中国人来说，八是一个幸运数字。中国想要传达它的最高期望，让奥运会为中国带来好运。按中国人的话说，2008 年奥运会为北京提供了一个巨大的与世界交流的机会，中国等这个机会等了一个世纪；奥运会承办是否成功，对中国、尤其是对中国共产党来说都很重要。

　　要明白北京奥运会对中国和世界的意义、关联和重要性，我们必须用比较和历史的眼光来看待。在历史上，主办奥运会对其他国家产生了什么影响？按中国自己的历史观点来看，是什么因素将中国引向这一刻？

---

＊　编者按：作者写作本章时，北京奥运会尚未举办。

### 三个事例研究： 德国、 墨西哥和韩国

奥运会在塑造现代世界历史的过程中扮演了一个重要角色，对很多雄心勃勃的外交政策和国家民族身份的彰显起着重要影响。要说明与北京最为相似的景况，我将注意力集中在三个国家上，分别是德国、墨西哥和韩国，它们在主办夏季奥运会时都处于政治转型过程中。

柏林是在 1931 年被选定承办 1936 年奥运会的，这时希特勒和纳粹党都远未到掌权的时候。但希特勒巧妙地利用奥运会之机展示纳粹德国的兴起，并为他的政治体系和政策寻求合法地位。[1] 虽然"希特勒内心把体育看作异物"，但他成功地将 1936 年柏林奥运会变成德国强有力的宣传工具。[2] 其实在柏林奥运会期间，《国际先驱论坛报》的一篇社论就提出过疑问：这次盛会"到底是属于体坛还是外交史"。[3]

尽管在柏林奥运会举行之后学者们就一直在争论其意义，威利·多姆（Willi Daume）四十多年前的表述仍是见解最深刻的。1962 年，道默作为德国的体育界高官针对 1936 年柏林奥运会给外交部长格哈德·施罗德（Gerhard Schroeder）发出了一个"诅咒性判决"，他这样做的目的是为了劝说施罗德支持 1968 年在柏林举办奥运会的意见，以打消苏联提出申办的念头，他说："根据国际观点，希特勒的高峰和第三帝国的高峰就在 1936 年柏林

---

〔1〕 国际奥委会在 1931 年 5 月 13 日授予柏林 1936 年奥运会主办权。
〔2〕 Guttmann, *The Games Must Go On*, 63.
〔3〕 Lucas, *Modern Olympic Games*, 125.

奥运会期间及其后。莫斯科会用更狡猾的宣传和更强的手段去争取实现同样的目标。"[1]

　　希特勒利用奥运会作为宣传工具的能力是受到限制的。虽然他很有技巧地对大会进行了策划，但还是被迫在关键之处妥协。根据一个广为流传并很可能真实的说法，国际奥委会主席、比利时人亨利·德·巴耶-拉图尔伯爵（Count Henri de Baillet-Latour）在 1936 年奥运会前告诉希特勒，希特勒在奥运会的指挥上没有话语权，也不许展示反犹太标志。"您是一名观众，"伯爵告诉独裁者，"当体育馆上升起五环旗时，它就成为了神圣的奥林匹克领地。实际上，比赛是在古奥林匹亚举行的。在那儿，我们是主管。"根据这个传说，希特勒"勉强同意"。[2]

　　在宣布奥运会开幕时，希特勒也被要求遵从国际奥委会的规则和传统。巴耶-拉图尔打印了一句话给希特勒，告诉他，作为东道主的责任就是说出这句话："我宣布第十一届现代奥林匹克运动会开幕。"传说中希特勒的反应是："伯爵，我会想办法记住这句话。"[3]艾弗里·布伦戴奇后来自豪地说，国际奥委会"是第二次世界大战前唯一在纳粹面前摆明并坚守律例的组织，连国际联盟也没做到"[4]。

　　与德国从前任政权手中承办奥运不同，中国是自己申办并赢

　　〔1〕　Alan Young, "Munich 1972: Re-Presenting the Nation", in Tomlinson and Young, *National Identity and Global Sports Events*, 123.

　　〔2〕　*NYT*, May 31, 1942, S3. See also ABC, box 2499, reel 144.

　　〔3〕　Allen Guttmann, "Berlin 1936: The Most Controversial Olympics", in Tomlinson and Young, *National Identity and Global Sports Events*, 71.

　　〔4〕　ABC, box 2499, reel 144.

得主办奥运会资格的，因此，中国通过举办奥运会，全力寻求经济的国际化和国际认可。

现在我们把话题转向墨西哥城奥运会。直到1968之前，奥运会还从未由一个发展中国家主办过。像所有奥运会的东道主一样，墨西哥要通过这种赛事来展现它的正面形象。墨西哥奥运组委会主席佩德罗·拉米雷斯·巴斯克斯（Pedro Ramirez Vazquez）曾告诉记者，组委会最希望从奥运会上得到的就是全世界的观众都能够记住墨西哥。[1]

但有些事件是组委会真的无法控制的。例如，五百多名墨西哥学生在奥运会开幕前十天被屠杀，成为了报纸头条新闻，在奥运会期间引起了很大的恐慌。

即使没有这个暴力事件，由于国家新兴的社会、经济和政治体系的复杂性，墨西哥城奥运会向世界展现的墨西哥是困惑的、甚至经常自相矛盾的。克莱尔·布鲁斯特（Claire Brewster）和凯瑟·布鲁斯特（Keith Brewster）曾指出，墨西哥精英阶层对他们国家在世界中的位置的看法与墨西哥民众的看法出现了重大差别。[2]

这些不和谐的声音有着深远的历史根源。墨西哥曾多次经受国家民族身份危机，以致无力建立一个真正有代表性的国家形象。该国及其人民从未曾建立明确的自信，受到自卑感和缺乏自尊的困扰，所有这些都让奥运会的组织者在向世界展示一个协

---

[1] Claire Brewster and Keith Brewster, "Mexico City, 1968: Sombreros and Skyscrapers", in Tomlinson and Young, *National Identity and Global Sports Events*, 99.

[2] 同上，100。

调、正面的墨西哥形象时困难重重。克莱尔·布鲁斯特和凯瑟·布鲁斯特认为："墨西哥的缺乏自信及其组成国家的不同群体之间的差别互相影响，延伸到了1968年奥运会的计划中。"[1] 其他国家似乎也对墨西哥城的态度和墨西哥人成功主办奥运会的能力产生忧虑。

尽管有国际上的担心和国内的问题，1968年奥运会的组织者希望将墨西哥展现为一个既有令人自豪的古老文明又现代且具备前瞻性的国家。他们有理由鼓起勇气迎接世界新秩序——像中国一样，墨西哥在为奥运会做准备时，正处于经济奇迹的年代。[2] 为了确保在奥运会期间，每个人都参与并共同努力去擦亮和推广墨西哥的形象，组委会发动了巨大的宣传攻势，教墨西哥城的市民"建立国家责任感"，并且"唤醒墨西哥民族的好客精神来欢迎外国运动员和游客"。宣传攻势包括一系列"带着官方家长式腔调"的信息，"告知墨西哥人在外国人面前正确和错误的行为"。来自官方的信息非常清楚："墨西哥人要修正他们的行为，给人留下良好的印象，从而展现墨西哥最好的一面，为墨西哥民族带来尊严。"[3]

北京奥运会和墨西哥城奥运会虽然相隔四十年，却有着许多共通之处。两个主办国都是发展中国家，正经历着不可思议的经济增长。两者都为自己民众的行为担心，并尝试教育他们如何对待国际游客。墨西哥将其奥运会设想成一次文化性的、高尚的经

[1] Claire Brewster and Keith Brewster, "Mexico City, 1968: Sombreros and Skyscrapers", in Tomlinson and Young, *National Identity and Global Sports Events*, 100-102.
[2] 同上, 103-104。
[3] 同上, 110。

历，期望赛事能让其树立更好的形象，提升其在世界的地位——这也是中国对即将到来的奥运会的期待。然而，1968 年奥运会最后没有在政治上给墨西哥带来多大变化，赛前赛后都没有重大的民主改革，而墨西哥似乎也没有从作为东道主的经验中获得多少国际性的收益。北京是否也会错失寄托在 2008 年奥运会上的极好机会？

1988 年在韩国举行的夏季奥运会也许是三个例子中最具争议性、问题最多的一个。其中一个问题出在外交上：当汉城赢得奥运会主办权时，韩国与许多社会主义国家没有建立官方关系，社会主义阵营因此威胁要抵制——这在莫斯科和洛杉矶的奥运会受过抵制之后非常有可能发生。此外还有政治问题：80 年代初的韩国政局不稳、缺乏民主，国家还处于军事独裁之下。更重要的是，朝鲜半岛局势本身就危险，并因为朝鲜要求共同主办奥运会而更加严峻。1985—1986 年间，国际奥委会主席组织了多次会议商讨解决方案，但由于僵局难以打破，国际奥委会执委会允许朝鲜共同主办乒乓球、箭术等部分比赛。即使作了这些让步，事情进展仍不顺利：由于没有让奥运会完全由两国共同主办，朝鲜最后抵制了这届赛事。[1]

许多有影响的组织都认为国际奥委会选择汉城是一个错误。《纽约时报》刊登了多篇社评，批评选择汉城为东道主的决定。其中一篇发表在 1984 年 8 月 26 日，报社评论道："当奥运会定在韩国举行时，会引来 1988 年的另一次抵制，这将必然为现代

---

〔1〕 IOC Archives, Minutes of the Ninety-first IOC Session, Lausanne, Oct. 12 - 17, 1986, "Games of the XXIVth Olympiad: Negotiations between the Two Korean NOCs".

奥林匹克的生存带来危险。"文章建议为赛事选择一个永久的、中立的地点来举行。随后,国际奥委会主席胡安·萨马兰奇承认,当奥运会在 1981 年将主办权授予汉城时,"世界各地许多政治观察员和国际专家都不禁皱眉,表示对这个决定有疑虑"。[1]

然而,尽管有这么多问题,各方预言了这么多困难,1988 年汉城奥运会依然取得巨大成功,这也是韩国历史的一个关键性转折点。赛事成为了韩国与包括中国在内的、此前没有建立外交关系的国家的桥梁(正如前面提到的,中华人民共和国与韩国在奥运会以前没有外交关系,但会后两国很快就找到共识,修补了相互之间的关系)。[2] 对韩国来说,1988 年汉城奥运会有几方面的重大影响:最起码赛事是他们获得国际认可并成为国际大家庭成员的门票。[3] 这次奥运的官方口号是"汉城走向世界,世界走向汉城"。[4] 1988 年 9 月 13 日,汉城奥运组委会主席朴世植在国际奥委会年会的官方讲话中表达了韩国人对奥运会的感情:"这个秋季对所有韩国人来说都是非常非常特别的,这是兴奋与更新的时刻、进步与和谐的时刻,也是和平与繁荣的时刻……当我们欢迎我们的朋友从地球的四面八方来到我们的半岛时,我们意识到,历史正在我们手中。"[5]

朴世植言之有理。奥运会为向世界展示韩国、展示韩国人在朝鲜战争后所取得的成就提供了无可比拟的机会,也使这个国家

---

[1] Samaranch preface, in Kim, *Greatest Olympics*, 13.

[2] Quoted in Miller, *Olympic Revolution*, 135.

[3] Pound, *Five Rings over Korea*, 322.

[4] Kim, *Greatest Olympics*, 292.

[5] IOC Archives, Minutes of the Ninety-fourth IOC Session, Seoul, September 13 – 16, 1988.

获得"国际认可、接受和国际大家庭的成员身份"。[1] 大卫·米勒阐释，将奥运会交给汉城，"萨马兰奇为韩国带来了人们所能给予的最珍贵的礼物：地位。紧随地位而来的是尊敬和认可。奥运会的举办引发了韩国越来越快地与共产主义世界建立贸易和外交关系的新潮流，这些国家在1953年之后都不曾承认韩国的存在。"[2]

汉城奥运会最重要的成果是它在韩国促成了群众性的民主运动，最终将国家变成东亚最有活力的民主政体之一。国际奥委会主席萨马兰奇宣称："除了给奥林匹克大家庭带来巨大成功之外，人们也可以说在汉城举行的奥运会是大韩民国迅速民主化以及国际友好合作和互助的因子发展背后的一个重要因素，这是和平的新希望。"[3]

这几届奥运会当中哪一届更切合北京？答案是：都是也都不是。

2008年北京奥运会将会为中国和世界带来什么样的影响？它会让中国变成国际体系中一个更负责任的参与者吗？拥抱世界体育会促进中国成为一个更友好的国家吗？奥运会将世界的目光吸引到中国，这强烈的关注本身将对中国的政治体系和社会稳定产生影响。即使是在北京为奥运会准备之际，中国人也在精心设计要向世界展示中国，并同时重新评估自我形象。这次奥运会是否将成为中国取得政治认可的"登场仪式"，是否将引发政治改

[1] Pound, *Five Rings over Korea*, 322.
[2] Miller, *Olympic Revolution*, 142.
[3] Kim, *The Greatest Olympics*, 14.

革并塑造新的身份，甚至改变现有的政治秩序，这些都不得而知。但可以确定的是，2008 年北京奥运会既会对中国与其他国家的关系，也会对国家自身的发展产生影响——而从现代史上中国与国际奥委会和奥林匹克运动的交往，可以对这一转变有大致的理解。

### 中国申办 2000 年奥运会失利

上面一章讲述了中国与国际奥委会和奥林匹克运动一波三折的关系。在 1947—1955 年间，中国有三名国际奥委会委员，这对一个体育发展疲弱的国家来说属于不寻常状态，因为这将中国与世界的头号体育强国对等起来。而且，即使中国的社会和政治状况发生了重大转变——从王朝变成国民政府，再到共产党执政——中国人对奥林匹克运动依然充满热情。正如之前提到的，早在 1907 年，中国还在清朝统治之下的时候，就有中国精英梦想有一天能在中国主办奥运会。1945 年王正廷提议中国申办1952 年奥运会，还联同张伯苓等人与部分政府部门商讨中国申办的胜数。[1] 董守义在 1945 年底还拜访时任财政部长的国际奥委会委员孔祥熙以讨论此事，孔祥熙承诺他本人会支持，而且更重要的是，会给予财政支持。[2] 但即使得到权势人物的赞同，中国当时并不具备实施这个计划的能力，原因是日本投降之后立刻打响的内战。正式的申办最终没有提交到国际奥委会。[3]

---

〔1〕 童乐，《梦想与辉煌：北京 2008 奥运会申办纪实与畅想》，74。
〔2〕 华智，《夙愿——董守义传》，93。
〔3〕 华晨栖，《旧中国申办奥运会的一场风波》，67。

事实上，直到半个多世纪之后，中国才能够主办奥运会。毛泽东逝世后，中国政府决定通过务实的外交、文化和经济政策，参与世界体系并积极实现国际化，中国领导人认为中国承办奥运会的时机已经成熟；像他们的前任一样，中共领导层要利用奥运会这一平台，作为平等和受尊敬的成员加入世界大家庭。和现时一样，当时对奥林匹克的热情其实是获得国际声誉、表达中华民族自豪感以及战胜历史屈辱感的强烈愿望。

在中华人民共和国希望举办奥运会的最早的一次表态直接来自邓小平，他在 1979 年 2 月 26 日接受日本记者渡边孟次（Take-ji Watanabe）采访，当时渡边孟次问："1980 年奥运会将在莫斯科举行，中国是否有意参加这届赛事并在将来主办奥运会呢？"邓小平虽然以很典型的外交口吻回答，但却重启了主办奥运会的进程。他说："中国正在准备参加莫斯科奥运会。奥运会四年一次，1984 年、1988 年都举行。1984 年不一定行，但是 1988 年也许我们可以承担在中国举办奥运会。"[1]

在邓小平公开表示出兴趣之后，中国的体育当局从 1981 年起就认真地争取主办亚运会，作为通向奥运会主办权的铺垫。1983 年，中国正式提出申办 1990 年亚运会，一年后北京获得了主办权。在 1984 年洛杉矶奥运会期间的一次新闻发布会上，中国代表团也宣布中国正筹备在这个世纪末申办奥运会，尤其希望

---

〔1〕 引自梁丽娟，《何振梁传》，113。

能获得申办 2000 年奥运会的机会。[1]

于是，中国领导人从 80 年代中期起就开始认真着手承办奥运会的工作。1991 年 2 月 28 日，总理李鹏批准了中国国家体育运动委员会、外交部、财政部和北京市政府支持北京申办奥运会的联合报告。1992 年 12 月 3 日，北京副市长张百发亲自向位于瑞士洛桑的国际奥委会总部递交申请文件，北京正式申办奥运会的工作从此启动。

北京申奥委员会在计划书上写道："主办二十七届现代奥运会将不只带来殊荣，它还给中国一个机会，展现出我们新世纪的梦想就是奥林匹克之梦。"[2]《今日中国》杂志发出了自己的请求："对于北京 2000——我们都知道尽人事而待天命，让我们期待天佑我们。"[3]

官方申办报告强调中国人的梦想，中国需要外部世界的理解，我们需要和平的环境去发展生产、实现经济增长和人民生活质量的提高，这与呼吁建立一个更美好的和平世界的奥林匹克精神完全一致。北京是一个著名的文化之城……有三千多年的历史。古老的东方文明赋予她迷人的魅力。如果北京有幸主办奥运会的话，它一定会促成史无前例的东西汇合的文化交流，全面体现了以体育加文化为特征的奥林匹克运动。在一份由北京 2000

---

〔1〕　成功申办亚运会之后，邓小平在 1985 年告诉一个外国领导人，北京已准备好主办 2000 年奥运会。后来，时任国家主席杨尚昆在 1990 年 9 月 22 日告知国际奥委会主席萨马兰奇，中国希望"主办 2000 年奥运会"。详见录音记录，收于 UCLA, LAOOC 1403, box 476, interview tapes：Chinese Olympians。

〔2〕　LA Sports Library："Beijing 2000, the Year of the Games—a Summary", Beijing 2000 Olympic Games bid committee, box Beijing 2000.

〔3〕　*China Today* (North American edition), No. 69, June 1993, 13.

年申奥委员会为申奥发行、名为《北京 2000：巴塞罗那奥运会特辑》的小册子上，将北京主办奥运会称为"中国的机遇，北京的荣誉"。北京申办 2000 年奥运会的口号是"开放的中国盼奥运"。[1]

在努力申办 2000 年奥运会的过程中，整个北京市在国际奥委会评估团 1993 年春到访前进行了一次大变脸。市内许多建筑重新粉刷，政府甚至关停部分工厂以免黑烟污染天空。市内每辆出租车都要贴上特大的"北京 2000"的标志，整个城市都为此开绿灯。[2]

北京不是唯一做出这类姿态去向国际奥委会展示最好一面的城市，申办 2000 年奥运会的竞争者悉尼也有人为操纵，尽管做法许相对隐秘。悉尼申办 2000 年奥运会的总负责人罗德·麦克戈奇（Rod McGoech）在国际奥委会访问申奥委员会时，与悉尼的警察和交通管理部门合作，将代表团沿途经过的路口的交通灯全部开绿灯，使国际奥委会从未因交通而出现迟到。事实上，麦克戈奇后来透露，当有国际奥委会的成员访问悉尼时，交通灯都会在他到达路口时进行调控。[3]

除了交通控制，国际奥委会委员在悉尼还受到其他优待，例如去歌剧院。通常如果观众在悉尼看歌剧迟到，就要等到第一节演完之后才准入场。但当国际奥委会委员碰巧迟到时，演出会等到他们坐齐了才开始。这些特殊待遇还延及奥委会委员的太太。

〔1〕 LA Sports Library, Beijing 2000 Olympic Games bid committee (in an envelope titled Beijing for 2000 bulletin).

〔2〕 See Kristof and Wudunn, *China Wakes*, 94 - 110.

〔3〕 McGeoch, *Bid*, 196, 208.

麦克戈奇回忆，当委员的太太演出中场休息时在化妆间迟迟不出来，歌剧也要等到其回到座位时才准继续演出。[1]

可惜，尽管北京作出了千般努力，老天并没有站在中国一边，世界也并未准备好让中国主办 2000 年奥运会。西方政府、政客和主流媒体利用人权问题大做文章，强烈反对北京申办。

北京的申请一发布，美国政客就公然游说反对中国主办奥运会。美国参议员比尔·布拉德利（Bill Bradley）之前是一名运动员，在整个反对运动中非常活跃。他为报纸观点栏目写文章，又写信给国际奥委会委员说，国际奥委会"如果选择中国首都，将有损奥运会的精神。"[2] 美国众议院通过一项决议，反对北京申办，促请国际奥委会委员响应。六十名参议员也在一封由布拉德利准备的信上签了名，呼吁所有国际奥委会委员拒绝北京成为奥运举办地。信中称，如果北京赢得了主办权，其政权将会赢得"巨大的……宣传价值"。信中还说："奥运会代表世界社会的最高理想和愿望，其所授予的荣誉和认可要通过公平竞争和实现最高理想的努力来取得。"这些参议员看来，北京奥林匹克运动会的时代还未到来。[3]

克林顿政府的官方姿态是保持中立，但国务卿沃伦·克里斯托弗（Warren Christopher）承认："我们（向国际奥委会）提供了所有可能候选地的人权状况信息。"[4] 白宫其实公开声称："政府坚信，一国的人权状况应该成为 2000 年奥运会选址的一个

〔1〕 McGeoch, *Bid*, 196, 203.

〔2〕 *USA Today*, July 20, 1993, 11A.

〔3〕 LA Sports Library, Proposal materials for the Olympic Games at Beijing.

〔4〕 Mann, *About Face*, 289.

重要因素。"[1]

非政府组织加入到争论中。美国人权律师委员会的詹姆斯·罗斯（James D. Ross）代表该组织于 1993 年 8 月 19 日写信给美国的国际奥委会委员安尼塔·德弗朗茨（Anita DeFrantz），表示反对中华人民共和国申办奥运。他指出，《奥林匹克宪章》的第三条声明，"奥林匹克精神的目标"在于"从鼓励建立保护人类尊严的和平社会观念出发"促进体育发展。信中又说，"在中国举办奥运会"对北京来说"将是一个重要的政治胜利"。[2]

尽管有来自西方的强烈谴责，北京在头三轮投票中取得的成绩很不错。1993 年 9 月 23 日早上，投票从柏林开始，9 点放出票箱，10 点 15 分在悉尼，11 点 30 分在曼彻斯特。北京在同天下午 2 点 30 分放票箱，3 点 45 分在伊斯坦布尔。下午 5 点，国际奥委会调查委员会（后来称为评估委员会）向大会报告其对申办城市的最后评估。1993 年 9 月 23 日下午 5 点 45 分投票开始。头两轮发出了 89 张选票，回收 89 张，谁得到 45 张选票就当选。在第一轮投票中，北京获得 32 票，柏林 9 票，伊斯坦布尔 7 票，曼彻斯特 11 票，悉尼 30 票，伊斯坦布尔被淘汰。在第二轮投票中，北京获得 37 票，柏林 9 票，曼彻斯特 13 票，悉尼 30 票，柏林被淘汰。在第三、四轮中，发出 88 张选票，回收 88 张。第三轮投票中，北京获得 40 票，曼彻斯特 11 票，悉尼 37 票，曼彻斯特出局。从前三轮投票来看，北京明显具有优势。但

〔1〕 Robert Greenberger, "U. S. , Unhappy with Beijing's Abuse of Human Rights, Focuses on Olympics", *WSJ*, August 23, 1993.

〔2〕 LA Sports Library, OLY Col, GV 722 2000, A1 B422g, 1993.

在第四轮投票中，戏剧性的情况出现了。这最后一轮投票，北京获得 43 票，而悉尼有 45 票，悉尼当选为 2000 年第二十七届现代奥林匹克运动会的主办城市。[1]

悉尼申奥委员会成员、同时也是国际奥委会第一副主席的 R·凯文·高斯帕（R. Kevan Gosper）在悉尼获胜后发表讲话，其中提到他"觉得很可能有人心属北京，却把票投给了悉尼"。[2] 中国的国际奥委会委员何振梁紧随其后发表讲话，承诺"中国将继续在奥林匹克运动中扮演积极的角色，为不容许任何歧视的、发展人民之间友谊的奥林匹克理想而做推广工作"。国际奥委会主席胡安·萨马兰奇说，他"体会到何先生也许"在北京落败之后"感到伤心"，提醒何振梁"他的国家知道时间的相对价值"。[3]

萨马兰奇很快发现许多中国人民对国际奥委会的决定感到难过和沮丧。[4] 事实上，许多中国人相信美国抗拒中国的崛起和国际化，认为北京申奥失败属于西方钳制中国的阴谋。其中城市的青年和学者尤其觉得西方把中国当作三等国家来对待，合谋阻止中国在世界舞台上占据一席之地。

有些中国人甚至将这次失利也与文明的冲突联系起来，这个冲突论是哈佛大学教授塞缪尔·菲利普斯·亨廷顿（Samuel P.

---

〔1〕　IOC Archives, Minutes of the 101st IOC Session, Monaco, September 21 – 24, 1993.

〔2〕　同上。

〔3〕　同上。

〔4〕　1998 年 11 月 27 日，中国国家体委主任伍绍祖承认，北京败给悉尼是因为缺乏申办经验及过于自信，北京依靠群众运动的策略效果也不好。见中国体委，《中国体育年鉴 (1999)》，226。

Huntington）在《外交事务》（*Foreign Affairs*）杂志中一篇有名的文章宣扬开来的。在文章中，亨廷顿公开指中国是一个威胁，要受到钳制。[1] 北京申奥失败似乎就与文明冲突思想相符。毕竟，虽然奥林匹克提高了国际化的形象，但它的管理主体却是欧洲的。当现任国际奥委会主席、比利时人雅克·罗格（Jacques Rogge）在 2009 年完成首届任期，就"标志着国际奥委会 115 年历史中欧洲主席实现了 95 年的领导"。欧洲还享有高度的政治集权和在国际奥委会的决策权威。[2] 北京败给悉尼后，中国人已是万分沮丧，国际奥委会这样的人员结构组成更是让他们意气难平。

申奥过程中的双重标准让北京怒气难消，特别让其恼火的是美国大众公开对抗中国。美国政府的前后矛盾在其处理 1980 年和 1984 年奥运会的手法上表现得尤为明显。为了抗议苏联入侵阿富汗，美国声言政治比单单一次奥运会重要，发起抵制运动。到 1984 年洛杉矶奥运会，美国的理论一下子反转，强调政治不应该成为奥运赛事的一部分。而当北京申办 2000 年奥运会时，它又变成政治性的了。

美国并不以稳定的政策或者良好的记忆力闻名，而反对北京申办对美国的长期国家利益也没好处，而且还激怒了很多中国精英。著名的中国问题研究学者大卫·兰普顿（David M. Lampton）有过公道的评论：

---

[1] Huntington, "Clash of Civilizations?"
[2] Barney, Wenn, and Martyn, *Selling the Five Rings*, 286.

　　北京参加国际组织的动机有很多，其中一个是在世界上立足。当北京成为全球社会的一个正式伙伴时，就一再尝试实现对它的预期……与其促使奥运会授予另一个国家（去报复中国侵犯人权），华盛顿其实不应反对北京申办。相反，决策者本应该认识到，中国将在权力许可的范围内竭尽全力把赛事办好。对谴责亦步亦趋的做法使华盛顿失去了一个支持正面变革的机会，在中国大众中造成广泛的反感。[1]

　　但华盛顿的短视政策并非是北京 1993 年失利的唯一原因，国际奥委会腐败的体系也有责任。[2] 1999 年 1 月末，在盐湖城贿赂丑闻败露后，悉尼的奥运官员被要求为他们在申办奥运会时的行为做解释。悉尼奥委会官员承认曾在投票前夜向两名非洲代表肯尼亚的查尔斯·穆哥拉（Charles Mukora）和乌干达的恩扬维索（Nyangweso）少将，每人提供 3.5 万美元。[3] 澳大利亚奥委会主席约翰·高特斯（John Coates）供认这是他的主意，[4] 还承认在这两个国际奥委会委员斟酌投票决定的时候，为他们在伦敦一家豪华酒店安排了住宿。高特斯为自己辩护说，悉尼仅靠其举世闻名的地理条件和设施水准，是不能赢得奥运会主办

〔1〕 Lampton, "A Growing China in a Shrinking World", 139 – 140.
〔2〕 Gosper, *An Olympic Life*, 328 – 348.
〔3〕 *NYT*, July 14, 2001, D7.
〔4〕 根据国际奥委会台湾委员吴经国的说法，如果高特斯没给他们钱的话，这两票会投给北京。见吴经国，《奥林匹克中华情》，88。

权的。[1]

　　根据一份有关悉尼申奥的权威报告，其申奥委员会甚至秘密协助罗马尼亚国际奥委会成员亚历山德鲁·西皮尔科（Alexandru Siperco）的一个女儿移民到澳大利亚，估计是为了换取有利选票。[2] 虽然这些金钱相授也许与盐湖城的"奖学金"丑闻有不同之处，但悉尼这么做显然违背了国际奥委会的申办规则。连澳大利亚自己的国际奥委会委员凯文·哥斯普尔也公开批评这种做法，称之为"非常重要的揭露……我不能排除一些（国际奥委会委员）会呼吁奥运会别在悉尼举行"。[3] 公平地说，其他申办城市也有同样的行为。主持申办曼彻斯特1996年和2000年奥运会的鲍勃·斯科特声称，他甚至知道某一国际奥委会委员次女的鞋子的尺码。[4]

　　虽然国际奥委会后来声明，它没有发现悉尼申奥有犯错之处，但悉尼的做法明显越过了国际奥委会的规限。在悉尼胜出后，有报道说其市长弗兰克·萨托尔（Frank Sartor）曾告知《泰晤士报》（The London Times），有些事情让他觉得自己每天去奥委会委员入住的巴黎酒店拉选票，像一个妓女一样。《悉尼先驱早报》（Sydney Morning Herald）在其头版有类似的评论。作为回应，国际奥委会主席萨马兰奇声明："我从未听过这样的说法。我可以明白失利城市的市长说这样的话，但胜出城市的市长这么

[1] Jobling, "Bidding for the Olympics", 270 – 271.
[2] McGeoch, Bid, 268 – 269.
[3] Jobling, "Bidding for the Olympics", 270 – 271.
[4] Simon and Jennings, Lords of the Rings, 241.

说是难以置信的。"[1]

显然，国际奥委会并没有自律的打算，贿赂成为了申办文化的一部分。但在盐湖城腐败案引起的强烈谴责和悉尼申办丑闻的揭露使国际奥委会意识到，必须采取重大措施来保障自己的安全，于是在 1999 年决定建立一个特别部门，即道德委员会和一个国际奥委会改革委员会去处理这历史上最大的危机。1999 年 3 月 17—18 日，国际奥委会第 108 届年会在洛桑举行，以丑闻为由开除了六个委员。[2] 国际奥委会主席萨马兰奇的声誉自然也受到玷污，即使他通过描述自己任内成绩的冗长演讲来寻求委员们的支持，大会还是决定对他的领导权举行信任投票。最终，他通过了投票的考验。

悉尼申奥委员会还用了其他手法去保证申办 2000 年奥运会成功。面对北京的强大威胁，悉尼申奥委员会通过主席麦克戈奇秘密出资任命一家由蒂姆·贝尔（Tim Bell）主持的伦敦公关公司通过寻找中国人权记录上的不利信息来搞坏北京的名声。1992 年末麦克戈奇与贝尔在伦敦会面，安排贝尔发起了一场不会让人追溯到澳大利亚的针对中国的中伤活动。悉尼委员会将其中一名已经着手挖掘中国污点的委员加布丽埃勒·梅尔维尔（Gabrielle Melville）派往伦敦，在蒂姆·贝尔的公司秘密工作，而这家公司与英国前首相玛格丽特·撒切尔（Margaret Thatcher）也有密切联系。梅尔维尔和贝尔制订出一个策略，当中包括资助一个在

---

〔1〕 引自 Gosper, *An Olympic Life*, 267。

〔2〕 IOC Archives, Minutes of the IOC 108th Session, March 17 - 18, 1999, Lausanne, Switzerland.

伦敦的人权组织去公开谈论中国事务，并安排出版一份名为《所谓的恰当候选人》（*The So-Called Suitable Candidate*）的小册子，在蒙特卡洛决议前推出。[1] 悉尼申奥委员会知道这种行为是非法的，所以他们必须确保这本小册子以及其他针对北京的行动"由总部在伦敦的机构制造，但我们会与伦敦的蒂姆一起策划，这将和澳大利亚毫无关系"，麦克戈奇如此写道。[2] 当澳大利亚的国际奥委会委员凯文·高斯帕发现申奥委员会的行为时，他非常担心，尝试劝说总理约翰·费伊（John Fahey）中止这一计划，因为这样做"太冒险——万一公之于世将毁掉悉尼的申办"。[3]

当然，北京很快就得到了第二次机会。当邓小平得知北京第一次申办的结果时，他只是说不要紧，中国需要吸取教训，再次尝试。[4] 北京正是这么做的。

## 北京的第二次申办：最终胜出

当悉尼获 2000 年奥运会主办权时，萨马兰奇被问到他是否对北京申办给予了支持，他答道："这并不是真的。国际奥委会没有任何一个委员可以说我会偏向北京或者为中国游说。我尊重国际奥委会的决定……而我相信，这次选择（悉尼）是最佳的。"当记者问到："您是否希望中国再次就 2004 年奥运提出申

---

〔1〕 Gosper, *An Olympic Life*, 257.

〔2〕 McGeoch, *Bid*, 225–228.

〔3〕 McGeoch, *Bid*, 233。其他申办者也受到腐败或者仅仅是运气差的影响。美联社 2005 年 12 月 23 日一篇报道指出，"一张放错地方的投票可能帮助伦敦成功申办"2012 年奥运会。根据这篇文章的信息，2005 年 7 月一名国际奥委会委员本打算投票给马德里，却错投给了巴黎，而马德里多这一票的话，伦敦可能就不能在申办中胜出。

〔4〕 中共中央文献研究室，《邓小平年谱》2：1365。

请?"他答:"我希望中国会提出。请别忘记澳大利亚经过了三次尝试才获得。中国奥委会主席何(振梁)先生在投票后向我们保证,很快就会挑出一个中国城市去申办 2004 年奥运会。"[1]

萨马兰奇也许想表现出自己的中立立场,并表明申办结果是公平的,但后来出现的情况是,北京对 1993 年的失利感到非常不悦,于是决定不申办 2004 年奥运。[2] 北京的决定令国际奥委会许多委员失望,在悉尼申办中扮演重要角色的凯文·高斯帕写道:"北京是重要的申办者,而中国人将会把奥运会办好。北京举办奥运会,将会促进那些还没有举办过奥委会的地方的奥林匹克运动——我们将更坚定地把 12 亿人带到奥运圈子当中。"[3]

由于体育赛事与国家荣誉、国际声望以及世界观的联系,北京再次申办奥运会是必然的。《纽约时报》报道:"在奥运会申办中获胜远超出公民甚至国家荣誉的范畴。"作为东道主,"中国相信它可作为受尊敬的成员身份立足于世界社会,而这一身份正是它长期以来感到被西方所否认的"。[4] 当大家都从第一次申办的失败中冷静下来后,北京在 1998 年 11 月 25 日宣布申办 2008 年奥运会,而在 1999 年 4 月 4 日,中国官员向国际奥委会总部递交了正式申请文件。根据苏珊·布劳内尔(Susan Brownell)的研究,2001 年国际奥委会委托进行的盖洛普民意调

---

〔1〕 Samaranch, *Samaranch Years*, 104.

〔2〕 陈希同腐败案及其后续事件可能对北京放弃申办 2004 年奥运会的决定产生了影响;陈希同身上发生的事导致中央领导、北京市政府和国家体委之间产生猜疑。这件早前的事件其实也可能解释为什么 1998 年末中国决定再申办 2008 年奥运会时,国务院一开始并不支持北京为申办城市。详见中国体委,《中国体育年鉴,1999》,226。

〔3〕 Gosper, *An Olympic Life*, 260.

〔4〕 Craig S. Smith, "Joyous Vindication and a Sleepless Night", *NYT*, July 14, 2001.

查显示，94%的北京民众对奥运会持正面态度。[1] 这次北京看来更自信，而世界也更通融。

在官方的申请中，北京向世界和国际奥委会承诺，奥运会的口号将为"新北京，大奥运（New Beijing, Great Olympics）"。有趣的是，其中文版本却是"新北京，新奥运"。为何有此区别？一位中国体育官员告诉外国记者，如果中国声称要一个"新奥运"，"人们就会以为中国要改变赛事"，这样"国际奥委会不喜欢。他们会以为这个共产主义国家要接管奥运会"。[2] 这个小心的文字游戏显示出中国从第一次申办经历中吸取了教训：考虑到其他人如何看待中国并作出调整以确保没有冒犯的重要性。北京还承诺会举办一个"绿色"和"高科技"的奥运。[3] 但根据组织者的说法，北京奥运会的核心在于呈献一个"人文奥运"，目的在于通过比赛促进文化交流和各国相互理解。[4] 在为2008年制订的正式计划书中，北京申奥委员会写道："历史为国际奥委会提供了一个独一无二的机会，通过对2008年的决定为奥林匹克精神创造无可比拟的财富。中国做好了欢迎世界的准备。"[5] 北京还认为："在北京举办的奥运会将在各种文化之间建设一座

---

〔1〕 Susan Brownell, "China and Olympism", 60.

〔2〕 Hessler, *Oracle Bones*, 261.

〔3〕 IOC Archives, the official Beijing bid proposal, Beijing 2008, 1: 3.

〔4〕 彭永杰、张志伟和韩东辉，《人文奥运》，7.

〔5〕 LA Sports Library, *New Beijing, Great Olympics: Highlights of Beijing's Olympic Candidacy*, official publication of the bid committee, OLY Col, GV 722 2008, A1 B42N, 2000 (hereafter Beijing 2008 official proposal).

和谐的桥梁并将体现奥林匹克精神所独有的对体育和文化的融合。"[1] 这一理念预示着北京的时代已经到来。正如拉尔默所言："东方和西方——中国和世界的交汇将可能是 21 世纪决定性的邂逅。"[2]

北京为申办 2008 年奥运选取的标志是一颗与奥运五环颜色相同的五角星，形似一个做传统太极运动的人，其用意显然在于强调国家的传统体育文化。[3] 这个标志也与传统手工中国结造型相近，象征世界各国人民间的团结和合作。中国国家主席江泽民在致国际奥委会的支持北京申奥的官方函件中写道："如果第二十九届奥运会得以在中国举办，它将对在中国以及世界弘扬奥林匹克精神，并在东西方之间促进文化交流和融合，具有极其重大的意义。"[4]

奥林匹克作为东西方交汇处的理念不是中国人的发明，国际奥委会自己就是它的倡导者。国际奥委会主席萨马兰奇有一次说："奥林匹克原则和理想具有普世价值和重要性。我们必须珍惜它们，因为奥林匹克精神是一座桥梁，是连结不同世界的交汇点。"[5] 韩国人在 1988 年汉城奥运会上出色地运用了这一概念，

〔1〕 LA Sports Library, *New Beijing*, *Great Olympics*: *Highlights of Beijing's Olympic Candidacy*, official publication of the bid committee, OLY Col, GV 722 2008, A1 B42N, 2000 (hereafter Beijing 2008 official proposal), 1: 5.

〔2〕 Larmer, "Center of the World", *Foreign Policy* (September/October 2005): 68.

〔3〕 解释来自一本专为北京申办 2008 奥运会印制的特刊《2008，北京见》(2008, *See You in Beijing*), 2001 年 2 月，北京 2008 年奥运会申办委员会发行，17，收于 LA Sports Library, OLY Col, GV 722, 2008, A1 B42S.

〔4〕 LA Sports Library, Letter of support by President Jiang Zemin, November 21, 2000, Beijing 2008 official proposal, 1: 7.

〔5〕 IOC Archives, Minutes of the Ninety-fourth IOC Session, 149.

他们告诉国际奥委会："这些比赛最重要的是为东西方根本不同的民族和文化交流提供了罕有的机会，以戏剧性的方式聚到一起……这发生在东西方通过分享他们的文化力量去营造更和谐的国际氛围的时刻。"[1] 1988 年汉城奥运会组委会通知国际奥委会第 92 届年会，为奥运会制定的项目安排目的在于"实现东西方文化传统的美妙融合"。[2] 通过成功地打好过去许多其他国家打过的牌，中国力图向世界表现出一个正常且更切合主流的国家的形象，而不再是过去那个隔离的、意识形态主导的国度。

然而，一些西方大国和政客仍对北京新的申办持怀疑态度，还是不希望看到北京成功，欧洲议会和一些美国国会议员都呼吁由非中国城市来主办奥运会。不过世界舆论以及北京的态度和申办策略都比 1993 年失败那次有了本质上的改变。2008 年奥运申办中，北京的对手有大阪、巴黎、多伦多和伊斯坦布尔。根据国际奥委会的评估，伊斯坦布尔是五座城市中最弱的一个。评估委员会主席海因·维尔布鲁根（Hein Verbruggen）在 2001 年 7 月 13 日投票日告诉他的同僚们，伊斯坦布尔没有完全弄清其策划申办中的某些问题。根据评估委员会 5 月 15 日的报告，大阪似乎也遇到一些财政问题。[3]

与之相反，巴黎和多伦多是强大的竞争者。巴黎修改了最初的奥运村设计，使委员会维持了"巴黎将办成一届出色的奥运会"的结论。而多伦多通过"安大略省长一封保证奥运会组委

---

〔1〕 IOC Archives, Minutes of the Ninety-fourth IOC Session, 148.

〔2〕 IOC Archives, Minutes of the Ninety-second IOC Session, Istanbul, May 9 – 12, 1987, 27.

〔3〕 IOC Archives, Minutes of the 112th IOC Session, Moscow, July 13 – 16, 2001, 231.

会获得足够资源去兑现承诺的信"消除了国际奥委会最初有关资金的顾虑。

国际奥委会的评估报告对北京的申办尤为赞赏，委员会总结道：

> 这是一次由国家驱动、国家奥委会大力协助的申办，好的体育理念结合政府的全力支持使申办质量非常高。委员会注意到中国和北京转变的过程与速度，以及在通向 2008 年的时期由人口和经济增长可能带来的挑战，但相信他们有能力应对这些挑战。这当中有环境的挑战，不过政府在这个领域强有力的行动和投入可以解决这个问题并为该市带来改善。委员会相信，一场北京奥运会将为中国和体育带来独有的成果，委员会对北京能组织一场出色的赛事有信心。[1]

7 月 13 日投票当天，维尔布鲁根明确"报告中的结论维持不变"。[2] 国际奥委会似乎明白，虽然北京面对若干挑战，但它的申奥得到政府全心全意的支持；而且，一场在中国举行的奥运会将对奥林匹克和这个国家都带来前所未有的影响。换句话说，国际奥委会委员的判断明显有政治方面的考量。

在 2001 年 7 月 13 日的莫斯科年会上，国际奥委会委员投票选出得胜者。第一轮投票的 102 张选票中，北京有 44 票，多伦

---

〔1〕 IOC Archives, Minutes of the 112th IOC Session, Moscow, July 13 - 16, 2001, 240.

〔2〕 同上，38.

多 20 票，伊斯坦布尔 17 票，巴黎 15 票，大阪 6 票；大阪被淘汰。第二轮投票，北京赢得 56 票（比绝对多数高出 4 票），多伦多 22 票，巴黎 18 票，伊斯坦布尔获得余下的 9 票，北京就此胜出，国际奥委会委员将奥运会交给了北京。

投票之后，中国国际奥委会委员何振梁宣读了一封预先准备好的、由中国国家主席江泽民写给国际奥委会主席的信，感谢他支持北京成功申办 2008 年奥运会，另外真诚地为给予其国家的信任表示感谢，说 2001 年 7 月 13 日将永远铭刻在北京人民的记忆中，并向国际奥委会各委员保证，他们会为自己的决定而自豪。[1]

当北京获得 2008 年奥运会主办权的消息传出时，中国媒体一片欢腾。新华社一篇社论高呼：

> 今天，世界选择北京！今天，世界仰慕北京！当国际奥委会委员今晚把他们神圣的一票投向北京时，也标志着世界把信任投给了北京，把希望寄予了中国……北京获得 2008 年奥运会主办权，是中国在提高国际地位方面所矗立起的又一座里程碑，是中华民族伟大复兴历程中又一大盛事……申办奥运会的竞争，实际上是一场综合国力、经济潜力、科技实力、文化魅力的竞争，是一场国家形象和民族地位的竞争。赢得了奥运会主办权，就意味着进一步赢得了国际社会的普遍尊重、信任

---

[1] IOC Archives, Minutes of the 112th IOC Session, Moscow, July 13 - 16, 2001, 40.

和青睐。今天，北京得到了这样的信任。这是北京的胜
利，中国的胜利，也是奥林匹克精神的胜利！……是该
让近 13 亿人民有一个狂欢之夜了。[1]

《人民日报》社论高喊："中国人的'奥运之梦'实现了！一个
不眠之夜，一个 13 亿人的不眠之夜！……这个时刻我们已经等
了很久……奥运选择北京，世界看好中国……2008 年北京奥运
会是中国的机会，也是世界的机会……申奥成功，有利于改革开
放和现代化建设，有利于世界更多地了解中国，有利于中国更快
地走向世界。"总而言之，北京胜利也是中国人民的胜利。[2]

　　诚然，在中国之前已有许多国家将举办大型赛事与国家民族
自豪感、声誉和荣耀联系起来。当悉尼获得 2000 年奥运会举办
权时，澳大利亚总理保罗·基廷（Paul Keating）声言，这一决
定令澳大利亚得以"与大家伙一起游泳"。[3] 当南非 2004 年春
获得 2010 年世界杯举办权时，其申办委员会主席欧文·柯萨
（Irvin Khoza）评论道："这是属于非洲的，这是世界人民为非洲
的新生而投的票。"南非前总统纳尔逊·曼德拉（Nelson Mande-
la）充当了申办大使，他说，主办 2010 年世界杯将是这个国家
庆祝民主诞生十周年的最佳礼物。[4] 因被 1948 年伦敦奥运会排
斥而痛苦的日本人将东京获得 1964 年奥运会主办权"作为日本

---

〔1〕　新华社社论，2001 年 7 月 14 日。
〔2〕　童乐，《梦想与辉煌》，1-2。
〔3〕　Schaffer and Smith, *Olympics at the Millennium*, 2.
〔4〕　Reuters, "Joyful South Africa Celebrates World Cup Award", May 15, 2004.

被国际社会接受的标志来庆祝"。[1] 当韩国成为 2002 年世界杯东道主时，杰尔·朗曼（Jere Longman）在《纽约时报》写道："从这届世界杯冉冉升起的形象不是足球，而是韩国人民。随着其国家队不断取得胜利，这个国家的团结和自信的程度是人们难以想象的……这是韩国走出历史自卑感的大好机会。"[2]

### 打响赛事： 2008 年奥运会带来的危险

中国人民对主办奥运会的欢呼清楚地表明了他们争取国际地位和维护国家荣誉的热情之深、之烈，也表明了体育对中国国际化的重要性。一位中国记者提到："2008 年北京与世界有约，中国与新世纪有约。"[3] 但在兴奋和喜悦过后，摆在政府和中国人民面前的是挑战。中文"危机"很恰当地描述了这个形势：既有"危"也有"机"，两者同时并存，也可以互相转换。

在中国举办奥运会。这件事在西方世界引起了各种各样的揣测，有积极的、有消极的、有看好的，有唱衰的。有的认为，这将给执政党——中国共产党带来危机和挑战，而这又将给这个国家及其人民带来希望。

国际奥委会主席胡安·萨马兰奇其实也注意到，将奥运会授予北京主办或许标志着"中国的一个新纪元"的开始。亨利·基辛格也认为："我想这是推进中国与世界的关系的重要一步……我想这将在中国产生重大影响，从奥运会为他们所带来的

---

[1] Guttmann and Thompson, *Japanese Sports*, 166.
[2] Jere Longman, "How a Sport Galvanized South Korea", *NYT*, June 30, 2002, A5, A8.
[3] China's Olympic Dream, in 2008, *See You in Beijing*, 15.

巨大激励作用来看，总体上是正面的影响。"[1]

　　既然过去的奥运会都透露了一定的信息，那么北京奥运期间，整个世界自然都会关注中国。2004 年的雅典奥运会有 202 个国家和地区的奥委会、共 10500 名选手和 5500 名官员参加，创了历史纪录。到大赛闭幕时，组织方共售出 358.9 万张门票，而希腊全国只有 1000 万人口。超过两万家获得授权的媒体涌到雅典，其中 1.6 万家是广播公司。39 亿观众观看了报道雅典奥运会的节目，与之相比，2000 年悉尼奥运会还只有 36 亿。2004 年的赛事报道占了约 35000 小时，而巴塞罗那奥运会为 20000 小时，亚特兰大为 25000 小时，悉尼为 29600 小时。从电视上观看 2004 年奥运比赛的观众之多前所未有。例如在西班牙，平均每人观看了 8 个多小时的赛事；英国每个观众观看了超过 13 小时的奥运报道，在几个高峰期观众超 1000 万。在美国，全国广播公司（NBC）的赛事报道是奥运会期间最多人观看的节目。中国观众也可以观看到超过 53 小时的黄金时间报道，这吸引了均值为 8500 万的观众。[2] 我们可以料想，到场或通过电视观看 2008 年奥运会的观众人数起码会达到这个水平。

　　面对如此可观的前景，奥运会显然是展示新中国及其人民的最好时机，这也是让外界去一探中国复杂性的极佳的机会。然而，这次盛会也可能给中国政府带来巨大的问题。比如在新闻自由的理解上，中国与西方是存在差异的。北京申办的其中一部分

〔1〕　Jere Longman, "Beijing Wins Bid for 2008 Olympic Games", *NYT*, July 14, 2001, D7.
〔2〕　"The Number Game", in *Olympic Review* 53（October-November-December 2004）: 32 –34.

是承诺容许到访的记者在报道奥运会时可以在中国有工作上的自由。由于2008年奥运会，北京在2006年12日1日公布了临时规定，放松了对外国记者的限制，后来这一规定还延及来自中国台湾、香港和澳门的记者。新规定在2007年1月1日生效，至2008年10月17日即残疾人奥运会结束后一个月到期。根据中国现在的有关规定，外国记者要得到政府的批准才能到记者站所在地（通常为北京、上海）以外的地方报道。而新规定下，外国记者只需受访者同意就可以进行报道。新规定还准许外国记者更容易地聘请中国助理。

不过限制依然存在，例如，地方政府如何执行新规定并不明确。而且该规定在西部的新疆和西藏无效，外国记者要访问这些地区仍需要得到官方批准。另一个可能出现的问题是外国记者是否必须使用中国电视卫星服务。虽然新规定只是暂时而且仅作为公关姿态而执行，但它毕竟突出表现了中国渴望通过奥运会来显示其遵守国际惯例和标准的姿态。新规定起码建立了一个好的先例，这个积极姿态本身就是进步。[1]

当然，这种姿态也许对中国政府来说会是一把双刃剑。超过两万名记者的出现将促使中国政府努力提升和美化其国际形象，但同时也会抑制其对信息的控制，而这正是其政府权力的一个重要组成部分。换句话说，奥运会向世界展现中国的同时，也会暴露中国社会所存在的问题，从而考验中国政府的执政能力。

另一个对中国政府的重大挑战是，爱国主义有可能会表现得

---

〔1〕 Jim Yardley, "China Plans Temporary Easing of Curbs on Foreign Journalists", *NYT*, December 2, 2006, A6.

过于狂热。自 80 年代以来，中国社会的发展主要依靠这三大支柱：爱国主义、经济增长和社会稳定。然而，这三大要素没有法律规范，是一种存在不稳定性的混合状态。例如，爱国主义和社会稳定之间的矛盾可能在奥运会期间越演越烈。一方面，政府会庆祝中国的每一次胜利，作为提高民族自豪感的机会；另一方面，它又要全力保障任何爱国热潮不会发展到失控的程度。

这种情况在中国尤为复杂，原因有几个。正如此前提到的，无论是胜利的喜悦还是失败带来的沮丧都可能引发社会动荡。与此类似，随着中国经济的增长，无论是中国国民还是党和政府自 80 年代起都有一种无所不能的乐观情绪，尽管他们仍受到强烈的自卑感的困扰。在体育领域，特别是对于奥运会，这种矛盾——也许还混入了非理性的爱国主义——或许会导致暴力行为发生。

中国向世界作出承诺，奥运会将是一个"人文奥运"。[1] 早在 2003 年，中央政府和北京奥运组委会为了实现北京的目标，制订了一个北京奥运行动方案，当中包括让 100 万人学外语。像 40 年前的墨西哥一样，中国政府认识到中国人本身可能会带来问题和尴尬。由市政府资助的北京机构"人文奥运研究中心"声称："'2008 年，我们将向世界展现怎样一个北京？'它的答案是：'一个既古老又现代的北京，一个友好和微笑的北京。'"对于中国领导人来说，北京成功举办奥运会不需要宽广的道路、葱绿的公园、摩天大楼或者豪华酒店，而是"社会公德"这个重

---

〔1〕 彭永杰、张志伟和韩东辉，《人文奥运》，7。

中之重。于是，为了在奥运会期间展现最好的一面，中国政府在赛事举行之前几年就发起了一场全面运动，反对随地吐痰、乱丢垃圾、大声喧哗等不文明行为，号召出租车司机注意言行、不说脏话，足球迷要向前来挑战的队伍表现出体育精神。

但政府面临的是一场艰难战役，举个简单的例子——排队习惯在中国大众文化中就没有共鸣。《华尔街日报》一篇文章说："耐心等候在北京生活中并不多见。"《华尔街日报》的这篇文章还提到："中国向市场经济转变过程中出现的纷乱带来了更为粗鲁的行为，无论是在入学、工作还是经商的过程中，人们为了自己得到好处会用胳膊肘把其他人顶到一边。但现在越来越多的中国人感到，在今天为占取先机而进行的激烈争斗中，一些重要的东西失落了。"

中国政府意识到，它必须尽快采取措施，在奥运会开始之前纠正民众的不文明行为。北京的地方机构"首都文明办公室"因此成立，负责管理教育项目和反对随地吐痰、乱丢垃圾、粗言秽语、鲁莽行车等不文明行为的行动，并在体育比赛期间直接处理有关投诉。上面提到的《华尔街日报》文章写道："北京人现在很少理会政府宣传。然而，对奥运的不断讨论确实意味着他们越来越觉得世界在看着他们。逐渐形成阵势的运动响应了某些人的看法，认为当今中国人变得太粗鲁无礼了。"[1] 根据《纽约时报》报道，整个北京共有430万份礼仪手册分发到各个家庭，当中建议"走路时目光自然前观，不要左顾右盼。""主场观众应

---

[1] Andrew Batson, "China Officials Train Crowds to Be More Polite, Orderly as 2008 Olympics Approach", *WSJ*, December 27, 2005, A13, A18.

体现出东道主的风度和公平精神，为双方鼓掌。"手册提醒中国人"基本原则是不要对别人造成不必要的干扰"。[1]

为了让北京成为 2008 年奥运会的微笑东道主，市里的电视台、报纸和其他组织在 2006 年开展了一次全城"微笑行动"，鼓励市民发自内心地微笑，避免生气和粗鲁行为。这才是一个自信的国家应具有快乐的本色。

如果 2008 年奥运会也意在展示中国传统文化的时机，政府还须更努力地宣传。在为奥运会做准备的过程中，政府拆除大量北京旧建筑和老街区，给首都历史文化造成了一定程度的破坏。取代这些重要历史建筑的，是由外国人设计的高科技现代建筑。争议最大的要数称为"鸟巢"的国家体育场，设计它的瑞士建筑师雅克·赫尔佐格（Jacques Herzog）曾说过："你不能将这样一座前卫建筑放在别的地方……但中国人思想新潮……每个人都受到鼓励去做他们最愚蠢和最奢侈的设计。他们的选择在好品味和坏品味之间、在简约主义和表现主义之间没有明确的界限。北京的国家体育场告诉我，没有什么能吓倒他们。"中国人成为国际化民族的决心实实在在，以至他们愿意尝试任何可以想到的东西。阿瑟·鲁博（Arthur Lubow）写道："奥运会激发了中国的帝国冲动，采取一切必要手段以给世界带来深刻印象……通过接手奥运主办权，中国致力于表明它是一个世界大国。"[2] 然而，任何认为在全市修建现代西式建筑就能让北京奥运会成为一

---

〔1〕 Howard W. French, "Minding Their Manners, Looking to the Olympics", *International Herald Tribune*, June 29, 2006, 2.

〔2〕 两段引文都来自 Arthur Lubow, "The China Syndrome", *NYT Sunday Magazine*, May 21, 2006, 70.

件文化盛事的想法显然值得商榷的。

不过，北京显然会加强宣传，力图将这个世界上最伟大的体育赛事发扬光大。中国正尽最大努力去营造负责任的形象，世界各国也在拭目以待。

最好的宣传应是没有过多政治因素的宣传。一场强力宣传运动可能会适得其反，国际奥委会主席艾弗里·布伦戴奇曾说过一个关于在委内瑞拉的加拉加斯举行的玻利瓦尔运动会（the Bolivar Game）的故事。当时布伦戴奇作为美国奥委会主席参加了运动会，很高兴地看到赛事按照最好的业余运动传统来举行，没有受到政治的干预。当他就这一点对委内瑞拉总统表示祝贺时说："啊，这是最好的政治。"[1] 至于中国政府及有关部门是否能从这个故事中把握当中的智慧，还要拭目以待。可以肯定的是，在筹办奥运会过程中，中国过去那种政治化处理方式将为北京带来负面效果。

海峡两岸的关系也可能为成功举办 2008 年奥运会带来严峻的挑战。台湾会不会抵制北京奥运？会不会利用这个机会来宣布"独立"或者建立法律上的独立地位？如果这样，大陆会不会有用武力来制止台湾？结果不一定是可怕的，实际上，体育有时还成功地将政治对手拉到了一起，例如韩国和朝鲜就通过重要体育赛事走近了不少。1962—1963 年，国际奥委会建议韩国和朝鲜组织一个朝鲜联队参加 1964 年东京奥运会，这使两个政治死敌终于能面对面谈判。虽然最后没能在 1964 年建立起朝鲜联队，

---

[1] ABC, box 2499, reel 144.

但体育让两个朝鲜实现对话的巨大力量还是十分引人注目的。[1]一些韩国人，例如首尔的庆熙大学政治学教授金相浃甚至认为体育有可能促成朝韩统一。[2]

这个说法有据可依。2005 年 11 月，朝鲜和韩国第一次同意共同组成一支队伍参加多哈举办的 2006 年亚运会，然后只派一支统一的队伍参加 2008 年北京奥运会。在这个协议中，朝韩两国同意以朝鲜（Korea）的名义和"半岛"的旗帜出场，旗帜为白底，上面是蓝色的、没有分割的朝鲜半岛。队歌则选在朝韩都受欢迎的朝鲜族传统爱情歌曲。韩国统一部的一位官员说："这一行动的重要性在于，我们将作为一支统一的队伍走上世界舞台，这将成为和解和合作的标志。"[3]

在 2006 年 12 月举行的第十五届亚运会统一组队的计划由于朝鲜在 2006 年秋季进行的火箭试射而被搁置。由于这个地区局势再次陷入不稳，朝韩之间想要达成双方都能接受的协议，共同组成一支队伍参加 2008 北京奥运会变得相当困难。即使如此，在 2000 年悉尼奥运会、2002 年釜山亚运会、2004 年雅典奥运会和 2006 年都灵冬季奥运会上，朝韩都组成单一的朝鲜队，并在统一旗帜的引导下出席开幕式，之后运动员才各自为本国比赛。考虑到朝韩在名义上还处于交战状态，即使是派单一队伍上场的计划也很值得关注。这个联队与政治和经济的统一联系起来也许有点夸张，但朝韩组成一支奥运队伍的呼吁或许真能让两国

---

〔1〕　有关朝韩状况的出色研究见 Bridges, "Reluctant Mediator", 375 – 391。

〔2〕　Longman, "How a Sport Galvanized South Korea".

〔3〕　Reuters, "Hurdles Ahead for Two Koreas' Single Olympic Team", November 2, 2005.

走近。[1]

既然朝韩可以共同参赛，那海峡两岸是否也能仿效？体育能否成为海峡两岸和平统一的媒人？这个不得而知。有些政界人士和学者曾称，2008 年奥运会有可能产生决定性的敌对后果——大陆和台湾的战争。例如，美国学者珍妮弗·林德（Jennifer Lind）曾指出：

> 台湾地区领导人可能会考虑 2008 年奥运将为他们提供最好的机会宣布正式脱离大陆独立。他们也许会作出推断，当世界聚焦北京时，如果台湾在赛事举行期间公然作此宣布，中国也许不会动武。毕竟，军事冲突会破坏奥运会，并让中国在国际上陷入困境。而且，这也会吓跑投资者，甚至导致经济封锁，从而损害中国日渐繁荣的经济。[2]

如果台北在奥运会期间对北京进行挑衅将会相对安全，这似乎并不可靠。但仅仅这个可能性的存在就足以令海峡两岸和世界各国的领导人为之不安，因为战争一打响就不会有真正的赢家。

### "同一个世界，同一个梦想"： 北京奥运带来的机遇

中国政府意识到中国将在 2008 年奥运会期间受到世界的关切和监督，这引起他们行为作风的改变。这么看来，即使是赛事

---

〔1〕 Reuters, "Hurdles Ahead for Two Koreas' Single Olympic Team", November 2, 2005.
〔2〕 Lind, "Dangerous Games", 38.

带来的挑战也可能为整个国家洒下希望的种子。

北京奥运会为中国带来的其中一个明显的机遇在于，中国或许能在 2008 年在金牌数上成为真正的体育强国。中国在雅典所赢得的金牌数在所有队伍中排名第二，而到 2008 年，中国占据主场之利，很有可能在其以国家为中心的体育系统的支持下，超过美国而成为赢取最多奖牌的国家。除了少数例外，东道国在奥运历史上都有不错的表现。德国在 1936 年赢得了最多的奥运奖牌，日本和韩国作为主办国时，都取得了突出的成绩。

在中国人看来，奥运会上的每一个胜利都反映了国家综合国力的上升，连《经济学人》杂志也在近期的文章写道："在其漫长的历史上，在奥运会上的成功通常是衡量全球政治力量的颇为准确的标尺。"在冷战时期，美国和苏联一再努力通过在奥运会上赢得最多的奖牌而取得象征性的胜利。如果北京在 2008 年在体育比赛上超过美国，对中国人民及其党和政府来说都将是政治上激烈的国际声望争夺战中一个强大的支援。[1]

另一个机遇体现在北京对举办一次伟大的奥运会——或者如萨马兰奇常说的"历史上最好的奥运会"——的紧迫感。北京的热情实际上是国际奥委会授予其主办奥运会的荣誉的一个重要原因。在近几次年会上，国际奥委会提到："在北京，城市和中央政府对奥运会的参与和奉献是不容置疑的。"[2] 为了举办一次伟大的奥运会，中央政府和整个北京市都倾尽全力，财政上也不加

〔1〕　"Let the Games Begin", *Economist*, June 10, 2006.

〔2〕　IOC Archives, Minutes of the 116th IOC Session, Athens, August 10–12, 29, 2004, 42.

过多限制。与此形成对照的是，1976 年蒙特利尔奥运会结束时，魁北克省和蒙特利尔市在巨额债务面前相持不下［蒙特利尔市市长让·德拉波（Jean Drapeau）在该市赢得 1976 年奥运主办权之后被问及这会不会给市财政带来赤字，他答："赤字？这个可能性和我生小孩一样高。"[1] 尽管如此，赤字还是发生了］。最终魁北克省和蒙特利尔市不得不以八比二的比例分担十亿美元的赤字，这个债务直到 2012 年才能还清。[2]

北京市民就不用面对这样的负担，因为整个中国都在为奥运会投入。事实上，北京极为渴望办一次盛大的奥运会，全城都热衷于筹建一流设施，这使一些事情变得容易起来。为 2008 年奥运会预算的投入为 20 亿美元，另外还投入 40 亿美元以上用于改造北京的基础设施，这引起了部分人的担心。在 2006 年的全国人大会议上，几位代表提出，由于许多农村人口仍生活在贫困线之下，国家不应在奥运会上做如此巨大的投入。其中一位代表说，奥运会应属文娱活动，而不是"攀比性质"的。中国人自己表达了对费用的担忧，而国际奥委会最终也敦促组织者修改了国家体育馆等项目的最初计划，在总体上进行削减。[3] 理查德·庞德（Richard Pound）在为国际奥委会准备的一份报告中提到："在申办成功之后，北京重新审查了许多场馆的容量并对其进行缩减。"[4]

全球化长久以来就是国际性体育运动的一个主题。1964 年

〔1〕 Lyberg, *Fabulous One Hundred Years of the IOC*, 226.

〔2〕 Morrow and Wamsley, *Sport in Canada*, 238.

〔3〕 Reuters, "China Can't Afford Extravagant Games, Congress Delegate", March 3, 2006.

〔4〕 IOC Archives, Minutes of the 115th IOC Session, Prague, November 2 – 4, 2003, 21.

东京奥运会的口号是"世界一体",成功举办这次奥运会标志着日本正式加入战后经济强国的行列,并完全融入了国际社会,这也标志着新日本的到来。中国作为一个国家也必然在国际化方面从北京奥运会获益。庞德认为,奥运会"为东道国推广自我带来无可比拟的机会,是展示它的人民、文化、工业、旅游业……事实上所有方面的舞台。"[1]

明确地将文化作为运动会的一个关键主题,本身就是中国国际化一个振奋人心的发展。为了反映他们将中国引向世界的决心,为了表现其包容性,北京在 2005 年 6 月 26 日宣布 2008 年奥运会的口号是"同一个世界,同一个梦想"。像往届奥运的口号一样,它将永久地与整个赛事联系在一起。所有的奥林匹克口号都反映了东道国对其国家身份及国际形象的理解,2004 年雅典奥运的"欢迎回家"提醒世界奥运会的起源和希腊在历史上的荣耀,2000 年悉尼奥运以"分享奥林匹克精神"体现了全球参与,汉城奥运会的"汉城走向世界,世界走向汉城"传递了韩国成为国际社会受尊敬的成员的渴望。

为了突出北京奥运会口号的重要性,组委会还专门举行了一个有六千人参加的盛大的仪式,并在电视上进行了全国直播,同时还通过文字信息将仪式的盛况发送给北京奥运会的官方合作伙伴中国移动的 2.3 亿手机用户。北京奥运组委会主席、北京市委书记刘淇宣布口号"表达了 13 亿中国人民为建立一个更和平、更美好的世界作出贡献的心声……表达了北京人民和中国人民与

---

[1] Pound, *Five Rings over Korea*, 4.

世界各国人民……携手共创未来的崇高理想"。在国际奥委会自1998 年起进行的一项关于公众对奥运会的感知的研究中，乔治·赫斯勒（George Hirthler）写道："中国人民在对奥林匹克理想的尊敬和赞赏方面总是处于所调查的 11 国的前列。"这份调查显示，中国人将"团结""全球性""和平"和"友谊"与奥运会结合的程度胜过世界其他地方。对此，赫斯勒评论道："'同一个世界，同一个梦想'是对这个国家的感情的精确表达，这是一个将北京 2008 年奥运会看作其走向更美好未来的长征中的一个里程碑的国家，这是一个显然在向世界打开大门的国家。"[1]

### 2008 年奥运会的标志

中国为奥运会所选的标志显示了北京的推广策略，在 2003 年夏天公布的官方会徽清楚地表明了中国欢迎世界的一面。它是一个以张臂庆祝胜利或表示欢迎的人物为图案的红色印章，这个人物看上去似乎又在跑步或者打太极，整个姿态呈现为中文的"京"字。在一个北京天坛举行的盛大仪式上，这个会徽被称为"舞动的北京"。国际奥委会主席雅克·罗格通过录音告诉参加仪式的 2008 位客人："你们的新会徽即时传达了中国神奇的蕴藏在你们的传统和人民当中的美和力量……从这个会徽中，我看到了对一个新北京和一次伟大奥运会的承诺。"[2]

北京为奥运会选取的标志、会徽和口号都深深地体现了中国对国际化的投入。2005 年 11 月，在 2008 年 8 月 8 日奥运会开幕

---

〔1〕 Hirthler, "One World, One Dream", 38.

〔2〕 Reuters, "Beijing Puts Chinese Stamp on 2008 Olympic Emblem", August 2, 2003.

前的一千日，北京在全国直播中宣布了大会的吉祥物。吉祥物共由五个娃娃组成，分别代表鲤鱼、大熊猫、"奥林匹克圣火"、藏羚羊和燕子，设计明显受到中国传统文化的影响——它们代表着金、木、水、火、土五种元素，但颜色又与奥运五环匹配。"五"这个数字也与国际奥委会的五环和五大洲相合。每个娃娃都有个叠字名称，正是传统上对小孩昵称的方式，鱼是贝贝，熊猫是晶晶，火焰是欢欢，藏羚羊是迎迎，而燕子是妮妮，组合在一起就成为"北京欢迎你"。北京市委书记、北京奥运组委会主席刘淇说，这些吉祥物"表现了我国多民族大家庭的文化特点"，代表着我们的人民的"热情和心愿"[1]。

选择五个吉祥物令人瞩目，但组织者出于对西方人发音便利性的考虑，并为了展现友好，将它们统称为"Friendlies"，这样做有失分寸。既然每个娃娃都有美丽的中文名字，为什么又起个英文名呢？而且，正如有中国学者指出的，这个名字的发音也不合适，因为人们容易误解为"friendless（不友好）"甚至"friend lies（朋友说谎）"。于是组委会在2006年10月不动声息地将吉祥物的统称改为"福娃"。福娃听起来当然更有中国味，而且还与吉祥物的单个名称和意义更相称。"福"是"幸福""福气"，而娃是"娃娃""娃儿"。这个更改表明中国人发现用英语表达并不一定样样适合，中文（其实是中国传统文化）有自己的魅力。同样重要的是，改名显示了当局认识到他们的判断有失误，并有决心及时改正。

---

〔1〕 Reuters, "Beijing Chooses Five Dolls for Olympic Mascot", November 11, 2005.

北京不是唯一选择了多个吉祥物的城市，2000年悉尼奥运会选择了三种澳大利亚动物为原形，而盐湖城就用兔、狼和熊来代表这届冬奥会。而且，北京也不是第一个用口号、会徽和吉祥物来同时推广自己和奥运会的。国际奥委会其实期待东道国进行这一类的宣传，在第113届年会上，国际奥委会协调委员会报告，它在北京一胜出后就"建议北京奥组委着手宣传中国和奥运会"。该委员会的主席海因·维尔布鲁根（Hein Verbruggen）告诉大会："就目前的情况看来，这个声明是非常严肃认真的。"在同届年会上，国际奥委会主席指出："协调委员会的主席承诺会学习普通话，但（北京）市长学英文的速度看上去比维尔布鲁根先生学普通话的速度要快！"[1]

西方国家多年来批评中国侵犯知识产权，但随着北京成功申办2008年奥运会，中国得以直接感知知识产权的重要性。尽管中国仍处处可见仿冒产品，奥运会却可能为重新思考这个问题提供了一个起点，因为这危及到中国自己的利益。[2] 2003年，国际奥委会中国委员于再清通知年会："中央政府和市政府颁布了保护奥林匹克标志和产权的法律。在（2003年）3月，中央政府通过了给予北京奥组委和奥运会参与者的税收优惠政策。"[3] 2008年奥运的组织者决心保护珍贵的北京奥运会标志，禁止任何仿冒它们的产品。《华尔街日报》近期的一篇文章指出："北

〔1〕 IOC Archives, Minutes of the 113th IOC Session, Salt Lake City, February 4 – 6 and 23, 2002.

〔2〕 2002年2月，北京通过了一项法律以对2008年奥运会的奥林匹克标志进行保护。该法律条文见中国体委，《中国体育年鉴（2003）》，155 –156.

〔3〕 Minutes of the 115th IOC Session, 38.

京保护那个意为'首都'中国字的印章，同时也是一个红色跑步者形象的标志，动机很清楚：其实物有巨大的经济价值。"北京奥组委的法律事务部在北京市政府和多个中央政府机构的指导下工作，其副部长刘岩说："我们没有固定资产，所以奥林匹克标志是我们拥有的最珍贵的东西。"[1]

实际上，北京组委会希望通过销售、赞助和其他商业手段，利用中国的标志来赚回奥运会的大部分的费用。[2] 中国政府在 2002 年对标志进行正式优先处置，通过国家法律来专门保护奥运标志的知识产权。这个法律实质上是将若干现存法律汇集起来，供各级政府应用到奥运标志上。刘岩指出："规章相对比较泛，所以这些（2002 年）细则令行政机关更容易实施。"中国不是第一个认真保护奥运标志的国家，其他国家诸如澳大利亚也通过特别法律来保护其标志。那么，中国不仅在保护知识产权的重要性方面吸取了教训，而且也开始和世界潮流接轨。[3]

2008 年奥运会将如何影响中国的未来？国际奥委会主席皮埃尔·德·顾拜旦强调体育和文化之间的重要关联，他的当代继任者胡安·萨马兰奇有一次声称："奥林匹克运动是我们时代最伟大的社会力量之一。"[4] 这两位国际奥委会领导和其他各任一样，把奥运会看作推动社会福利的动力，因此体育也很有可能在

---

〔1〕　Geoffrey A. Fowler, "China's Logo Crackdown", *WSJ*, November 4, 2005, B1, B5.

〔2〕　2004 年奥运会的雅典组织者通过向本地赞助商销售商标使用权赚得 7.96 亿美元，并通过授权生产标志产品赚得 8700 万美元。

〔3〕　Fowler, "China's Logo Crackdown", B1, B5.

〔4〕　IOC Archives, Minutes of the Eighty-eighth IOC Session, Los Angeles, July 25 – 26, 1984, 40.

北京引发正面的社会运动。

毕竟，体育这个阀门在一个封闭社会的作用要大于在一个开放社会，因为开放的社会已经为人们自我表达提供了许多途径。以伊朗为例，当其足球队在 1997 年世界杯预选赛上打败澳大利亚队时，立刻引发了一场足球革命——伊朗妇女要求获得在德黑兰阿扎迪（Azadi）体育馆庆祝的权利，她们高呼："我们难道不是国家的一部分？我们也要庆祝——我们不是蚂蚁！"警察最终默许了妇女进入体育馆，尽管该国的精神和政治领袖阿亚图拉·鲁霍拉·霍梅尼（Ayatollah Ruhollah Khomeini）1987 年颁发的法令规定，妇女可以观看电视足球比赛但不能在室外观赛和庆祝。一位美国作者近期写道："足球革命抓住了中东未来的钥匙。"[1]

虽然中国的精英体育总体上由国家控制，但中国体育现在有了一个令人振奋的新趋势。2007 年 4 月初，中国参加了一项名为美洲杯的世界游艇赛事，这是该比赛 156 年历史上第一次有中国参赛。由于缺乏经验，中国队实际上并没有机会胜出，他们能做的只是坐在船上。然而中国志不在赢得本次比赛，而是为了将来有机会取胜。运动队之所以能参与这新运动，是得到了私人基金的资助，由一位法国人统筹管理，船员也大部分是法国人。[2]外国人参与到中国体育的这一转变对中国来说是新鲜而有益的。外国选手、教练和经理人通过体育带来国际标准和真正的竞赛精

---

〔1〕 Foer, *How Soccer Explains the World*, 222.

〔2〕 Christopher Clarey, "China Plants Seed to Contend for America's Cup", *NYT*, April 16, 2007, D5.

神，而当越来越多的中国和国际企业通过赞助、持有和其他渠道对体育队伍和赛事进行资助，他们就在中国建立了一种新型的、脱离国家控制的运动系统的体育形式。这种趋势似乎日益强大，如果真是这样的话，也许中国的体育从长远来看将会出现重大的新发展。

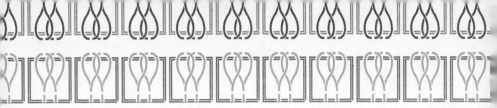

# 结 语

战争打响是因为国与国之间互相误解。只要分隔不同种族的偏见还残存，我们就不会有和平。让所有国家的青年们定期友好地比试一下肌肉力度和敏捷性，还有什么比这能更好地结束偏见？

皮埃尔·德·顾拜旦（Pierre de Couberth）[1]

到位于瑞士洛桑维迪堡的国际奥林匹克委员会总部参观的客人，都会看到两尊雕像。一尊是由艺术家田金铎创作的裸体女运动员，名为"走向世界"，是来自北京的礼物。[2] 另一尊是中国台北的奥委会送的艺术家朱铭的作品，是一个穿着传统服装打太极的男子。[3] 如果说第一尊雕像清晰地传递了中国人国际化的要求的话，那么"太极男子"像就刻画了中华传统文化的美和灵动。这两尊塑像都可以在某种程度上被看作中国人一个世纪以来通过现代体育来实现国际化的渴望，以及将现代与传统融合到一个单一文化内的奋斗。

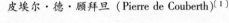

[1] *Coubertin*, Olympic Games of 1896, 53.
[2] 该雕塑于 1986 年 4 月送给国际奥委会。
[3] "太极男子"雕塑于 1986 年送给国际奥委会。

　　在 19 世纪后期，许多中国精英宣布要完全脱离传统文化和价值观，并开始拥抱西方体育。就如塑像所表现的不受衣服束缚的女运动员一样，这些中国人希望摆脱许多百年老传统的重担，加入到世界的行列。

　　然而，中国人无论对传统体育还是现代体育的态度都始终夹杂着多层次的矛盾。直到 20 世纪下半期，中国人给西方留下的印象还更多地停留在其武术和其他传统锻炼方式，而不是他们在国际体育竞技上的表现。即使在进入 21 世纪前后，中国已经成为了新兴体育强国并筹备 2008 年奥运会，中国人还在努力将他们仍处于演变阶段的国家身份与其传统价值观联系起来。为北京 2008 年奥运会精心挑选出的多个标志也清楚地反映出这种对古老中国传统的重新认可。

*

　　在过去一百年里，中国人对西方体育运动的兴趣主要是由一种建立现代国家身份的集体渴望来推动的，也就是说为了救国，为了脱掉中国"东亚病夫"的帽子，让中国强大起来、不受威胁。

　　尽管有一致的目标，但晚清、国民政府和中华人民共和国政府采取的手段之间仍存在相当差别。1895—1912 年间，当时中国还处于清朝统治之下，外国人得以在引进和发展现代体育方面扮演重要角色。从 1912 年到 1928 年，中国从王朝统治向共和制度转变，从军阀割据到蒋介石的国民政府建立，这期间出现了两个转变：首先，随着 20 年代国家主义的升腾，对现代体育的领导职能从外国人转移到中国精英阶层手里。其次，体育成为了中国国家建设计划和国家政策的一个组成部分。从 1928 年到 1945年，现代体育运动在中国救亡运动和抗日战争的背景下受到了广泛的争议和讨论。

随着中国共产党 1949 年在大陆建立新政权，于是，国民党败退台湾，在国际体育联会、尤其是在奥林匹克运动中获得合法的成员身份，成了北京和台北争夺代表中国的权力，从而取得国际合法地位的重要战场。对于中华人民共和国来说，泛政治化的体育的意义十分重要，特别是 50—70 年代。而从 70 年代后期，改革开放之后，体育更成为中国回归国际社会的载体，同时也被看作新中国的一个象征。

从毛泽东时代开始，体育就是一个精英领域，由国家来出资并管理，国家通过各种方式利用精英选手的活动在国际政治中得分。在后毛泽东时代，中国反其道而行之，热衷于在国际重大赛事上争夺金牌，以证明中国已拥有新的实力和地位，成为了经济和政治大国。与中国运动员在毛泽东时期根据"友谊第一，比赛第二"的原则有意输给对手来赢取政治得分相对照，后毛泽东时代的中国则培育出了英勇奋进的"冠军精神"，胜利成为唯一的动力。由于整个国家都专注于为赢得金牌而努力，政府更是动员了国家资源去实现这个目标，中国也因此跻身为体育赛场上的重要的竞争者，而奥运会则成为了中国强盛的重要衡量标准。

一个清楚的事实是，中国对于奥林匹克金牌的追求，契合了它通往国际化并且在世界上塑造一个新形象所走的道路，国家利益驱动下的锦标主义还是反映出了中国对于自身能力的自信以及其近代以来特殊心理的奇特混合。一个自信的国家无需迷恋金牌，也无需对获取金牌寄予过多的特殊情愫。并且，一群不能够洒脱地接受赛场失利的观众，不是一群冷静和自信的观众。

一个充满活力和强大的国家，同时需要强健的体魄和健康的心灵。

☆

尽管中国通过精英体育计划来强化它作为一个体育强国的形象，但是普通大众的健康水准却已经并且正在下滑。特别是，根据最近的调查，自 1985 年之后中国青年的身体状况出现了下降。主要是因为缺乏锻炼，年轻的中国人变得更加肥胖，不嗜运动，并且总体来看不太健康。首先，在学校当中没有制定应有的体育计划，导致了体育教育设施的匮乏，并且学校和老师几乎不鼓励学生参加体育运动。[1] 此外，尽管中国花费了大量的金钱来训练他们的精英运动员以夺取金牌，但是他们并没有对于大众体育予以足够的关注。

第二，不论是家长还是学校都过分地强调书本学习和备考，实际上不鼓励年轻人花费时间从而在体育方面变得活跃。在十九世纪末期，中国的精英分子批判旧有的科举制度应该为中国的羸弱负责；现在的情况是，一个新的考试文化正在中国兴起，中国

---

〔1〕 中国官方承认中国人体质在下降。2007 年 5 月，中共中央和国务院联合下发了一个文件，题目是"中共中央国务院关于加强青少年体育增强少年体制的意见"。文件指出，由于片面强调书本学习和考试成绩，整个社会尤其是学校对学生的体育锻炼缺乏足够的重视；另外，由于资金和设备不足，体育课也受到很大的影响。自从报告下发后，中国年轻人的身体状况持续下滑。

的中产阶级为了改善他们的生活水平，将他们的精力集中在大学入学考试、研究生入学考试以及很多不同的职业技能考试上。从这个角度来看，中国又一次成为了一个考试的国度，而体育和锻炼在人们的生活中几乎没有位置。[1]

如果用赢取金牌的数量来衡量的话，中国确实已经成为了一个体育强国。但是不管怎样，尽管外国人没有注意到，中国人自身也没有给予足够的重视，中国大多数人的健康状况的下降会有导致中国实际变成新的"东亚病夫"的危险。很久以前的"东亚病夫"的标签催生了对于金牌的崇拜，但是这种思想似乎又将中国拉回了其所憎恨的旧有的状态，这确实是一个现实当中的悖论。[2]

☆

在我其他的著述当中，我曾经讨论过，对于中国人来说 20 世纪是从第一次世界大战开始的。而这个世纪似乎是在 20 世纪 70 年代末，随着改革开放而结束了。在一场塑造其新的民族同一性以及提升其在国际舞台上地位的运动当中，中国进入到了21 世纪。第一个运动在 20 世纪的时候似乎遭受过惨重的失败，

---

〔1〕 编者按：近年来，中国人对自身健康日益重视。伴随着全民健身运动的推动和运动理念的迅速传播，跑步、健身、瑜伽等各类运动受到中国青睐，成为很多人日常生活的组成部分。校园体育在社会各界不断的呼吁之下也被更多关注，通过"考试指挥棒"的调整，突出体育在学生学习的地位，而且足球、跆拳道、轮滑、平衡车等各类运动的青少年培训机构不断发展，学生家长也乐于送自己的孩子参与，提高身体素质。

〔2〕 编者按：中国体育 2008 年以后的发展似乎并未落入作者指出的悖论。2008 年北京奥运会后，中国从体育大国向体育强国转变，反思"金牌战略"，有意识地平衡国内体育的发展结构，推进全民健身普及，呈现出与 2008 年前不同的发展面貌。

因为自 1949 年以后直到毛泽东去世，中国一直是封闭的和贫穷的。而在 21 世纪，这种运动能够取得怎样的成功，取决于这个国家在多大程度上都够摆脱上个世纪所遗留下来的政治羁绊。政治上的激进主义是不可取的：在 20 世纪中国的国际化努力所遭受的失败当中，它扮演了重要的角色，并且现在的中国已经变得更加多样化和更加开放，所以发生另一场群众性政治革命的可能性极小。

但是，一场体育革命似乎很有可能发生。不管人们有着怎样的经济等级、政治理念以及社会地位的差异，体育似乎都能把他们拉近到一起。因为有着由于社会的不公平所产生的、广泛传播的激愤和沮丧，体育成为一个普遍关注的焦点。我们已经观察到了，像足球世界杯这样的体育赛事有能力推动市场、引发战争、缔造和平以及影响民族情绪。[1] 但是这样的赛事，将怎样影响中国刻画其新的民族同一性的努力？中国在建立职业足球方面的进展给出了第一个答案。长久以来中国人一直深深地迷恋着足球，但是中国队因为其糟糕的表现常常会给中国人带来耻辱感。正如最近的一篇刊登在《经济学人》杂志上的文章所指出，中国的体育，就像整个国家一样，充斥着腐败、权力的滥用以及不公平，并且这些问题在足球方面表现得尤为突出。很多年以来，非法的足球赌博驱使被侵蚀的球员和裁判猖獗地去操纵比赛——这样的问题败坏了这个国家最受人欢迎的运动，并且一次次地伤害了它的忠实拥趸。最近以来，中国的球迷在表达改革的愿望方

---

〔1〕 Kempe, "Fevered Pitch."

面已经不再羞涩，他们希望将这项体育从体制性的困境当中解脱出来。很大程度上是迫于球迷的压力，中国的体育主管机构最近实施了严厉的管制以遏制假球（以及鼓励造假者的网上赌博），但是是否涉及根源性的问题值得观察。

正如我们在前面的章节所论述的，尽管国际奥委会和北京在2008年奥运会的问题上是亲密的盟友，但是在中国，体育在国家层面上，服务于国家利益的考量和利用。全国和地方的机构几乎没有被置于有效的监督之下。

解决腐败以及其他困扰中国体育的问题的真正有效的方法，是建立独立于政府控制之外的体育管理机构。为了达成这样一个目标，中国需要改革——而对于一个更加干净和更加完善的体育的普遍呼唤，有可能会促成这样一场改革。一场足球的革命，是否能够带来一系列的变革？[1]

现代奥林匹克运动的创始人顾拜旦曾经写道，"历史是很长久的；现在还没有到中叶。让我们耐心一些。"[2] 当我们进入到新千年的时候，中国的社会却变得越来越缺乏耐心。中国人希望迅速致富，希望很快就能变得强大，而现在，这种耐心的缺乏明显地体现在他们对于体育的态度上。这种极大的期望，同时也许是种不安的元素。

---

〔1〕 编者按：2015年2月27日，在中央全面深化改革领导小组第十次会议上，审议通过了《中国足球改革发展总体方案》，提出"三步走"战略，分为近期、中期和远期目标。近期目标：理顺足球管理体制，制定足球中长期发展规划，创新中国特色足球管理模式。中期目标：实现青少年足球人口大幅增加，职业联赛组织和竞赛水平达到亚洲一流，国家男足跻身亚洲前列，女足重返世界一流强队行列。远期目标：中国成功申办世界杯足球赛，男足打进世界杯、进入奥运会。对于这一改革，作者在后记中有所述及。

〔2〕 Samaranch, *Samaranch Years*, 31.

在完成了他的《奥林匹克回忆录》的五年之后，顾拜旦又添加了最后的一章，他小心翼翼地将其命名为“未完成的交响乐”——一个永远不曾完成和出版的最后的乐章。[1] 体育在中国的历史，就像顾拜旦一生的事业，是未完成的，并且最重要的一部分还未被书写。当中国将她自己塑造成为一个体育场上和国际舞台的竞争者的时候，尽管穷尽了我们的能力，我们也不能够预知在迢迢前路之上还有什么在等待着她。但是，当2008年奥运会在2008年的8月8日下午8时开幕之时，我们也许能够体察这个国家在世界舞台上冥冥注定的命运。

---

[1] Coubertin, *Olympic Memoirs*, 11.

# 参考文献

## 档案

**Bentley Historical Library, University of Michigan, Ann Arbor**

*National Arcbives on Sino-American Relations*

Tim Boggan files

Alexander Eckstein papers

J. Rufford Harrison files

Graham Barclay Steenhoven files

USTTA—Kaminsky, 1972 files

**The University of Illinois Archives, Urbana**

Avery Brundage Collection, 1908-1975

**Guo Shi Guan (National Historical Archives), Taipei**

Caizhengbu files

Can jia shi jie yun dong hui bu zu fei an

Jiaoyubu files

Tiyu lei: Zhong hua tiyu xue hui file

Zhong hua quan guo tiyu xie jing hui qing bu zhu an

Zhong yang guo shu tiyu yanjiu hui qing bu zhu an (1938)

Waijiaobu files

Di er shi jie ao yun an

Dong jing shi yun an

Ping pong wai jiao an

Guo ji tiyu jing sai an

Guoji tiyuwenti zhuan an xiao zu an (1972)

Tiyu, ao yun an

Tiyu huo dong juan

Tiyu tong zhan an

Xinwen, wenhua, tiyu jiao liu an

## Gerald Ford Presidential Library, Ann Arbor, Michigan

James M. Cannon files, Olympic sports

John Carlson files

Richard Cheney files, Olympics

James E. Connor files

Gerald Ford vice presidential papers, Olympics

David Gergen files, Olympics

F. Lynn May files, Olympic Games

National security adviser, memoranda of conversations

Ron Nessen papers, Olympics

Patrick O' Donnell and Joseph Jenckes files, Olympic Sports Com-
    mittee

Presidential handwriting files, Olympics

Presidential speeches, Olympics

White House central files name file, Killanin files

White House central files subject file, box 5

## IOC Archives, Lausanne, Switzerland

Affaires Politiques aux Jeux Olympiques d'Eté de Montreal, 1976

China Taipei correspondence, 1976-1978, 1980, 1981-1982

Lettres de Protestation concernant la question des deux Chine aux
Jeux Olypiques d'Eté de Montreal, 1976

Minutes of the International Olympic Committee

Moscow boycotts, countries A-C

République Populaire de Chine, contrats, 1979-1981

République Populaire de Chine, correspondence, 1924-1958,
1976, 1977, 1978, 1979, 1980

République Populaire de Chine, histoire, 1976, 1952-1986

République Populaire de Chine, juridique, 1947-1975,
1979-1980

République Populaire de Chine, process-verbaux, 1921-1976

République Populaire de Chine, rapports, 1952-1959

## National Archives, College Park, Maryland

Nixon Presidential Materials Project, White House special files,
staff member and office files

Dwight Chapin files

Alexander Haig files

H. R. Haldeman files

President's office files

President's personal files

Ronald Ziegler files

Nixon Presidential Materials Project, White House central files, subject files

Country files (CO 34-2), People's Republic of China, boxes 18-21

Federal government (FG 11), State Department, box 5

Foreign affairs (FO), boxes 51-53, 55-58

General record of the State Department, RG 59, entry 1613, boxes 2188, 2189, 2678

**Public Archives Canada, Ottawa**

RG25 (External Affairs), series E9 "Olympic Games Montreal," boxes 3054-3062

**Department of Special Collections, University of California, Los Angeles**

LAOOC (Los Angeles Olympic Organizing Committee), collection 2025, the Xth Olympiad, Los Angeles, 1932

LAOOC records, 1403

Special collection, Olympic Games, 10: 1932

**National Security Archives, George Washington University**

China and the United States: From Hostility to Engagement, 1960-1998

**PRC Foreign Ministry Archives, Beijing**

Ping-pong waijiao files

**Paul Ziffren Sports Research Library, Los Angeles**

2000 and 2008 Beijing bid materials

Minutes of the International Olympic Committee

LAOOC-Ken Reich interviews

Paul Ziffren collections

## 参考书目

Abe, Ikuo. "Muscular Christianity in Japan: The Growth of a Hybrid," *International Journal of the History of Sport* 23, no. 5 (August 2006).

Allison, Lincoln. *The Changing Politics of Sport*. Manchester, Eng. : Manchester University Press, 1993.

———. *The Politics of Sport*. Manchester, Eng. : Manchester University Press, 1986.

An Jianshe, ed. , *Zhou Enlai de zui hou sui yue*, 1966-1976 (*The later years of Zhou Enlai*). Beijing: Zhong yang wen xian chubanshe, 2002.

Anderson, Benedict R. *Imagined Communities: Reflections on the Origin and Spread of Nationalism*. London: Verso, 1991.

Ao *yun hui yu zhong guo* (Olympics and China). Beijing: Wen shi ziliao chubanshe, 1985.

Arnaud, Pierre, and James Riordan, eds. *Sport and International Politics*. London: E & FN Spon, 1998.

Bairner, Alan. *Sport, Nationalism, and Globalization: European and North American Perspectives*. Albany: State University of New York Press, 2001.

Bale, John, and Mette Krogh Christensen, eds. *Post-Olympism? Questioning Sport in the Twenty-first Century*. New York: Berg, 2004.

Barney, Robert Knight, Stephen R. Wenn, and Scott G. Martyn. *Selling the Five Rings: The International Olympic Committee and the Rise of Olympic Commercialism*. Salt Lake City: University of Utah Press, 2002.

Barry, James P. *The Berlin Olympics*, 1936: *Black American Athletes Counter Nazi Propaganda*. New York: F. Watts, 1975.

Barzun, Jacques. *God's Country and Mine: A Declaration of Love Spiced with a Few Harsh Words*. Boston: Little, Brown, 1954.

Beacon, A. "Sport in International Relations: A Case for Cross Disciplinary Investigation." *Sports Historian* 20, no. 2 (2000).

Beck, Peter J. *Scoring for Britain: International Football and Interna-*

*tional Politics*. London: Frank Cass, 1999.

Bender, Thomas. "Wholes and Parts: The Need for Synthesis in A-merican History." *Journal of American History* 73, no. I (June 1986).

Berger, Peter L., and Samuel P. Huntington, eds. *Many Globalizations: Cultural Diversity in the Contemporary World*. New York: Oxford University Press, 2002.

Blain, N. "Current Developments in Media Sport, and the Politics of Local Identities: A 'Postmodern' Debate?" *Culture, Sport, Society* 3, no. 2 (2000).

Booker, Christopher. *The Games War: A Moscow Journal*. Boston: Faber and Faber, 1981.

Booth, D. *The Race Games: Sport and Politics in South Africa*. London: Frank Cass, 1998.

Bridges, Brian. "Reluctant Mediator: Hong Kong, the Two Koreas, and the Tokyo Olympics," *International Journal of the History of Sport* 24, no. 3 (March 2007).

Brownell, Susan. "China and Olympism." In John Bale and Mette Krogh Christensen, eds., *Post-Olympism? Questioning Sport in the Twenty-first Century*. Oxford: Berg, 2004.

——. *Training the Body for China: Sports in the Moral Order of the People's Republic*. Chicago: University of Chicago Press, 1995.

Burstyn, Varda. *The Rites of Men: Manhood, Politics, and the Culture of Sport*. Toronto: University of Toronto Press, 1999.

Buruma, Ian. "The Great Black Hope. " *New York Review of Books*. January 12, 2006.

Cai Yuanpei, "Dui yu jiao yu fang zhen zhi yi jian" (Preliminary ideas on education policies), in *Dong fang za zbi* 8, no. 10 (April 1912).

Cai Zhengjie. "Ji du jiao qing nian hui yu zhong guo jindai tiyu zhi fa zhan, 1895-1928" (The YMCA and the development of sports in China). Master's thesis, National Taiwan Normal University, 1992.

Cashman, Richard I. *The Bitter-Sweet Awakening: Tbe Legacy of the Sydney 2000 Olympic Games.* Sydney: Walla Walla Press, 2006.

Cashman, Richard I., and Anthony Hughes. *Staging the Olympics: The Event and Its Impact.* Sydney: University of New South Wales Press, 1999.

Chalip, Laurence, Arthur Johnson, and Lisa Stachura, eds. *National Sports Politics: An International Handbook.* Westport, Conn. : Greenwood, 1996.

Chan, Gerald. "The 'Two-China'Problem and the Olympic Formula. " *Pacific Affairs* 58, no. 3 (Autumn 1985).

Chen Dengke. "Wo men ying fou ti chang Zhong guo de min zu tiyu? " (Should we encourage nationalist sports in China?). *Qin fen tiyu yue bao* 4, no. 1 (1937).

Chen Shien. "Qing mo min chu jun guomin jiao yu zhi tiyu si Xiang" (Ideas for militarizing citizens in the late Qing and early republican China). Master's thesis, National Taiwan Normal University,

1989.

Cheng, Joseph Y. S. "Mao Zedong's Perception of the World in 1968-1972: Rationale for the Sino-American Rapprochement." *Journal of American-East Asian Relations* 7, nos. 3-4 (1998).

Cheng Ruifu. "Qing mo nü zi tiyu si xiang de xing cheng" (Theories regarding women and sports in the late Qing dynasty). Master's thesis, National Taiwan Normal University, 1994.

Chengdu tiyu xueyuan tiyu shi yan jiu suo, ed., *Zhong guo jindai tiyu shi zi liao* (The history of sports in modern China: documentary collection). Chendu: Sichuan jiaoyu chubanshe, 1988.

China National Sport Commission, ed. *Zhong guo tiyu nian jian* (Yearbook of Chinese sports). Beijing: Ren min tiyu chubanshe, 1965, 1973-1974, 1975-2005.

Chinese Olympic Committee, ed. *Zhong guo tiyu wen hua wu qian nian* (A five-thousand-year history of Chinese physical culture). Beijing: Beijing tiyu daxue chubanshe, 1996.

Chinese Society for the History of Physical Education and Sport, ed. *Zhong guo jindai tiyu shi* (The history of sports in modern China). Beijing: Beijing tiyu xueyuan chubanshe, 1989.

Chongqing shi tiyu yundong weiyuan hui and Chongqing shi zhi zong bian shi, eds. *Kangzhan shiqi peidu tiyu shiliao* (Archival materials on sports in Chongqing during the anti-Japanese war era). Chongqing: Chongqing chubanshe, 1989.

Close, Paul, David Askew, and Xu Xin. *The Beijing Olympiad: The*

*Political Economy of a Sporting Mega-Euent.* London: Routledge, 2007.

Cohen, Paul A. *History in Three Keys: The Boxers as Event, Experience, and Myth.* New York: Columbia University Press, 1997.

Cohen, Richard. *By the Sword: A History of Gladiators, Musketeers. Samzurai, Swashbucklers, and Olympic Champions.* New York: Random House, 2002.

Collins, Sandra. "Conflicts of 1930s Japanese Olympic Diplomacy in Universalizing the Olympic Movement," *International Journal of the History of Sport* 23, no. 7 (November 2006).

———. " 'Samurai'Politics: Japanese Cultural Identity in Global Sport—The Olympic Games as a Representational Strategy. " *International Journal of the History of Sport* 24, no. 3 (March 2007).

Coubertin, Pierre de. "An Expression. " In *Official Program: Xth Olympiad*, Los Angeles. Special collections, Los Angeles Olympic Organizing Committee records, Library of University of California, Los Angeles, 10: 1932, box 2, folder 1: official programs, Tenth Olympiad, July 30-31, 1932.

———. *The Olympic Games of* 1896. Lausanne: International Olympic Committee, 1983 .

———. *Olympic Memoirs.* Lausanne: International Olympic Committee, 1997.

Coubertin, Pierre de, and Norbert Muller. *Olympism: Selected Writings.* Lausanne: International Olympic Committee, 2000.

Cronin, Mike. *Sport and Nationalism in Ireland: Gaelic Games, Soc-*

*cer, and Irish Identity since* 1884. Dublin: Four Courts Press, 1999.

Crowther, Nigel. "Sports, Nationalism, and Peace in Ancient Greece." *Peace Review* 11, no. 4 (1999).

Cui Lequan. *Tu shuo Zhong Guo gu dai you yi* (An illustrated history of ancient Chinese games). Taipei: Wen jin chubanshe, 2002.

——. Zhong jin dai tiyu shi hua (A history of sports in modern China). Beijing: Zhong hua shuju, 1998.

Culp, Robert. "Rethinking Governmentality: Training, Cultivation, and Cultural Citizenship in Nationalist China." *Journal of Asian Studies* 65, no. 3 (2006).

Dai Weiqian. "Kang zhan shi qi min zu jiao yu tiyu si xiang zhi ren shi" (Sports under the nationalist education during the anti-Japanese war period). Zhong hua tiyu xue hui, ed., *Tiyu xue bao* (Taiwan) 14 (December 1992).

Dang dai zhong guo zhuan ji cong shu, ed., *He Long zhuan* (Biography of He Long). Beijing: Dang dai zhong guo chubanshe, 1993.

Di liu jie quan guo yun dong da hui bao gao chou bei zu, ed. *Di Liu Jie Quan Guo Yun Dong Da Hui Bao Gao* (Report of the Sixth National Games). Shanghai: Di liu jie quan guo yun dong da hui bao gao chou bei zu, 1935.

Donald, Macintosh, and Michael Hawes. *Sport and Canadian Diplomacy.* Montreal: McGill-Queen's University Press, 1994.

Dong, Jianxia. "The Female Dragons Awake: Women, Sport, and

Society in the Early Years of the New China. " International Journal of the History of Sport 18, no. 2 (2001).

Dong, Jie. *Ao yun hui dui ju ban cheng shi jing ji de ying xiang* (The economic impact of the Olympic Games on the host cities). Beijing: Jing ji ke xue chubanshe, 2004.

Dong Shouyi. "Ao lin pi ke jiu shi" (Story of the Olympics). In *Wen Shi Zi Liao Xuan Ji* 53, ed. Zhong guo ren min zheng zhi xie shang hui yi quan guo weiyuan hui wen shi zi liao yan jiu wei yuan hui. Beijing: Wen shi zi liao chubanshe, 1964.

——. "Ao lin pi ke jiu shi xu pian" (The continued story of the Olympics). In *Wen Shi Zi Liao Xuan Ji* 70, ed. Zhong guo ren min zheng zhi xie shang hui yi quan guo weiyuan hui wen shi zi liao yan jiu wei yuan hui. Beijing: Wen shi zi liao chubanshe, 1980.

——. "Zhong guo yu yuan dong yun dong hui" (China and the Far Eastern Championship Games). In *Zhong guo tiyu shi cankao ziliao*, ed. Zhonghua renmin gongheguo tiyu yun dong weiyuan hui yun dong jishu weiyuan hui. Beijing: Renmin tiyu chubanshe, 1957.

——. "Zhong guo yu yuan dong yun dong hui" (China and the Far Eastern Championship Games). In *Zhong hua ren min gongheguo tiyu yundong wei yuan hui yun dong jishu wei yuan hui*, ed. Zhong guo tiyu shi chankao ziliao, no. 2. Beijing: Renmin tiyu chubanshe, 1957.

Du Yi. *Da xue ya qing song: Wen ge zhong de Chen Yi* (Chen Yi during the Cultural Revolution). Beijing: Shijie zhishi chubanshe, 1997.

Dyreson, Mark. "Globalizing the Nation-Making Process: Modern Sport in World History." *International Journal of the History of Sport* 20, no. 1 (2003): 91-106.

Ecker, Tom. *Olympic Facts and Fables: The Best Stories from the First Century of the Modern Olympics*. Mountain View, Calif.: Tafnews Press, 1996.

Elliott, Jane E. *Some Did It for Civilization, Some Did It for Their Country: A Revised View of the Boxer War*. Hong Kong: Chinese University Press, 2002.

Er shi er nian quan guo yundong dahui choubei weiyuan hui, ed. Er *shi er nian quan guo yundong dahui zong bao gao shu* (Complete report of the 1933 National Games). Shanghai: Zhonghua shuju, 1934.

Esherick, Joseph. *The Origins of the Boxer Uprising*. Berkeley: University of California Press, 1987.

Espy, Richard. *The Politics of the Olympic Games*. Berkeley: University of California Press, 1979.

Fan Sheng. "Wo guo gu dai chui wan yun dong" (Golf in ancient China). In *Zhong Guo tiyu cankao ziliao* (Reference materials on the history of sports in China). Beijing: Renmin tiyu chubanshe, 1957.

Fan Yisi and Ding Zhongyuan. *Gu dai Aolinpike yun dong hui* (Ancient Olympic Games). Jinan: Shandong jiao yu chubanshe, 1982.

Findling, John E., and Kimberly D. Pelle. *Encyclopedia of the Modern Olympic Movement*. Westport, Conn.: Greenwood, 2004.

Finn, Gerry P. T., and Richard Giulianotti. *Football Culture: Local*

*Contests*, *Global Visions*. London: Frank Cass, 2000.

Foer. Franklin. *How Soccer Explains the World: An Unlikely Theory of Globalization*. New York: HarperCollins, 2004.

—— "Soccer vs. Mcworld. " *Foreign Policy* ( Januaryl February 2004).

Ford, Gerald. *Public Papers of the United States: Gerald Ford*. Washington, D. C. : Office of the Federal Register, 1979.

Franks, Joel. "*Chinese Americans and American Sports*, 1880-1940. " Chinese America: History and Perspectives (1996) .

Frey, James, and D. Stanley Eitzen. "Sport and Society. " *Annual Review of Sociology* 17 (1991).

Gao Cui. *Cong dong ya bing fu dao tiyu qiang guo* (From the sick man of East Asia to a strong sport power). Chengdu: Sichuan renmin chubanshe, 2003.

Gao Lao. "Yuandong Yun Dong Hui" (Far Eastern Championships). *Dong fang za zhi* 12, no. 6 (1915).

Gerber, Ellen W. "Three Interpretations of the Role of Physical Education, 1930-1960: Charles H. McCloy, Jay Bryan Nash, and Jesse Feiring Williams. " Ph. D. diss. , University of Southern California, 1966.

Gong Li. *Mao Zedong yu Meiguo* (Mao Zedong and the United States). Beijing: Shijie zhishi chubanshe, 1999.

Gordon, Harry. *The Time of Our Lives: Inside the Sydney Olympics; Australia and the Olympic Games*, 1994-2002. St. Lucia: University of Queensland Press, 2003.

Gosper, Kevan, with Glenda Korporaal. *An Olympic Life: Melbourne 1956 to Sydney 2000*. St. Leonards, New South Wales: Allen & Unwin, 2000.

Grupe, Ommo. "The Sport Culture and the Sportization of Culture: Identity, Legitimacy, Sense, and Nonsense of Modern Sport as a Cultural Phenomenon." In Fernand Landry et al., eds., *Sport … the Third Millennium. Proceedings of the International Symposium. Quebec City, Canada, May* 1990. Sainte-Foy, Quebec City: Les Presses de L'Université Laval, 1991.

Gu Shiquan. *Zhong guo tiyu shi* (The history of sport in China). Beijing: Beijing tiyu daxue chubanshe, 2002.

Guan Wenmin et al., eds. *Tiyu shi* (History of sports). Beijing: Beijing gaodeng jiaoyu chubanshe, 1996.

Guo jia ti wei zheng ce yan jiu shi, ed. *Tiyu yun dong wen jian xuan bian* (1949-1981) (Collection of selected official documents on sports, 1949-1981). Beijing: Renmin tiyu chubanshe, 1982.

———. *Zhong guo tiyu nian kan* (Annual journal of Chinese sports). Beijing: Renmin tiyu chubanshe, 1985.

———. *Zhonghua titan si shi chun* (Forty years of Chinese sports). Beijing: Renmin tiyu chubanshe, 1990.

Guo Jianhui et al. *Bai nian ti tan lue ying* (A glimpse of sports in China over the last one hundred years). Beijing: Zhong guo jing ji chubanshe, 2000.

Guo Xifen, ed. *Zhong guo tiyu shi* (A history of sports in China). Shanghai: Shangwu yinshu guan, 1919.

Guojia tiyu wenshi gongzuo weiyuan hui, ed. *Zhongguo jindai tiyu wenxuan* (Selected materials on sports in modern China). Beijing: Renmin tiyu chubanshe, 1992.

Guoshi guan, ed. *Xu Heng xian sheng fang tan lu* (The reminiscences of Xu Heng). Taipei: Guoshi guan, 1998.

Guttmann, Allen. *Games and Empires: Modern Sports and Cultural Imperialism.* New York: Columbia University Press, 1994.

——. *The Games Must Go On: Avery Brundage and the Olympic Movement.* New York: Columbia University Press, 1984.

——. *The Olympics: A History of the Modern Games.* Urbana: University of Illinois Press, 2002.

Guttmann, Allen, and Lee Thompson. *Japanese Sports: A History.* Honolulu: University of Hawai'i Press, 2001.

Haldeman, H. R. *The Haldeman Diaries: Inside the Nixon White House.* New York: G. P. Putnam's Sons, 1994.

Hao Gengsheng. *Hao Gengsheng bui yi lu* (Memoirs of Hao Gengsheng). Taipei: Zhuan ji wen xue chubanshe, 1969.

Hart-Davis, Duff. *Hitler's Games: The 1936 Olympics.* New York: Harper & Row, 1986.

Hazan, Barukh. *Olympic Sports and Propaganda Games: Moscow. 1980.* New Brunswick, N. J.: Transaction Books, 1982.

He Huixian and Li Renchen. *San lian guan* (Three championships in a row). Wuhan: Hubei renmin chubanshe, 1984.

Head, Ivan, and Pierre Trudeau. *The Canadian Way: Shaping Canada's Foreign Policy*, 1968-1985. Toronto: McClelland & Stewart, 1995.

Hessler, Peter. *Oracle Bones: A Journey between China's Past and Present*. New York: HarperCollins, 2006.

Hirthler, George. "One World, One Dream." In *Olympic Review* 56 (July-August-September 2005).

Hoberman, John. "Purism and the Flight from the Superman: The Rise and Fall of Maoist Sport." In *Sport and Political Ideology*, ed. John Hoberman. Austin: University of Texas Press, 1984.

——. "Toward a Theory of Olympic Internationalism." *Journal of Sport History* 22, *no.* 1 (1995).

Hobsbawm, Eric J. *Nations and Nationalism since 1780: Programme, Myth. Reality.* Cambridge, Eng. : Cambridge University Press, 1990.

Hoganson, Kristin. *Fighting for American Manhood: How Gender Politics Provoked the Spanish-American and Philippine-American Wars.* New Haven: Yale University Press, 1998.

Hoh, Gunsun (Hao Gengsheng). *Physical Education in China.* Shanghai: Commercial Press, 1926.

Hong, Fan. *Footbinding, Feminism, and Freedom: The Liberation of Women's Bodies in Modern China.* London: Frank Cass, 1997.

——. "Not All Bad! Communism, Society and Sport in the Great Proletarian Cultural Revolution." *International Journal of the History of Sport* 16, no. 3 (1999).

——. "The Significance of the Cultural Revolution for the Evolution of Sport in Modern China." *In Sports and Social Cbanges. ed. J.* Buschmann and G. Pfister. Sankt Augustin, Germany: Academia Verlag Richarz, 2001.

——. "Which Road to China? An Evaluation of Two Different Approaches: The Inadequate and the Adequate." *International Journal of the History of Sport* 18, no. 2 (2001).

Hong, Fan, and Tan Hua. "Sport in China: Conflict between Tradition and Modernity, 1840S-1930s." *International Journal of the History of Sport* 19, nos. 2, 3 (2002).

Hong, Fan, and Xiong Xiaozheng. "Communist China: Sport, Politics and Diplomacy." *International Journal of the History of Sport* 19, *nos.* 2, 3 (2002).

Hong, Fan, and J. A. Mangan, eds. *Soccer, Women, Sexual Liberation: Kicking Off a New Era.* London: Frank Cass, 2004.

Hong, Zhaohui, and Sun Yi. "The Butterfly Effect and the Making of 'Ping Pong Diplomacy.'" *Journal of Contemporary China* 9, no. 25 (2000).

Hong Kong World News Service, ed., *The Hong Kong Centenary Commemorative Talks.* 1841-1941. Hong Kong: Hong Kong World News Service, 1941.

Hong Kong you yi chuban gong si, ed., *You yi zhi hua bian di kai: Zhong Guo Ping Pong dai biao tuan can jia di san shi yi jie shi jie*

*Ping Pong qiu jin biao sai she ying ji* (Friendship flowers are everywhere: Official photos of the Chinese table tennis delegation's participation in the Thirty-first World Table Tennis Championships). Hong Kong: You yi chuban gong si, 1971.

Houlihan, Barrie. *Sport and International Politics*. New York: Harvester Wheatsheaf, 1994.

Howell, Collin. *Blood, Sweat and Cheers: Sport and the Making of Modern Canada*. Toronto: University of Toronto Press, 2001.

Hua Chenxi. "Jiu Zhong guo shen ban ao yun hui de yi chang feng bo" (Dispute over China's bid for hosting the Olympic Games during the pre- 1949 era). *Tiyu Wen Shi* 3 (1992).

Hua Zhi. *Su yuan—Dong Shouyi zhuan* (Biography of Dong Shouyi). Beijing: Renmin tiyu chubanshe, 1993.

Huang Jinlin. "Jindai Zhong guo de jun shi shen ti jian gou, 1895-1949" (Production of the militarized body in China, 1895-1949). *Zhong yang yan jiu yuan jindai shi yanjiu suo ji kan* 43 (March 2004).

Huang Renyi. "Wo guo tiyu zheng ce zhi ding guo cheng zhi yan jiu: Yi guomin tiyu fa di er ci xiu ding guo cheng wei fen xi dui xiang" (The process of making sport policy in our country). Master's thesis, National Taiwan Normal University, 1992.

Huntington, Samuel P. "The Clash of Civilizations?" *Foreign Affairs* 72, no. 3 (Summer 1993).

Hwang, T. "Sport, Nationalism and the Early Chinese Republic,

1912- 1927. " *Sports Historian* 20, no. 2 (2001).

Iriye, Akira. *Global Community: The Role of International Organizations in the Making of the Contemporary World.* Berkeley: University of California Press, 2002.

Jackson, Steven J. "A Twist of Race: Ben Johnson and the Canadian Crisis of Racial and National Identity. " *Sociology of Sport Journal* 15, no. 1 (1998).

Jarvie, Grant. "Sport, Nationalism and Cultural Identity. " In Lincoln Allison, ed. , *The Changing Politics of Sport.* Manchester, Eng. : Manchester University Press, 1993.

Jiang Huaiqing, ed. *Lin Changchun duan pao cheng gong shi* (The story of Liu Changchun's success as a runner). Shanghai: Shanghai qin fen shu ju, 1933.

Jiang Xiongfei. "Kongzi de tiyu si xiang" (Confucius's thoughts on physical education). Master's thesis, National Taiwan Normal University, 1972.

Jin Shan. *Bei zhuang man chang de chong ji: Zhong guo zu qiu qi ci chong ji shi jie bei ji shi* (Long and heroic effort: The story of China's seven attempts to enter the soccer World Cup). Beijing: Hua yi chubanshe. 2002.

Jin Yuliang. "Di 14 jie Ao yun hui yu Zhong guo dai biao tuan" (The Fourteenth Olympiad and the Chinese delegation). *Tiyu wen shi* 1 (1994).

Jobling, Ian. "Bidding for the Olympics: Site Selection and Sidney

2000. " In *The Olympics in the Millennium: Power, Politics, and the Games*, ed. Kay Schaffer and Sidonie Smith. New Brunswick, N. J. : Rutgers Univer sity Press, 2000.

Jones, Robin. "Ten Years of China Watching: Present Trends and Future Directions of Sport in the People's Republic. " In *Old Borders, New Borders, No Borders: Sport and Physzical Education in a Period of Change.* ed. J. Tolleneer. Oxford, Eng. : Meyer and Meyer Sport, 1998.

Kanin, David B. "Ideology and Diplomacy: The Dimensions of Chinese Political Sport. " In *Sport and International Relations*, ed. B. Lowe et al. Champaign, Ill. : Stipes, 1978.

——. *A Political History of the Olympic Games.* Boulder, Colo. : Westview, 1981.

Ke Ling, ed. 1976-1999: *You si yu xi wang* ( Anxiety and hope ): Shanghai: Wen Hui chubanshe, 1999.

Kellas, James G. *The Politics of Nationalism and Ethnicity.* New York: St. Martin's, 1998.

Kempe, Frederick. "*Fevered Pitch.* " Wall Street Journal, June 13, 2006, A4.

Keys, Barbara J. *Globalizing Sport: National Rivalry and International Community in the 1930s.* Cambridge: Harvard University Press, 2006.

——. "The Internationalization of Sport, 1890-1939 . " In Frank Ninkovich and Liping Bu, *The Cultural Turn: Essays in the History of*

*U. S. Foreign Relations.* Chicago: Imprint Publications, 2001.

Killanin, Michael Morris. *My Olympic Years.* London: Secker and War-burg, 1983.

Killanin, Michael Morris, and John Rodda, ed. *The Olympic Games*, 1980: *Moscow, and Lake Placid.* New York: Collier, 1980.

———. *The Olympic Games*, 1984: *Los Angeles and Sarajevo.* New York: M. Joseph, 1983.

Kim, Un-Yong. *The Greatest Olympics: From Baden-Baden to Seoul.* Seoul: Si-sa-yong-o-sa, 1990.

Kissinger, Henry. *Diplomacy.* New York: Simon & Schuster, 1994.

———. *White House Years.* Boston: Little, Brown, 1979.

———. "World of Wonder." *Newsweek.* June 12, 2006.

Knuttgen, H. G., Qiwei Ma, and Zhongyuan Wu, eds. *Sport in China*, Champaign, Ill. : Human Kinetics Books, 1990.

Ko, Dorothy. *Cinderella's Sisters: A Revisionist History of Footbinding.* Berkeley: University of California Press, 2005.

Kolatch, Jonathan. *Sports, Politics, and Ideology in China.* New York: Jonathan David, 1972.

Kong Dongmei. *Gai bian shi jie de ri zi: Yu Wang Hairong tan Mao Ze-dong Wai jiao wang shi* (Discussions with Wang Hairong about Mao's foreign policy). Beijing: Zhong yang wen xian chubanshe, 2006.

Kreuger, Arnd, and W. J. Murray. *The Nazi Olympics: Sport, Politics and Appeasement in the* 1930s. Urbana: University of Illinois

Press，2003.

Kristof，Nicholas，and Sheryl Wu Dunn. *China Wakes: The Struggle for the Soul of a Rising Power.* New York: Vintage，1994.

LaFeber，Walter. *Michael Jordan and the New Global Capitalism*，New York: W. W. Norton，1999.

Lampton，David. "A Growing China in a Shrinking World; Beijing and the Global Order." In *Living with China: U. S. -China Relations in the Twenty-first Century*，ed. Ezra Vogel. New York: W. W. Norton，1997.

Landler，Mark，and Jere Longman. "Germans' Main Objective Is a Good Time for All," *New York Times*，June 9，2006.

Landry，Fernand，Marc Landry，Magdeleine Yerlè，and International Olympic Committee. *Sport*，*the Third Millennium: Proceedings of the International Symposium*，*Quebec City*，*Canada. May 21-25*，*1990.* Sainte-Foy，Quebec City: Les Presses de L'Universitè Laval，1991.

Large，David C. *Nazi Games: The Olympics of 1936.* New York: W. W. Norton，2007.

Larmer，Brook. "The Center of the World." *Foreign Policy* (September-October 2005).

———. *Operation Yao Ming: The Chinese Sports Empire*，*American Big Business*，*and the Making of an NBA Superstar.* New York: Gotham Books，2005.

Larson，James F. ，and Heung-Soo Park. *Global Television and the Politics of the Seoul Olympics*，*Politics in Asia and the Pacific.* Boulder, Colo. : Westview, 1993.

Lee, Jae-won. *Seoul Olympics and the Global Community*. Seoul: Seoul Olympics Memorial Association, 1992.

Li Dan and Yang Kuangman, eds. *Wu huan qi xia de zhui hui* (Sorrow and regret under the five-ring Olympic flag). Beijing: Zhong guo wenlian chuban gongsi, 1990.

Li Lie, ed. *He Long nianpu* (Chronological biography of He Long). Beijing: Ren min chubanshe, 1996.

Li Lingxiu and Zhou Minggong. *Tiyu zhi zi Rong Gaotang* (Son of sports: Rong Gaotang). Beijing: Xinhua chubanshe, 2002.

Li Xing. "Guo chi de wu yue yu tiyu" (May's national shame and sports). In Zhejiang Provincial Library, ed. , *Tu shu zhan wang yue kan* 2, no. 7 (May 10, 1936).

Li Xiumei. *Zhong hua ren min gong he guo tiyu shi jian bian* (A concise history of sports in the PRC). Beijing: Beijing tiyu da xue chubanshe, 2002.

Li You. "Qing xie de zu qiu chang" (Unbalanced soccer stadium), in *Quan guo you xiu baogao wen xue huo jiang zuo pin ji*, 1985-1986 (Collections of a national-award-winning journalism, 1985-1986), ed. Zhong guo zuo jia xie hui. Beijing: Zuojia chubanshe, 1988.

Liang Jisheng. *Nankai da xue xiao zhang Zhang Boling* (President Zhang Boling of Nankai University). Jinan: Shandong jiaoyu chubanshe, 2003.

Liang Lijuan. *He Zhenliang*: *Wu huan zhi lu* (He Zhenliang and the O-lympics). Beijing: Shijie zhishi chubanshe, 2005.

Liang Qichao. *Liang Qichao quan ji* (Complete collections of Liang Qichao's Writings). Beijing: Beijing chubanshe, 1999.

Liao Hui and Xia Li, eds. *Yin ying xia de fan si*: *Er shi si jie Ao yun hui ji shi* (Reflections in the shadow: The true story of China's participation in the Thirty-fourth Olympic Games). Wuhan: Hubei renmin chubanshe, 1988.

Lin Ke, Xu Tao, and Wu Xujun, eds. *Li shi de zhen shi* (Return truth to history). Beijing: Zhong yang wen xian chubanshe, 1998.

Lind, Jennifer. "Dangerous Games." *Atlantic Monthly* (March 2006).

Link, E. Perry, Richard Madsen, and Paul Pickowicz. *Popular China*: *Unofficial Culture in a Globalizing Society.* Lanham, Md.: Rowman & Littlefield, 2002.

Little, James Robert. "Charles Harold McCloy: His Contributions to Physical Education," Ph. D. diss., University of Iowa, 1968.

Liu Bingguo. *Zhong guo tiyu shi* (The history of Chinese sports). Shanghai: Shanghai gu ji chubanshe, 2003.

Liu Changchun. "Can jia shi jie yun dong hui gan yan" (Reflections on my participation in the Olympic Games). *Tiyu zhou bao* (Tianjin) 38 (October 1932).

——. "Liu Changchun de ri ji" (Diary of Liu Changchun), *Tiyu zhou bao* (Tianjin) 32 (1932).

——. "Wo guo shou ci zheng shi can jia ao yun hui shi mo" (The true story behind China's first official participation in the Olympics), in *Wen shi zi liao xuan ji* 70, ed. Zhong guo ren min zheng zhi xie shang hui yi quan guo weiyuan hui wen shi zi liao yan jiu wei yuan hui. Beijing: Wen shi zi liao chubanshe, 1980.

Liu Qi. *Beijing Ao yun jing ji yaniiu* (A study of Beijing's Olympic economy). Beijing: Beijing chubanshe, 2003.

Liu Qingli, ed. *Tiyu wu qian nian* (Five thousand years of sports). Changchun: Jilin ren min chubanshe, 2000.

Liu Shencheng, "Tiyu jiu guo lun" (On using sports to save the nation) (1-2). In *Qin fen tiyu yue bao* (Shanghai) 2, no. 8 (May 1935), and 2, no. 10 (July 1935).

Liu Shufa, ed. *Chen Yi nianpu* (Chronological biography of Chen Yi). Beijing: Renmin chubanshe, 1995.

Liu, Xinwu. "5 · 19 Chang Jing Tou" (Report on the May 19th incident). In *Liu Xinwu wen ji* (Collections of Liu Xinwu's writings). Beijing: Hua yi chubanshe, 1993.

Liu, Xiuwu. *Aolinpike yun dong hui cheng ji* (Records of the Olympic Games). Beijing: Ren min tiyu chubanshe, 1984.

Liu Yangdong, and Meng Chao, eds. *Zhongguo chong ji bo: Dang dai she hui wen ti bao gao wen xue xuan* (Shock waves of China). Beijing: Zhongguo renmin daxue chubanshe, 1988.

Lo, M. K. "Progress of Sport among Chinese in Hong Kong". In Hong Kong World News Service, ed., *The Hong Kong Centenary Com-

*memorative Talks*, 1841-1941 (Hong Kong: World News Service, 1941).

*Long teng hu yue* (Dragons fly and tigers jump). Nanning: Guangxi ren min chubanshe, 1978.

Los Angeles Olympic Organizing Committee, ed., *Tenth Olympiad*, 1932. Los Angeles: Los Angeles Olympic Organizing Committee, 1932.

Lu Guang. *Zhong guo ti tan da ju jiao* (Focus on Chinese sports). Jinan: Shandong chubanshe, 1999.

Lu Guang. "Zhongguo guniang" (Chinese girls). In Zhongguo zuojia xuehui ed., *Quan guo you xiu baogao wen xue pingxuan huo jiang zuo pin ji* (Collections of national-award-winning journalism). Beijing: Renmin wenxue chubanshe, 1984.

Lu Guang and Zhang Xiaolan. *Jinpai Cong Ling Dao Shiwu* (Gold medals from nothing to fifteen). Changsha: Hunan shao nian er tong chubanshe, 1985.

Lu Mu, ed. *Tiyu jie de yi mian qi zhi Ma Yuehan jiao shou* (Ma Yuehan as a flag bearer in Chinese sports). Beijing: Beijing tiyu daxue chubanshe, 1999.

Lu Yunting. *Jing ji Zhong guo: Jing ji wen bua yu Zhong guo de guomin xing* (Competitive games and the Chinese national character). Beijing: Zhong hua gong shang lian he chubanshe, 1997.

Lubow, Arthur. "The China Syndrome." *New York Times Sunday Magazine*, May 21, 2006.

Lucas, John. *The Modern Olympic Games*. South Brunswick, N. J.:

A. S. Barnes, 1980.

Luo Dacheng. *Zhong guo de xuan feng* (Big storm from China). Chengdu: Sichuan renmin chubanshe, 1983.

Luo Shimin. *Ao yun lai dao Zhong guo* (The Olympics arrive in China). Beijing: Qinghua daxue chubanshe, 2005.

Lyberg, Wolf. *Fabulous One Hundred Years of the IOC: Facts, Figures. and Much, Much More.* Lausanne: International Olympic Committee, 1996.

——. ed. *The IOC Sessions.* 1894-1988. Lausanne: International Olympic Committee, n. d.

Ma Lan and Li Wen. *Qi ji zai Zhong guo* (Miracles have happened in China). Beijing: Zuojia chubanshe, 1991.

Ma Tongbing and Qing Yuanyuan, eds. Beijing 2008: *Shen ao de tai qian mu hou* (Beijing 2008: The inside story of Beijing's bid). Beijing: Beijing tiyu daxue chubanshe, 2001.

MacAloon, John. "La Pitada Olympica: Puerto Rico, International Sport, and the Constitution of Politics. " In Edward M. Bruner, ed. , *Text, Play, and Story: The Construction and Reconstruction of Self and Society* (*Prospect Heights, Ill. : Waveland*, 1988).

——. *This Great Symbol: Pierre de Coubertin and the Origins of the Modern Olympic Games.* Chicago: University of Chicago Press, 1981. The second edition was published in a special issue of *International Journal of the History of Sport* 23, nos. 3-4 (May-June 2006).

——. "The Turn of Two Centuries: Sport and the Politics of Intercultural Relations," in Fernand Landry et al., eds., *Sport …The Third Millennium*, Proceedings of the International Symposium, Quebec City, Canada, May 1990. Sainte-Foy, Quebec City: Les Presses de L'Université Laval, 1991.

MacClancy, Jeremy, ed. *Sport*. Identity and Ethnicity. Oxford, Eng.: Berg, 1996.

MacFarlane, Neil, and Michael Herd. *Sport and Politics: A World Divided*. London: Collins, 1986.

MacFarquhar, Roderick, and Michael Schoenhals. *Mao's Last Revolution*. Cambridge: Belknap Press of Harvard University Press, 2006.

Macintosh, Donald. "Sport and Government in Canada. " In *National Sports Policies*, ed. Laurence Chalip et al. Westport, Conn.: Greenwood, 1996.

——. "Trudeau, Taiwan, and the 1976 Montreal Olympics. " *American Review of Canadian Studies* 21, no. 4 (1992).

Macintosh, Donald, and Thomas Bedecki. *Sport and Politics in Canada: Federal Government Involvement since* 1961. Kingston, Ont.: McGill-Queen's University Press, 1987.

Macintosh, Donald, and Donna Greenhorn. "Hockey Diplomacy and Canadian Foreign Policy. " *Journal of Canadian Studies* 28, no. 2 (Summer 1993).

Macintosh, Donald, and Michael Haws. *Sport and Canadian Diplomacy*. Montreal: McGill-Queen's University Press, 1994.

Magdalinski, Tara. "Sports History and East German National Identity," *Peace Review* 11, no. 4 (December 1999).

Maguire, Joseph A. *Global Sport: Identities. Societies, Civilizations.* Cambridge, Eng. : Polity Press, 1999.

———. *Power and Global Sport: Zones of Prestige, Emulation, and Resistance.* London: Routledge, 2005.

Mai Kele (McCloy). "Di liu jie yuan dong yun dong hui de jiao xun" (Lessons from the Sixth Far Eastern Championship Games). Zhong hua quan guo tiyu yan jiu hui, ed. , *Tiyu ji kan* (Chinese journal of physical education) 2, no. 2 (1923).

Mallon, Bill, and Ture Widlund. *The 1896 Olympic Games: Results for All Competitors in All Events, witgh Commentary.* Jefferson, N. C. : McFarland, 1998.

Mandell, Richard D. *The First Modern Olympics.* Berkeley: University of California Press, 1976.

———. *The Nazi Olympics.* Urbana: University of Illinois Press, 1987.

———. *The Olympics of 1972: A Munich Diary.* Chapel Hill: University of North Carolina Press, 1991.

———. *Sport: A Cultural History.* New York: Columbia University Press, 1984.

Mangan, J. A. *The European Sports History Review, vol. 3: Europe, Sport, World: Shaping Global Societies.* London: Frank Cass, 2001.

———, ed. *The Cultural Bond: Sport. Empire. and Society.* London:

Frank Cass, 1992.

——, ed. *Superman Supreme*: *Fascist Body as Political Icon—Global Fascism*. London: Frank Cass, 2000.

——. ed. *Tribal Identities*: *Nationalism*, *Europe*, *Sport*, London: Frank Cass, 1996.

Mangan, J. A. , and Fan Hong, eds. *Sport in Asian Society*. London: Frank Cass, 2003.

Manheim, Jarol. "Rites of Passage: The 1998 Seoul Olympics as Public Diplomacy. " *Western Political Quarterly* 43, no. 2 (June 1990).

Mann, James. *About Face*: *A History of America's Curious Relationship with China*, *from Nixon to Clinton*. New York: Vintage, 2000.

Manzenreiter, Wolfram, and John Horne, eds. *Football Goes East*: *Business*, *Culture and the People's Game in China*, *Japan*, *and South Korea*. New York: Routledge, 2004.

Mao Anjun (Andrew Morris). "1909-1919 [jiao yu za zhi] tiyu wen zhang fen xi de chu bu" (A preliminary study of sport articles in the journal of education, 1909-1919). Zhong hua min guo tiyu xue hui, ed. , *Tiyu xue bao* (Taiwan) 21 (June 1996).

Mao Zedong. "Tiyu zhi yanjiu" (On physical culture). *Xin Qingnian* (New youth), April 1, 1917.

Marcovitz, Hal. *The Munich Olympics*, *Creat Disasters*, *Reforms and Ramifcations*. Philadelphia: Chelsea House, 2002.

Margolick, David. *Beyond Glory*: *Joe Louis vs. Max Schmeling and a*

*World on the Brink.* New York: Knopf, 2005.

Mason, Tony. "England, 1966. " In Alan Tomlinson and Christopher Young, eds. , *National Identity and Global Sports Events: Culture, Politics, and Spectacle in the Olympics and the Football World Cup.* Albany: State University of New York Press, 2006.

McGeoch, Rod, with Glenda Korporaal. *Bid: How Australia Won the 2000 Olympic Games.* Sidney: William Heineman, 1994.

Mewett, Peter. "Fragments of a Composite Identity: Aspects of Australian Nationalism in a Sports Setting. " *Australian Journal of Antbropology* 10, no. 3 ( 1999).

Miller, David. *Olympic Revolution: The Biography of Juan Antonio Samaranch* ( London: Pavilion, 1992).

Miller, Geoffrey. *Behind the Olympic Rings.* Lynn, Mass. : H. O. Zimman, 1979.

Miller, Toby, Geoffrey Lawrence, Jim Mckay, and David Rowe. "Modifying the Sign: Sport and Globalization, " *Social Texts* 17, no. 3 ( 1999).

Min sheng bao tiyu zu. *Ao Yun Jing Hua Lu.* Taipei: Min sheng bao she, 1984.

Morozek, Donald. *Sport and American Mentality*, 1880-1910. Knoxville: University of Tennessee Press, 1983.

Morris, Andrew D. " 'I Can Compete! ' China in the Olympic Games. " *Jour-nal of Sport History* 26 ( 1999): 545-566.

——. Marrow of the Nation: A History of Sport and Physical Culture in Republican China. *Berkeley*: *University of California Press*, 2004.

Morrow, Don, and Kevin B. Wamsley. *Sport in Canada*: *A History*. Don Mills, Ont. : Oxford University Press, 2005.

Nauright, J. *Sport*, *Culture and Identities in South Africa*. London: Leicester University Press, 1997.

Ninkovich, Frank A. , and Liping Bu. *The Cultural Turn*: *Essays in the History of U. S. Foreign Relations*. Chicago: Imprint Publications, 2001.

Nixon, Richard. "Asia after Vietnam. " *Foreign Affairs* 46, no. 1 (1967).

——. *RN*: *The Memoirs of Ricbard Nixon*. New York: Grosset & Dunlap, 1978.

Organizing Committee of Berlin 1936 Games, ed. , *The Tenth Olympic Games*, *Berlin*, 1936. Berlin: Wilhelm Limpert, 1936.

Orwell, George. *Shooting an Elephant and Other Essays*. New York: Harcourt, Brace, 1950.

Park, Roberta. "Sport and Recreation among Chinese American Communities of the Pacific Coast from Time of Arrival to the ' Quiet Decade' of the 1950s. " *Journal of Sport History* 27, no. 3 (2000).

Park, Seh-jik. *The Seoul Olympics*: *A Bridge to the Future and Peace. Seoul*: Tokkon Kim, 1990.

——. The Seoul Olympics: The Inside Story. *London*: *Bellew*, 1991.

Peng Yongjie, Zhang Zhiwei, and Han Donghui, eds. *Ren wen Ao yun* (People's Olympics). Beijing: Dong fang chubanshe, 2003.

Pope, S. W. "An Army of Athletes: Playing Fields, Battlefields, and the Ameri-can Military Sporting Experience, 1890-1920. " *Journal of Military History* 59, no. 3 (1995).

——. *Patriotic Games: Sporting Traditions in the American Imagination*, 1876-1926. New York: Oxford University Press, 1997.

Pound, Richard. *Five Rings over Korea: The Secret Negotiations behind the 1988 Olympic Games in Seoul.* New York: Little, Brown, 1994.

PRC Foreign Ministry and Zhong gong zhong yang wen xian yan jiu shi, eds. *Zhou Enlai waijiao wenxian* (Diplomatic documents of Zhou Enlai). Beijing: Zhong yang wen xian chubanshe, 1990.

Preston, Diana. *The Boxer Rebellion: The Dramatic Story of China's War on Foreigners That Shook the World in the Summer of 1990.* New York: Walker, 2000.

*Public Papers of the United States: Gerald Ford*, 1976-1977. Washington, D. C. : U. S. Government Printing Office, 1979.

Qian Jiang. *Xiao qiu zhuan dong da qiu: Ping pong wai jiao bei hou* (The small ball moves the big ball: The inside story of ping-pong diplomacy). Beijing: Dong fang chubanshe, 1997.

Qian Qichen. *Wai jiao shi ji* (Ten main diplomatic events when I was the foreign minister). Beijing: Shijie zhishi chubanshe, 2003.

Qiao Keqin and Guan Wenmin. *Zhongguo tiyu si xiang shi* (The history of Chinese ideas about sports). Lanzhou: Gansu minzu chubanshe, 1993.

Qin fen tiyu yue bao, ed. "Zhu di shi yi jie shi jie yun dong hui kai mu" (Congratulations on the opening of the Eleventh Olympic Games). Qin *fen tiyu yue bao* (Shanghai) 3, no. 10 (July 1936).

Quan guo yun dong da hui xuan chuan zu, ed. *Quan guo yun dong da hui yao lan* (Summary of the [1930] national games). N. p. : Quan guo yun dong da hui, 1930.

Reaves, Joseph A. *Taking in a Game: A History of Baseball in Asia.* Lincoln: University of Nebraska Press, 2002.

Reich, Kenneth. *Making It Happen: Peter Ueberroth and the 1984 Olympics.* Santa Barbara, Calif. : Capra, 1986.

Renmin tiyu chubanshe, ed. *Da di fan zhuan huan xin tian* (The earth turns and the sky is new). Beijing: Renmin tiyu chubanshe, 1965.

——. *Qing chun wan sui* (Long live the young). Beijing: Renmin tiyu chubanshe, 1965.

Riess, Steven A. "The New Sport History. " *Reviews in American History* 18, no. 3 (September 1990).

Riordan, James. *Sport and International Politics.* London: E & FN Spon, 1996.

Riordan, James, and Dong Jinxia. "Chinese Women and Sport: Success, Sexuality and Suspicion. " China Quarterly 145 (March 1996).

Riordan, James, and Robin Jones, eds. *Sport and Physical Education in China.* London: E & FN Spon, 1999.

Riordan, James, and Arnd Kruger, eds. *The International Politics of Sport in the Twentieth Century.* London: E & FN Spon, 1999.

Rong Gaotang, ed. *Dang dai Zhong guo tiyu* (Sports of contemporary China). Beijing: Zhong guo she hui ke xue chubanshe, 1984.

——. *Rong Gaotang tiyu wen lun xuan* (Selected articles and speeches of Rong Gaotang on sports). Shanghai: Huadong shifan daxue chubanshe, 1992.

Rowe, David. *Sport, Culture, and the Media: The Unruly Trinity; Issues in Cultural and Media Studies.* Buckingham, Eng. : Open University Press, 1999.

Samaranch, Juan Antonio. *The Samaranch Years: 1980-1994. Towards Olympic Unity. Interviews Conducted by Robert Parienté with the President of the IOC for the Newspaper* l'Equipe. Lausanne: International Olympic Committee, 1995.

Schaaf, Phil. *Sports, Inc. : One Hundred Years of Sports Business.* Amherst, N. Y. : Prometheus Books, 2004.

Schaffer, Kay, and Sidonie Smith, eds. , The Olympics at the Millennium: *Power, Politics, and the Games.* New Brunswick, N. J. : Rutgers University Press, 2000.

Schwartz, Benjamin Isadore. *In Search of Wealth and Power: Yen Fu and the West* Cambridge: Harvard University Press, 1968.

Senn, Alfred Erich. *Power, Politics, and the Olympic Games.* Champaign, Ill. : Human Kinetics, 1999.

Seoul Olympic Organizing Committee. *Seoul* 1988. Seoul: Seoul Olympic

Organizing Committee, 1985.

Shaikin, Bill. *Sport and Politics: The Olympics and the Los Angeles Games.* New York: Praeger, 1988.

Shao Rugan. "Jian she min zu ben wei de tiyu" (Establish nationalistic sports in China). Guo li zhong yang daxue tiyu yan jiu she, ed., *Tiyu za zhi* (Nanjing) 1, no. 1 (January 1935).

Sharp, Mitchell. *Which Reminds Me···: A Memoir. Toronto: University of Toronto Press*, 1994.

Shih, Chi-wen. *Sports Go Forward in China.* Beijing: Foreign Languages Press, 1963.

Shuter, Jane. *The Ancient Greeks.* Crystal Lake, Ill. : Heinemann Library, 1997.

Simon, Vyv, and Andrew Jennings. *Lords of the Rings.* London: Simon & Schuster, 1992.

Smith, Adrian, and Dilwyn Porter, eds. *Sport and National Identity in the Post-War World.* London: Routledge, 2004.

Smith, Anthony D. *National Identity, Ethnonationalism in Comparative Perspective.* Reno: University of Nevada Press, 1991.

Song Ruhai. *Wo neng bi ya: Shi jie yun dong hui cong lu* (Records of the World Sports Games ). Shanghai: Shangwu yin shu guan, 1930.

Song Shixiong. *Song Shixiong zi shu: Wo de tiyu shi jie yu ying ping chun qiu* (The story of Song Shixiong: My times with the sports world and television). Beijing: Zuo jia chubanshe, 1997.

Spivey, Nigel Jonathan. *The. Ancient Olympics.* New York: Oxford University Press, 2004.

State Department, ed. *Foreign Relations of the United States*, vol. 17: China. 1969-1972. Washington, D. C. : U. S. Government Printing Office, 2006.

Su Jinchen. "Jun guomin tiyu zhi ying xiang" (The impact of militarizing citizens'sport). *Tiyu wenshi* 3 (1987).

———. "Zhong guo gu dai ma qiu yun dong de yanjiu" (Polo in ancient China). In *Zhong guo tiyu shi cankao ziliao* (Reference materials on the history of sports in China). Beijing: Renmin tiyu chubanshe, 1958.

Sugden, John Peter, and Alan Bairner. *Sport in Divided Societies.* Lansing, Mich. : Meyer & Meyer Sport, 1999.

Sugden, John Peter, and Alan Tomlinson. *FIFA aizd the Contest for World Football: Who Rules the People's Game?* Cambridge, Eng. : Polity Press, 1998.

Sun Baojie. "Ao lin pi ke yun dong hui yu zhong guo jindai tiyu" (Olympic movement and sports in modern China). *Tiyu wenshi* 80, *no.* 4 (1996).

Sun Jinshun. "1936 nian zhong guo zu qiu dai biao dui chu zheng Ao yun hui qian hou de qing kuang" (The background surrounding China's national soccer team's participation in the 1936 Olympic Games). In *Wen shi zi liao xuan ji* 70, ed. Zhong guo ren min zheng zhi xie shang hui yi quan guo weiyuan hui wen shi ziliao yan jiu wei yuan hui. Beijing: Wen shi zi liao chubanshe, 1980.

Sun Yingxiang. *Yan Fu nianpu* (Chronological biography of Yan Fu).
Fuzhou: Fujian ren min chubanshe, 2003.

Sun Zhongshan. *Sun Zhongshan quan ji* (Complete collection of Sun
Zhongshan). Beijing: Zhonghua shuju, 1985.

Svrluga, Barry. *National Pastime: Sports, Politics, and the Return of
Baseball to Washington, D. C.* New York: Doubleday, 2006.

Szymanski, Stefan, and Andrew S. Zimbalist. *National Pastime: How
Americans Play Baseball and the Rest of the World Plays
Soccer.* Washington, D. C. : Brookings Institution Press, 2005.

Tang Hao. "Shi kao wo guo Sui Tang yi qian de ma qiu" (Preliminary
study on polo games in pre-Sui and Tang China). In *Zhong guo
tiyu shi cankao ziliao* (Reference materials on the history of sports
in China). Beijing: Renmin tiyu chubanshe, 1957.

——. "Wo guo gu dai mou xie qiu lei yun dong de guo ji ying xiang"
(The international influence of some Chinese ancient games). In
*Zhong guo tiyu shi cankao ziliao* (Reference materials on the his-
tory of sports in China). Beijing: Renmin tiyu chubanshe, 1958.

——. ed. *Zhong guo tiyu shi cankao ziliao ji* (Reference materials on the history
of sports in China). Beijing: Renmin tiyu chubanshe, 1958.

Tang Hecheng and Jiang Shan, eds. *Shi ji dang an: 1895-1995 ying
xiang er shi shi ji Zhong guo li shi jin cheng de 100 pian wen
zhang* (One hundred articles that affected China 's historical de-
velopment in 1895-1995) Beijing: Dang an chubanshe, 1995.

Tang Mingxin. *Tang Mingxin xiansheng fangwen jilu* (Reminiscences of Tang Mingxin, interviewed by Zhang Qixiong and Pan Guangzhe). Taipei: Institute of Modern History, Academia Sinica, 2005.

——. *WO guo can jia ao yun hui cang sang shi* (The sad history of China's participation in Olympic Games). Taipei: Zhonghua Taipei ao lin pi ke weiyuan hui, 1999-2000.

Tian Zengpei and Wang Taiping, eds. *Lao waijiao guan huiyi Zhou Enlai* (Senior diplomats remember Zhou Enlai). Beijing: Shijie zhishi chubanshe, 1998.

Tie Zhuwei. *Chen yi yuan shuai de zui hou sui yue* (The late years of Marshal Chen Yi). Beijing: Jie fang jun wen yi chubanshe, 1997.

Tomlinson, Alan, and Christopher Young. *German Football: History, Culture, Society.* London: Routledge, 2005.

——, eds. *National Identity and Global Sports Events: Culture, Politics, and Spectacle in the Olympics and the Football World Cup.* Albany: State University of New York Press, 2006.

Tong Le, ed. *Meng xiang yu hui huang: Beijing 2008 Ao yun hui shen ban ji shi yu chang xiang* (Dream and glory: Report on Beijing's bid for the 2008 Olympic Games). Beijing: Min zhu yu jian she chubanshe, 2001.

Ueberroth, Peter. *Made in America: His Own Story.* New York: William Morrow, 1986.

U. S. Congressional Executive Commission on China. *The Beijing Olym-*

*pics and Human Rights*: *Roundtabte before the Congressionat-Executive Commission on China.* 107th Cong. , 2d sess. , November 18, 2002. Washington, D. C. : U. S. Government Printing Office, 2003.

U. S. Department of State. *Foreign Relations of the United States*, vol. 17: *China*, 1969-1972. Washington, D. C. : U. S. Government Printing Office, 2006.

Van Bottenburg, Maarten. *Global Games*, *Sport and Society.* Urbana: University of Illinois Press, 2001.

Wakefield, Wanda Ellen. *Playing to Win*: *Sports and the American Military*, 1898-1945. Albany: State University of New York Press, 1997.

Wan Yan Shao Yuan, *Wang Zhengting zhuan* (Biography of Wang Zhengting). Baoding: Hebei renmin chubanshe, 1999.

Wang Chongli. *Wuhuan ren shi xiang* (Secrets under the five-ring flag). Beijing: Zhong guo wenlian chuban gongsi, 1995.

——. *Zhbong guo ti tan re dian xie zhen* (Report on hot topics of Chinese sports). Beijing: Zhong guo wenlian chuban gongsi, 1996.

Wang Daping and Fan Hong. *Tiyu shihua* (The history of sports). Beijing: Kepu chubanshe, 1990.

Wang Jinjun. *Beijing Ao yun* 2008 (The 2008 Beijing Olympics). Beijing: Zuojia chubanshe, 2001.

Wang Shi, ed. *Yan Fu ji* (Collections of Yan Fu). Beijing: Zhonghua shu ju, 1986.

Wang Shijie. "Zhong guo tiyu zhi qian tu" (The future of China's *sports*). *Dong fang za zhi* 30, no. 20 (October 16, 1933).

Wang Zhen. *Bai nian ti tan lüe ying* (A glimpse of sports in China in the last hundred years). Beijing: Zhong guo jing ji chubanshe, 2000.

Wang Zhengya. *Jiu Zhong guo tiyu jian wen* (Observations of sports in pre- 1949 China). Beijing: Renmin tiyu chubanshe, 1987.

Wei Jizhong. *Wo kan zhongguo tiyu* (Chinese sports in my mind). Beijing: Sanlian shudian, 2005.

Weiland, Matt, and Sean Willey, eds. *Thinking Fans' Guide to the World Cup.* New York: Harper Perennial, 2006.

*Wo men de peng you bian tian xia* (China has friends everywhere). Beijing: Renmin tiyu chubanshe, 1965.

Wrynn, Alison M. "'Debt Was Paid Off in Tears': Science, IOC Politics and the Debate about High Altitude in the 1968 Mexico City Olympics." *International Journal of the History of Sport* 23, no. 7 (November 2006).

Wu, Chih-Kang. "The Influence of the YMCA on the Development of Physical Education in China." Ph. D. diss., University of Michigan, Ann Arbor, 1956.

Wu Chongyuan. *Ao yun hui shang de zhongguo guan jun* (Chinese champions in Olympic Games). Tianjin: Xin lei chubanshe, 1985.

Wu Chongyuan et al. *Liang piao zhi cha: Beijing shen ban* 2000 *nian ao yun hui shi mo* (Short two votes: The whole story of Beijing's bid for the 2000 Olympic Games). Beijing: Zhong guo ao lin pi ke chubanshe, 1994.

Wu Jingguo. *Ao lin pi ke Zhong hua qing* ( My Olympics and China bond). Suzhou: Suzhou daxue chubanshe, 2005.

——. *Ao yun chang wai de jing ji* ( Competitions beyond the Olympic Games ). Taipei: Tianxia yuanjian chuban gufen youxian gongsi, 2001.

Wu Jisong. *Qin li Ao yun* ( Witness to the Olympics). Beijing: Jinghua chubanshe, 2001.

Wu Shaozu et al. , ed. *Mao Zedong yu tiyu wenji* ( Collected papers on Mao Zedong and sports). Chengdu: Sichuan jiaoyu chubanshe, 1994.

——. ed. *Zhong hua renmin gong he guo tiyu shi* ( A history of sports in the People's Republic of China). Beijing: Zhongguo shuji chubanshe, 1999.

Wu Wenzhong. *Tiyu shi* ( History of sports). Taipei: Zhengzhong shuju, 1957.

——. *Zhong guo jin bai nian tiyu shi* ( A history of sports in modern China). Taipei: Taiwan shang wu yin shu guan, 1967.

Wu Xujun. "Mao Zedong de wu bu gao qi: Da kai zhong mei guan xi da men shi mo" ( Mao's five smart moves in improving Sino-American relations). In *Li Shi De Zhen Shi* ( Return truth to history), ed. Lin Ke, Xu Tao, and Wu Xujun. Beijing: Zhong yang wen xian chubanshe, 1998.

Wu Yunrui. "Tiyu yu jun shi xun lian zhi guan xi" ( The relationship between sports and military training). *Tiyu ji kan* ( Shanghai) 2, no. 2 (June 1936).

——. "Wu guo min zu fu xing zhong nu zi tiyu zhi zhong yao" (Importance of women's physical training in China's national revival). *Tiyu za zhi* 1, no. 1 (April 1935).

Wythe, George, Joseph Mills Hanson, and Carl V. Berger, eds. *The Inter-Allied Games*. New York: Games Committee, 1919.

Xia, Yafeng. "China's Elite Politics and Sino-American Rapprochement." *Journal of Cold War Studies* 8, no. 4 (2006).

Xiang, Lanxin. *The Origins of the Boxer War: A Multinational Study*. London: Routledge Curzon, 2003.

Xin hua she tiyu bu, ed. *Cong ling dao shi wu* ([China's gold medals] from zero to fifteen). Beijing: Xinhua chubanshe, 1985.

Xin Jiang. "Zhong Guo Tiyu Yang Wu Yun Dong" (Foreign coaches call the shots in China). *Zhong guo tiyu* 431, *no.* 5 (2005).

"Xin tiyu" za zhi she, ed. *Guan jun zhi lu* (The road to championships). Hangzhou: Zhejiang ren min chubanshe, 1984.

"Xin tiyu" za zhi she, ed. *Jin pai zai guo ge sheng Zhong shan yao* (Gold medals and singing the national anthem). Beijing: Ren min tiyu chubanshe, 1984.

Xing, Jun. "The American Social Gospel and the Chinese YMCA." *Journal of American-East Asian Relations* 5, nos. 3-4(Fall-Winter 1996).

Xing Junji and Zu Xianhai. *Bai nian chen fu: Zou jin Zhong guo tiyu jie* (The rise and fall of Chinese sports in the last one hundred years). Zhengzhou: Henan wen yi chubanshe, 2000.

Xinhua News Agency. "China's Sports Relations with Other Countries." In Xinhua News Agency, ed. , *China's Foreign Relations: A Chronology of Events* (1949-1988). Beijing: Foreign Languages Press, 1989.

Xiong Xianghui. *Wo de qing bao yu wai jiao sheng ya* (My life in the areas of intelligence and diplomacy). Beijing: Zhong gong dang shi chubanshe, 1999.

Xiong Xiaozheng, Chen Jinzhang, and Lin Dengyuan. "Cong 'Tu Yang' dui li dao 'Jian she min zu ben wei tiyu'" (Confrontations between nationalist sports and western sports regarding the establishment of physical education focusing on China-centered sports). *Tiyu wen shi* 86, *no.* 4 (1997).

Xu Baoyin. "Tang dai tiyu huo dong zhi yanjiu" (A study of sports in the Tang dynasty). Master's thesis, National Taiwan Normal University, 1977.

Xu Guoqi. *China and the Great War: China's Pursuit of a New National Identity and Internationalization.* New York: Cambridge University Press, 2005.

——. "Historical Memories and China's Changing Views of East Asia." *Journal of American-East Asian Relations* 11, nos. 1-4 (Spring-Winter 2002).

Xu Tao. "Mao Zedong de bao jian yang sheng zhi dao" (Mao Zedong's way of staying healthy). In *Li shi de zhen shi* (Return truth to

history), ed. Lin Ke, Xu Tao, and Wu Xujun. Beijing: Zhong yang wen xian chubanshe, 1998.

Xu Yinsheng. *Wo yu Ping Pang Qiu: Xu Yinsheng zi zhuan* (Ping Pong and me: Autobiography of Xu Yinsheng). Beijing: Zhongguo she hui ke xue chubanshe, 1995.

Xu Yixiong. "Jindai Zhong guo min zu zhu yi tiyu si xiang zhi xing cheng" (The forming of nationalist sports in modern China). *Tiyu xue bao* 9 (1987).

———. "Wan Qing tiyu si xiang zhi xing cheng: Yi zi qiang bao zhong si xiang wei zhong xin de tan tao" (Creating a theory of sports during the late Qing: The centrality of the ideas of self-strengthening and preserving race). *Tiyu xue bao io* (1988).

———. *Zhong guo jindai minzu zhuyi tiyu si xiang* (Thoughts on physical education in modern China). Taipei: Qiying wen hua shi ye you xian gong si, 1996.

Xu Yuanmin. "Yan Fu de tiyu si xiang" (Yan Fu's thoughts on sports). In *Tiyu Xuebao* (Taipei) 18 (December 1994).

Yan, Yuanxiang. "Managed Globalization: State Power and Cultural Transition in China." In *Many Globalizations: Cultural Diversity in the Contemporary world.* ed. Peter L. Berger and Samuel P. Huntington, 19-47. New York: Oxford University Press, 2002.

Yang Xianjiang, "Qing nian dui yu tiyu de zi jue" (Youths'self-conciousness about physical education). *Xuesheng za zhi* (Student magazine) 10, no. 4 (April 1923).

Yao, Ming, with Ric Bucher. Yao: *A Life in Two Worlds.* New York: Miramax Books, 2005.

Ye Xin, ed. *Sheng ming de xuan wo* (Swirls of life). Shanghai: Shanghai renmin chubanshe, 1999.

Ye Yonglie. "He Zhili dui wo shuo" (The story He Zhili herself told me). In Ye Xin, ed. , *Sheng ming de xuan wo* (Swirls of life). Shanghai: Shanghai renmin chubanshe, 1999.

——. *Zhong guo ping pang nei mu* (The inside story of Chinese Ping-Pong games ). Hong Kong: Minbao chubanshe youxian gongsi, 1995.

Yin Qingyao. *Zhong gong de tong zhan wai jiao* (CCP's united front diplomacy). Taipei: You shi wen hua shi ye gong si, 1984.

Yin Weixing. "Zhong Guo Tiyu Jie" (Chinese sports). *Hua Cheng* 6 (1987).

Young, David C. *A Brief History of the Olympic Games.* Malden, Mass. : Blackwell, 2004.

——. *The Modern Olympics: A Struggle for Revival.* Baltimore: Johns Hopkins University Press, 1996.

Yu Zhuli and Zhang Yihui. *Mu ji er shi nian Zhong guo shijian ji* (Witness to the main events of the last twenty years in China). Beijing: Jingji Ribao chubanshe, 1998.

Yuan Dunru. "Shijie ao lin pi ke yundong hui de jia zhi ji dui wo guo tiyu de ying xiang" (The values of the Olympic Games and their impact on China's sports). *Tiyu zhou bao* (Tianjin) 15 (April

14, 1932).

Yuan He. "Kong Xiangxi yu tiyu" (Kong Xiangxi and sports). *Tiyu wenshi* 98, *no.* 4 (1999).

Zeiler, Thomas W. *Ambassadors in Pinstripes: The Spalding World Tour and the Birth of American Empire.* Lanham, Md.: Rowman & Littlefield, 2006.

Zhang Caizhen, ed. *Ao yun zhan lue si kao* (Strategic thinking on China's policy regarding the Olympic Games). Beijing: Zhong guo ao lin pi ke chubanshe, 1993.

Zhang Luya and Zhou Qing. *Shi ji qing: Zhong guo yu ao lin pi ke* (Dream of a century: China and the Olympics). Beijing: Renmin tiyu chubanshe, 1993.

Zhang Qixiong. "1960 nian qianhou Zhong hua min guo dui guo ji Ao wei hui de hui ji ming cheng zhi zheng" (The Republic of China's struggle over its name in the International Olympic Committee, circa 1960). *Zhong yang yan jiu yuan jindai shi yanjiu suo ji kan* 44 (June 2004).

Zhang Qiyun, ed. *Xian zongtong Jiang gong quanji* (Complete collections of former president Chiang Kaishek). Taipei: Zhong guo wen hua daxue chuban bu, 1984.

Zhang Zhidong. *Quan xue pian* (Exhortation to learning). Beijing: Zhong hua shuju, 1991.

Zhang Zhijiang. "Hui fu min zu tiyu yu kang zhan zui hou sheng li" (Restoring nationalist sports and the final victory of anti-Japanese war）. *Guomin tiyu ji kan chuang kan hao*（September 1941）.

Zhao Yu. *Bing bai bang cheng*（China's defeat at the Seoul［Olympics］）. Beijing：Zhong guo shehui kexue chubanshe, 1988.

Zheng Jianyuan. "Lun Mao Zedong de tiyu si xiang"（On Mao Zedong's ideas about sports）. Master's thesis, National Taiwan Normal University, 1994.

Zheng Zhilin and Zhao Shanxing. "Zhong hua tiyu kao cha tuan fu ou kao cha ping shu"（Comments and narratives on a Chinese sport study tour in Europe）. *Tiyu wen shi* 3（1992）.

Zhong gong zhong yang wen xian yan jiu shi, ed. *Deng Xiaoping nianpu*（Chronological biography of Deng Xiaoping）. Beijing：Zhong yang wen xian chubanshe, 2004.

——. ed. *Liu Shaoqi nianpu*（Chronological biography of Liu Shaoqi）. Beijing：Zhong yang wen xian chubanshe, 1996.

——. ed. *Zhou Enlai nianpu.* 1949-1976（Chronological biography of Zhou Enlai）. Beijing：Zhong yang wen xian chubanshe, 1997.

Zhong gong zhong yang wen xian yan jiu shi and Zhong yang dang an guan, eds. *Jian guo yi lai Liu Shaoqi wen gao*（Collection of Liu Shaoqi's writings since the founding of the PRC）. Beijing：Zhong yang wen xian chubanshe, 2005.

Zhong guo ao lin pi ke wei yuan hui, ed. *Zhong guo tiyu wen hua wu qian nian*（A five-thousand-year history of Chinese physical culture）. Beijing：Beijing tiyu daxue chubanshe, 1996.

Zhong guo ao wei hui Xin wen wei yuan hui. *Zai luoshanji de ri ri ye ye*：

*Zhongguo tiyu dai biao tuan can jia di 23 jie Ao yun hui* (Days
and nights in Los Angeles: The Chinese delegation's participation
in the Twenty-third Olympiad). Beijing: Zhongguo guang bo dian
shi chubanshe, 1984.

Zhong guo di er li shi dang an guan, ed. *Zhong hua min guo shi dang
an zi liao hui bian*, di wu ji, di yi bian, wen hua (2) (Collec-
tions of archival materials of Republican China, ser. 5, no. 1,
culture [2]). Nanjing: Jiangsu gu ji chubanshe, 1994.

Zhong guo shi xue hui, ed. *Xin hai ge ming* (The 1911 revolution).
Shanghai: Shanghai ren min chubanshe, 1957.

Zhong guo tiyu fa zhan zhan lue yan jiu hui, ed. 1987 *Nian quan guo
tiyu fa zhan zhan lue lun wen xuan* (Selected papers on strategies
used in Chinese sports in 1987). Beijing: Beijing tiyu xue yuan
chubanshe, 1988.

Zhong guo zuo jia xie hui, ed. *Quan guo you xiu bao gao wen xue ping
xuan huo jiang zuo pin ji* (Collections of national award-winning
journalism). Beijing: Renmin wenxue chubanshe, 1984.

——. ed. *Quan guo you xiu bao gao wen xue huo jiang zuo pin ji*, 1985-
1986 (Collection of national award-winning journalism, 1985-
1986). Beijing: Zuo jia chubanshe, 1988.

Zhong hua min guo ao wei hui, ed. *Official Report of the Republic of
China Delegation to the Twenty-first Olympic Games*, *Montreal*,
1976. N. p. : Republic of China Olympic Committee,
Taiwan, 1976.

Zhong hua quan guo tiyu xie jin hui, ed. "Fa kan ci" (Statement of the new journal). *Tiyu ji kan* 1, no. 1 (1935): 1.

Zhong hua ren min gong he guo di yi jie yun dong hui xuan chuan bu, ed. *Zhong hua ren min gong he guo di yi jie yun dong hui* (The PRC's first national games). Beijing: Ren min tiyu chubanshe, 1960.

Zhong hua ren min gong he guo tiyu fa quan min jian shen ji hua gang yao (PRC's sport law and summary of the plan for mass exercises). Beijing: Zhong guo fa zhi chubanshe, 1995.

Zhou Jiaquan. "Jidujiao qingnian hui yu zhong guo jing xian dai tiyu" (The YMCA and sport in modern and contemporary China). *Tiyu wenshi* 90, no. 1 (1998).

Zhou Linyi. "Han dai tiyu xian xiang kao" (Study on sports in the Han dynasty). Master's thesis, National Taiwan Normal University, 1974.

Zhou Xikuan et al., ed. *Zhong guo gu dai tiyu shi* (History of Ancient Chinese sports). Chengdu: Sichuan guji chubanshe, 1986.

Zhuang Zedong and Sasaki Atsuko. *Zhuang zedong yu zuo zuo mu dun zi* (Zhuang Zedong and Sasaki Atsuko). Beijing: Zuojia chubanshe, 1996.

Zwingle, Z. "A World Together." *National Geographic* 196 (1999).

# 鸣　谢

在最近十年的时间里，我的研究主要聚焦在中国国际化问题上。本书的写作明显受益于学术的国际化。下列图书馆为馆为本书提供了宝贵支持。它们是：北京的中国国家图书馆；上海和天津市图书馆；台湾大学、台湾师范大学以及台湾政治大学的图书馆；台湾"中央研究院"近代史研究所和史语所图书馆；香港中文大学图书馆；香港大学图书馆；加利福尼亚大学洛杉矶分校特藏图书馆；瑞士洛桑的国际奥林匹克委员会图书馆；以及密歇根大学、西密歇根大学、卡拉马祖学院和哈佛大学的图书馆。这里我要特别感谢密歇根大学的馆际互借办公室，他们以难以置信的能力帮助我寻找到所有需要的图书资料。

档案管理员是历史学家最好的朋友。我要感谢诸多帮助过我的档案管理员。这里特别要提及的是：洛杉矶体育研究图书馆的威恩·威尔逊、麦克尔·萨曼、雪莉·埃托、以及其他成员；台湾"中央研究院"近代史研究所的档案部以及"国史馆"的有关人员；瑞士洛桑国际奥委会档案馆的鲁斯·贝克－普兰多德、帕特里夏·埃克尔特、卡恩·恩古冶恩以及其他多位在该馆工作的人士；杰拉德·福特总统图书馆的约书亚·考克兰、吉尔·冈德森和威廉·H. 夏柯尼特；美国国家档案部的马克·费舍和萨莉·库塞尔；密歇根大学本特利历史图书馆的职员们。加拿大国家图书档案馆的约翰·威迪斯和克里斯汀·福拉斯特理应受到特别感谢，因为他们费心帮助我查阅了很多还未解密的档案资料。

在 2006—2007 的学术年度当中，密歇根大学的中国研究中心为我写作这本书提供了一个非常有利的学术环境，密歇根大学的 Telluride House 不仅为我免费提供一年舒适的住所及可口的伙食，更重要的是，这里简直是学术创作的理想之地。在写作之余，我可以在愉快、惬意的氛围下同诸多极其优秀的密歇根大学的学生、教师讨论观点，让我得以享受创作的快乐。谨此对密歇根大学的中国研究中心主任李中清教授及 Telluride House 的所有成员表示感谢。在本书的杀青阶段，我有幸以李希慎基金研究员的身份在美丽的香港中文大学的校园里度过了三个月的时光。这所大学对于中国资料堪称世界级的收藏，以及中国研究服务中心的优异服务，让我得以及时完成此书。对此，我要向中心主任关信基教授和副主任熊景明女士致以深深的谢意。

在长达四年研究和写作时间当中，很多朋友和学者为本书提供了宝贵的支持和帮助。"中央研究院"的张力和刘素芬让我的台湾研究之旅既硕果累累又充满乐趣。北京体育大学的孙葆丽和李红霞，以及中国社会科学院的韦伟为我在北京查寻档案资料献计献策。中国当代国际关系研究院的张敏谦；西雅图大学的梁侃；香港大学的高马可；密苏里大学的包苏珊；澳大利亚墨尔本大学的巴巴拉·克斯；圣地亚哥大学的孙绮；康涅狄格大学的王冠华；还有哈佛大学的南希·霍斯特，他们或和我分享历史资料、书籍，或是他们的研究成果。美国国务院历史学家办公室的大卫·科尔斯及时提醒我即将解密的关于尼克松执政期间美国和中国关系的材料，并且在解密的第一时间为我发来了材料的电子版。艾凯、张建德、费侠莉、恰克，黑福特、熊景明、金观涛、李剑鸣、刘军强、刘青峰、刘晓原、马建标、王亚男、姚平、杨令侠、尤卫民、尤卫军，以及其他无法一一列举的许多人，在我撰写此书过程中给了我诸多帮助。对于他们给予我的支持和友谊，深表谢意！另外，在本书完稿前，我曾有机会在波士顿、安阿堡、香港等地报告部分研究成果，许多有识之士提供了宝贵意见，在此一并致谢。

我第一次对于体育在中国的问题产生兴趣，是在 1993 年秋北京申办 2000 年奥林匹克运动会失败的时候。1993 年 9 月，在哈佛大学历史系举办的年度聚会上，系主任柯伟林（比尔）和我进行了一场有趣的关于北京申办失败的意义和影响的讨论——甚至可以说是一点争论。比尔大概没有意识到，那场发生在罗宾逊楼大厅里的一次微不足道的交谈，种下了我对于该问题兴趣的种子。后来，我有幸成为哈佛大学的魏德海国际事务中心的研究员（graduate fellow）并和我的朋友巴巴拉·克斯共享一个办公室，巴巴拉当时致力于撰写讨论体育在国际关系中角色的哈佛博士论文。由于天时地利，巴巴拉和我经常分享其关于体育在国际政治中重要性的论点。尽管我当时集中精力研究中国和第一次世界大战关系的问题，心无旁骛，但巴巴拉对体育问题的激情，在很大程度上帮助我对体育与中国问题感兴趣的那颗小小的种子存活下来。

入江昭、柯伟林、安迪·马科维茨、鲍勃·斯莫里克以及大卫，斯特劳斯，分别读过本书全部或者是部分的手稿，并提供许多建设性批评和建议。包苏珊、巴巴拉·克斯以及约翰。麦克阿伦更分别向作者提供长达数页极具价值的详尽的修改意见，让我得以不仅避免许多错误，并且迫使我从新的角度重新思考很多问题。泰勒·费舍为本书语言加工方面页献匪浅。

我在卡拉马祖学院的同事们也值得特别感谢。他们对于我的本书研究大力支持，在 2004 年批准我的学术假期，使我得以迅速展开本书的研究工作，并且在 2006 年允许我休假一年，让我得以集中精力，按时完成此书。

我非常感激哈佛大学出版社的一位传奇编辑林赛水。林赛水在本书还处在初期写作阶段时，即对其表示大力支持。他的极具价值的建议、无穷的睿智以及幽默感，让我受惠不尽。没有林赛水的慷慨支持和鼓励，本书即使问世，也可能拖延一阵。林赛水能干的助理菲比·考斯曼也让我获益不浅。不论我有何等疑惑，她都能及时提供答案，每当我稍有倦怠或迷失的时候，她都会及时督促我重回正轨。此外，我还非常幸运地有朱丽·卡尔森作为我的文字编辑。她对于错漏有一双火眼金睛，并且对于语言有着极好的感觉；如果本书读起来还上口，实乃拜她所赐。

我的学术生涯的两个重要导师，哈佛大学的入江昭和南开大学的杨生茂，在我研究人生中，扮演了至关重要的角色。没有他们的鼓励、支持和启发，这本书可能不会问世。谨以这本小书题献给他们，聊表感激之情于万一。

对于家庭我亏欠太多，对妻子尤卫群，我要感谢她为本书作出的所有牺牲和支持。而对于我的孩子们——美茵、文歆和文虎，我要说他们可谓是这个世界上最好的孩子。难能可贵的是，他们能够理解爸爸需经常外出研究的苦衷。

如果本书有任何建树及成就，上述个人及团体有理由分享荣誉，但所有缺点、错误概由本人承担。

# 后 记

本书系我于 2008 年 3 月在哈佛大学出版社出版的英文著作
*Olympic Dreams：China and Sports，1895 - 2008* 一书的简体中文
版。本书的出版可谓一波三折。如今，广东人民出版社不畏艰
辛，再接再厉，历时近四年的努力，功夫不负有心人，本书终于
得以问世。作为原书作者，我对为本书出版曾投入巨大心血的原
人民出版社的王亚男博士，广东人民出版社的倪腊松先生、钱丰
先生等多位中国大陆出版界人士表示衷心感谢。同时，我也借此
机会向长期以来一直关注此书的国内同行们特别是《体育与科
学》杂志主编程志理教授和齐静博士表示感谢。为了向国内读者
详细介绍拙著观点，《体育与科学》杂志在 2017 年夏天特委托北
方民族大学的齐静博士专门到香港就此书内容与我进行长时间对
话。齐博士对我专访的学术对话录随即分别在《体育与科学》
杂志的 2017 年第六期、2018 年的第一期和第二期发表。我还要
感谢史康成先生与蒋效愚先生。史康成先生系前国家体育总局科
教司、人事司司长和北京体育大学校长。蒋效愚先生曾任 2008
年北京奥运会组委会副主席兼新闻宣传部部长，现任全国政协教
科文卫体委员会副主任和北京奥运城市发展促进会副会长。他们

两人在 2018 年 5 月应我的请求，与我分享了他们对中国体育特别是北京奥运会的看法和见解。

因为该书英文原版在 2008 年北京奥运会举办之前出版，没有机会对尚未举行的北京奥运会实际结局加以分析和评判。在本书简体中文版即将出版之际，广东人民出版社吩咐我写几句关于 2008 年北京奥运会及之后的中国体育的评价，我当然乐于从命。《奥林匹克之梦》一书着眼于研究几代中国人如何利用西方体育来改善中国命运、重塑国家认同、促成中国成为国际社会平等一员及提高其在国际地位的艰辛历程。1895 年以来中国人一直在努力揭去"东亚病夫"的帽子，并向自己及全世界证明中国人"我能比呀！"在 2008 年的北京奥运会上，中国人不仅主办了一场让世界惊艳的奥运会，并一举夺得 48 块金牌（原为 51 块，后来因药检问题失去 3 块），居金牌之首，让长期的金牌老大美国屈居距离较大的老二地位，只拿到区区 36 块金牌。中国人心中长期难以释怀的"东亚病夫"的帽子终于可以因此抛到九霄云外，在北京的奥运会上不仅证明了自己可以同各国并驾齐驱，甚至可以一马当先。2008 年北京奥运会的一个主要意义即在于此。

北京 2008 年奥运会的意义还在于外交层面。中国人长期对国际体育的兴趣和动力主要来源于其利用国际体育来提高中国国际地位的考量。1932 年为了展示中国在面临强敌日本入侵时的不畏强暴和维护民族独立的坚强意志，毅然派短跑运动员刘长春参加洛杉矶奥运会，这是中国人第一次正式参加奥运会比赛。虽单枪赴会，但浩气长存。52 年后的 1984 年，还是在洛杉矶，中国人不仅夺得有史以来在奥运会上的第一块金牌，并通过美国和奥运会一举打开了中国外交的宏大格局。2008年北京奥运会的口号是"同一个世界，同一个梦想"。但在奥运火炬传递过程中出现的大规模抗议活动和在西方出现的不少抵制北京奥运会的声音来看，显然不是所有人和所有国家都同中国拥有同一个梦想，所以这里的"同一个梦想"实际上是名副其实的梦想而已，很难成为现实。在2008年在北京举行的第29届夏季奥林匹克运动会上，尽管不少国家领导人以各种理由不愿参加开幕式，但美国小布什总统还是躬逢其盛，不仅亲自出席北京奥运会开幕式，甚至在北京盘桓多天。这是美国在任总统第一次出席在美国境外举行的奥运会开幕式。此举在中美关系上和中国外交上可谓意义非凡，在相当大的程度上体现了我在别处大力强调的中国人和美国人"共有的历史"。

虽然"同一个世界，同一个梦想"无疑只是梦想，但一个多世纪以来中国人的逐梦征程，还是非常完美地在2008年北京奥运会上得到实现。所以此次奥运会的第三个意义在于中国人的集体圆梦。早在1908年，基督教青年会天津分会的中外干事们即发出著名的"三问"："中国人何时参加奥运会？中国人何时赢得奥运金牌？中国人何时可以主办奥运会？"我们应该记得，1908年中国还是在清朝统治之下。1908年到2008年，中国历经清朝、中华民国和中华人民共和国各时期，中国人的这一著名三问或梦想在这一百年——得到实现。2008年的北京奥运会可谓中国人百年奥运梦的圆梦，也是百年中国人追求国际化的颠峰之时。我们甚至可以说，2008年奥运会不仅属于中国，更属于世界。因为通过此一重要事件，中国与国际社会的关系更为紧密。

因此，北京成功举办的这届让世人瞩目的精彩奥运会，无疑成为中华民族百年来为实现国际化上下求索的转折点。几代中国人的世纪奥运会主办梦终于在 2008 年得以实现。

2008 年北京奥运会另一个意义就是向全世界展示了一个崛起的中国、一个繁荣昌盛的国度、一个自强不息的民族新形象。北京 2008 年奥运会之后，中国领导人很快又提出"中国梦"以及两个"一百年"的愿景。体育实际上已成为中国领导人实现"中国梦"和两个"一百年"的重要媒介，实现中华民族伟大复兴的中国梦与中国体育强国梦息息相关。2014 年习近平出席了俄国索契冬奥会开幕式。这是习近平作为中国最高领导人首次出席在境外举行的大型体育赛事。2015 年，北京赢得 2022 年冬奥会主办权。通过申办和举办一场全球瞩目的 2022 年冬奥盛会，北京无疑希望借此机会再次极大地振奋民族精神，凝聚海内外中华儿女为实现中华民族伟大复兴而团结奋斗，并向世界进一步展示中国改革开放成就和发展主张。2022 年北京将举办冬季奥运会，成为世界上目前为止唯一的一个举办过夏季和冬季奥运会的城市。如果说 2008 年北京奥运会是中国向全世界展示一个伟大的中国之崛起，那么中共无疑会希望在第一个"一百年"（中共建党一百周年）之际的 2022 年冬奥运会上，向全世界展示进入全面小康社会的新面目和新形象。

就在北京获得 2022 年冬奥会主办权的同年，2015 年初，中共中央、国务院把中国足球改革改革发展同中华民族伟大复兴相提并论，并从国家和政府层面，把振兴中国足球作为发展体育运动、建设体育强国的重要任务摆上日程。把发展足球运动纳入经济社会发展规划，力争在第二个"一百年"之际（中华人民共和国成立一百周年）的 2050 年成为世界足球强国，并加入发达国家之列。足球可谓世界上最流行、最有影响的体育项目，虽然现代足球运动起源于英国，但中国人早在春秋战国时期就体会了蹴鞠或踢鞠之乐。在 20 世纪三四十年代，虽然中国人饱受日本欺凌、侵略，但有"亚洲球王"之称的李惠堂先生率领的中国足球队员们在绿茵场上经常所向披靡，无数次打出中国人的气概。1999 年有"铿锵玫瑰"之誉的中国女子足球队员们打进世界杯决赛，与美国人一决上下。虽最终输在点球大战，但中国人高超的球技和勇于斗智斗勇的豪情，有目共睹。如果在 21 世纪中叶，中国人能在绿茵场上和综合国力的竞技场上终能进入"双一流"之列，我们可以说中国人真正实现了"奥林匹克之梦"。

　　一个国家的强大，不仅体现在体育方面，更重要的是体现在精神层面。只有真正自信、自由的民族才是一个伟大的民族。衷心希望中国人借助国际体育，真正实现中华民族伟大复兴，成为真正的大国和强国。

徐国琦<br>2018 年 6 月于波士顿初稿，2019 年春改于香港